TECHNOVATION MANAGEMENT

사내벤처를 위한 기술경영 가이드

테크노베이션 매니지먼트

저자 서리빈
감수 이우진 · 최병철

Business & Management Books
비앤엠북스

TECHNOVATION MANAGEMENT

머리말

세상에서 변하지 않은 사실은 바로 세상은 끊임없이 변한다는 것입니다. 그 변화의 중심에는 기술혁신, 즉 테크노베이션(Technovation)이 자리 잡고 있습니다. 변화의 바람은 테크노베이션을 통해서 불어오며, 이에 대한 전략적 관리는 현재의 치열한 경쟁 시장에서 기업의 생존과 번영을 보장하는 열쇠입니다. 이 책은 바로 그 변화의 핵심, 전략적 테크노베이션 관리, 즉 테크노베이션 매니지먼트(Technovation Management)에 대한 체계적이고 실용적인 이해를 제공하고자 집필되었습니다.

기업은 기존 시장에서의 경쟁을 넘어, 테크노베이션으로 시장과 산업을 재정의하는 혁신의 물결 속으로 과감히 뛰어들어야 합니다. 혁신이라는 무한한 바다를 항해하는 기업에서 급진적이고 연속적인 혁신의 물결을 일으키는 사내기업가와 이들이 이끄는 사내벤처팀은 지속 가능한 항해를 보장하는 나침반과 등대입니다. 이들은 조직 경계를 넘나들며 기술혁신 아이디어를 발굴하고, 이를 사업화하는 역할을 담당합니다. 하지만 가치 창출을 향한 이들의 테크노베이션 여정은 항상 장애물과 도전과제로 가득합니다.

사내기업가는 테크노베이션 매니지먼트에 관한 이해를 토대로 예측 가능한 장애물은 미리 피하고, 직면한 장애물을 효과적으로 극복해야 합니다. 극도의 불확실성 속에서도 혁신의 성공이 어떻게 이룰 것인지, 그리고 그 불확실성을 어떻게 관리할 것인지에 대한 답을 찾아야 합니다. 테크노베이션 매니지먼트를 단발적이고 일시적인 활동이 아니라, 사내기업가가 기업 내부에 내재화하여 강화해야 할 조직 체계로 정착시켜야 합니다. 그 결과, 기업은 변화하는 시장 환경에 신속하고 유연하게 대응할 수 있으며, 동시에 기업의 성장과 발전을 끌어낼 수 있습니다.

이 책은 테크노베이션 매니지먼트를 수행할 사내기업가가 겪게 될 다양한 문제와 도전에 대한 해답을 제공합니다. 이를 위한 전략적 접근을 '계획-실행-평가 · 통제' 프레임으로 체계화한 각 장에서 인소싱 · 아웃소싱 테크노베이션 프로젝트에서 고려해야 할 다양한 핵심 성공 요소를 심도 있게 다룹니다. 나아가, 테크노베이션이 기업 차원의 혁신을 넘어서 산업과 사회에 광범위한 파급력을 갖도록 설계하는 방법도 제시합니다. 기업의 성장 잠재력을 뒷받침하는 조직 역량으로써 지식경영 시스템을 구축하는 방법도 상세히 설명합니다.

기술은 계속 변합니다. 하지만 그 기술을 사업에 적용하고, 시장에서 성공적으로 활용하기 위한 기본 원칙은 변하지 않습니다. 이러한 원칙을 체계적으로 정리한 본서는 테크노베이션을 성공적으로 추진하고자 하는 사내기업가와 경영자에게 유용한 가이드입니다. 이 가이드를 활용하여 기술혁신을 통해 가치를 창출할 제품과 서비스의 시장 출시는 물론, 그 과정에서 조직 내 · 외부의 테크노베이션 요소를 어떻게 생산적으로 연결해야 하는지에 대한 실질적 이해를 쌓을 수 있습니다. 이 책은 다음과 같은 분들에게 유용합니다.

- 기술 기반의 새로운 사업 기회를 찾고 있는 사내기업가
- 테크노베이션 프로젝트를 효과적으로 관리하고자 하는 기업 리더
- 혁신을 통해 지속 가능한 경쟁력을 구축하고자 하는 경영자와 전략가

사내기업가로 성장하려는 여러분이 이 책의 페이지를 넘기며 새로운 통찰과 영감을 찾을 수 있길 바랍니다. 이제부터 시작할 테크노베이션의 여정을 여러분과 함께하길 기대합니다.

저자 · 감수자 드림

TECHNOVATION MANAGEMENT

차 례

시작하는 글 001

테크노베이션 매니지먼트는 왜 중요할까? 001

1. 테크노베이션 매니지먼트란 무엇인가? 005

2. 테크노베이션 매니지먼트의 결정 사항 009

3. 테크노베이션과 혁신 관리 012

4. 혁신 관리란 무엇인가? 015

5. 사내기업가에 테크노베이션이 중요한 이유 018

    1) 테크노베이션은 경쟁우위와 부가가치의 원천이다. / 019
    2) 테크노베이션은 사회·경제적 가치를 창출한다. / 023

6. 사내벤처팀의 테크노베이션 속성 026

이 책의 구성 029

CHAPTER 1 **테크노베이션 매니지먼트 : 기초 다지기**

1. 관리 전략이란 무엇인가? 037

2. 테크노베이션에 영향을 미치는 내·외부 요인 파악하기 039

    1) 기술 역량 / 043
    2) 시장 역량 / 044

3. 테크노베이션의 일차 목표 : 경쟁우위 확보 045

    1) 연속적 테크노베이션과 급진적 테크노베이션 / 046
    2) 공격형 테크노베이션과 방어형 테크노베이션 / 049
    3) 테크노베이션의 진화 과정 / 052
    4) 테크노베이션에 필요한 경쟁역량 / 055

4. 테크노베이션의 이차 목표 : 가치 창출 059
1) 가치 창출 / 059
2) 가치 포착 / 064
3) 가치 보호 / 065
4) 가치 파괴 / 066
5. 테크노베이션의 목표 달성 원칙 067
6. 전략적 테크노베이션 매니지먼트 프레임워크 070
1) 계획하기 / 071
2) 실행하기 / 076
3) 평가·통제하기 / 079
7. 인소싱 테크노베이션과 아웃소싱 테크노베이션 082

CHAPTER 2 인소싱 테크노베이션 : 계획하기

1. 인소싱 테크노베이션 매니지먼트는 복합적이다 091
2. 인소싱 테크노베이션의 이유를 규명하라 092
1) 인소싱 테크노베이션이 필요한 이유 / 093
2) 인소싱 테크노베이션이 불필요한 이유 / 095
3. 집중할 혁신 유형을 선택하라 096
1) 프로덕트 혁신 / 097
2) 적합한 프로덕트 혁신 유형 선택하기 / 100
4. 프로세스 혁신 101
1) 리스트럭처링 / 102
2) 리엔지니어링 / 103
3) 프로세스 혁신 시 유의 사항 / 105
5. 인소싱 테크노베이션의 계획수립 106
1) 비전 정의하기 / 106
2) 미션 개발하기 / 107
3) 목적 설정하기 / 109
4) 전략 수립하기 / 109

5) 전술 정립하기 / 110
6) 인소싱 테크노베이션에 적용하는 법 / 111

6. 인소싱 테크노베이션을 지원하는 요소 113

1) 개인 요소 / 113
2) 조직요인 / 116
3) 정치 요소 / 120

7. 인소싱 테크노베이션을 방해하는 요소 122

8. 인소싱 테크노베이션의 계획 요소 125

1) 도입기 / 125
2) 성장기 / 126
3) 성숙기 / 127
4) 쇠퇴기 / 128

CHAPTER 3 인소싱 테크노베이션 : 실행하기

1. 인소싱 테크노베이션 실행 원칙 136

1) 우선순위를 설정하라 / 136
2) 필요자원을 파악하라 / 138
3) 담당자를 선임하라 / 140

2. 인소싱 테크노베이션 실행을 위한 핵심 요소 142

1) 리더십 / 142
2) 참여 / 148
3) 확장 / 153
4) 조정 / 156

CHAPTER 4 인소싱 테크노베이션 : 평가·통제하기

1. 인소싱 테크노베이션에서 평가·통제가 필요한 이유 172

1) 전사적 성과 목표 관리 / 174

2) 가치 창출·포착 / 174
3) 벤치마킹 / 175

2. 인소싱 테크노베이션의 평가 활동 176

1) 현재 우리는 어디에 있는가? / 177
2) 앞으로 어떤 일이 일어날 것인가? / 181
3) 궁극적으로 도달하려는 목적지는 어디인가? / 182

3. 인소싱 테크노베이션의 통제 활동 185

1) 통제 기법 / 185
2) 계층별 통제 요소 / 188

4. 인소싱 테크노베이션에 대한 평가·통제 단계 193

1) 평가·통제의 타당성 분석하기 / 193
2) 계획·실행 활동에 대한 평가·통제 / 194
3) 조직구조에 대한 평가·통제 / 196

CHAPTER 5 아웃소싱 테크노베이션 : 계획하기

1. 전략적 제휴 207

1) 공식화 수준에 따른 전략적 제휴 / 209
2) 존속 기간에 따른 전략적 제휴 / 211
3) 지리적 범위에 따른 전략적 제휴 / 213
4) 전략적 제휴 시 주요 활동 / 215

2. 인수·합병 217

1) 기술 확보를 위한 인수·합병 / 218
2) 인수·합병의 전략적 근거 / 219
3) 인수·합병의 유형 / 222

3. 아웃소싱 테크노베이션 계획 시 주요 활동 224

1) 유형 적합성 평가하기 / 225
2) 다면적 적정성 평가하기 / 225
3) 잠재적 실수 제거하기 / 227

CHAPTER 6

아웃소싱 테크노베이션 : 실행하기

1. 아웃소싱 테크노베이션의 실행 질문 237
1) 테크노베이션 실행 과정 중 시급한 활동은 무엇인가? / 237
2) 우선순위가 높은 활동에 필요한 자원·역량은 무엇인가? / 238
3) 누가 어떤 활동을 수행해야 하는가? / 238
2. 아웃소싱 테크노베이션의 핵심 실행 요소 240
1) 통합 / 241
2) 리더십 / 247
3) 수행 / 252
4) 정렬 / 256
3. 아웃소싱 테크노베이션에 대한 가치 분석 261

CHAPTER 7

아웃소싱 테크노베이션 : 평가·통제하기

1. 아웃소싱 테크노베이션의 평가·통제 영역 271
1) 제휴 및 인수·합병 역량 평가 / 272
2) 협상 전 적정성 평가 / 273
3) 협약 사항에 대한 평가·통제 / 279
4) 통합 활동에 대한 평가·통제 / 282
5) 평가·통제의 지속 및 반복 / 283
2. 평가 측정 기준법 적용하기 289
3. 갭 분석 수행하기 290
1) 재무 적합성 / 291
2) 전략 적합성 / 292
3) 운영 적합성 / 292
4) 업무 적합성 / 293
4. 테크노베이션 트렌드 예측하기 294

1) 트렌드 추정법 / 296
2) 델파이 추정법 / 297
3) 시뮬레이션 추정법 / 297
4) 시나리오 추정법 / 298
5) 혼합 추정법 / 299

CHAPTER 8

테크노베이션 매니지먼트의 지식관리

1. 조직학습의 체계 306

1) 정보 수집 / 307
2) 정보 공유 / 309
3) 학습 요소 / 310

2. 조직학습의 유형 311

1) 해석적 학습 / 312
2) 체계적 학습 / 313

3. 조직학습의 구조화 315

4. 지식관리 318

1) 경쟁역량으로서 지식관리 / 320
2) 사내벤처팀의 지식관리 / 322

찾아보기 328

TECHNOVATION MANAGEMENT

시작하는 글

테크노베이션 매니지먼트는 왜 중요할까?

기술혁신이 지속 가능한 경쟁우위로 작용하는 급변하는 사업 환경에서 혁신기업의 테크노베이션(Technovation)은 새로운 유행이 아닌 일상 업무가 되어가고 있다. 이들은 시시각각 변하는 고객 니즈에서 발견한 새로운 사업 기회를 실현하고자 관련 기술을 신속히 개발하고 사업화하여 부가가치를 창출하는 테크노베이션을 통해서 놀라울 만큼 다양한 마켓어퍼링(Market Offering, 시장 재화)을 출시하고 있다. 이 과정에서 기업의 강화된 혁신 잠재력은 또 다른 테크노베이션을 수행하는 밑거름이 된다. 그리고 연쇄적 테크노베이션의 파급효과를 통해 새로운 시장을 창출하거나 이전의 것을 파괴하여 산업 구조를 재구성하기도 한다.

테크노베이션은 시장과 고객, 그리고 산업에 대한 가정과 가설을 근본적으로 뒤흔드는 본질적 의문을 제기한다. 그리고 잠재고객의 문제 해결에 효과적인 솔루션을 제안하는 사내기업가의 테크노베이션 프로젝트에서 중추적인 역할을 담당한다. 사내기업가는 테크노베이션을 통해 가치제안(Value Proposition)을 내포한 새로운 마켓어퍼링이 시장에서 존재해야 할 이유를 검증하여 시장을 재정의하고 기업가치 증대를 이끄는 조직 성장 근거를 마련할 수 있다.

문제는 이러한 테크노베이션이 조직 내부뿐 아니라 외부에서도 동시다발적으로 일어나고 있다는 점이다. 사내기업가는 전략적 관점에서 현재 산업 전반에 걸쳐 어떠한 테크노베이션이 일어나고 있으며, 그 이유는 무엇이고 어떻게 전개되고 있는지, 그리고 조직 내부의 테크노베이션과 조직 외부의 것이 어떠한 차별성과 보완성을 가지는지를 알아야 한다. 하지만 대다수의 사내기업가는 현재 내부에서 진행 중인 테크노베이션 프로젝트에만 몰입하는 경향을 보이며, 이외의 것에는 좀처럼 전략적인 관리 노력을 기울이지 않는다. 수행하던 테크노베이션이 기업의 전사적 혁신 방향 혹은 마켓트렌드와 부합하지 않거나 혹은 경쟁자가 유사 프로젝트를 성공적으로 완료하여 상업화를 앞두고 있다면 어떤 일을 겪을지 상상해보자. 만약 사내기업가의 테크노베이션에 조직이 상당한 자원을 투입한 상황이라면, 이들이 이끄는 사내벤처팀이 직면할 상황은 더욱 나빠질 것이다.

나중에 상세히 설명하겠지만, 새로운 가치제안을 추구하는 테크노베이션은 그 자체로 결과의 불확실성이라는 리스크를 안고 있다. 그렇기 때문에 사내기업가는 개별 테크노베이션의 리스크를 측정하고, 전사적 기업 목표와 일치된 혁신 포트폴리오로 통합하여 리스크를 헤징하는 관리 활동을 수행해야 한다. 즉, 조직 내·외부에 대한 사내기업가의 전략적 관리 활동이 테크노베이션의 성공 잠재력을 결정한다. 이에 관한 테크노베이션 매니지먼트는 한 기업 내에서 여러 사내벤처팀이 산발적으로 수행하는 테크노베이션을 체계적으로 관리하여 기업 목표를 효과적으로 달성하는 동시에 급변하는 고객 니즈에 대한 조직의 유연한 대응 능력을 강화하여 수익 창출력을 개선하는 데 그 목적이 있다.

테크노베이션 매니지먼트가 중요한 또 다른 이유는 사내기업가의 테크노베이션이 기업뿐 아니라 산업, 나아가 사회 전반에 연쇄적인 파급 영향을 미친다는 점이다. 실례로, 빅데이터 부문에서 촉발된 테크노베이션이 기업과 산업, 그리고 사회에 미친 영향을 살펴보자. 지난 20여 년 동안

ICT 부문의 테크노베이션은 폭발적인 데이터 생성을 불러왔으며, 전 세계에 걸쳐 축적되는 데이터의 양은 기하급수적으로 늘어나고 있다. 이렇게 축적된 빅데이터에 대한 테크노베이션은 스마트 기기의 확산과 발전, 소셜 네트워크 서비스의 대중화, 사물인터넷의 보급 등으로 더욱 견고한 인프라를 갖추어 가고 있다.

놀라운 속도로 확장되는 빅데이터 테크노베이션은 개별 기업의 경영 방식은 물론 산업 전체의 경쟁 구조를 바꾸고 있다. IT리서치 전문회사인 가트너(Gartner)의 수석부사장 피터 손더가드는 빅데이터를 '21세기의 원유'라고 부른다. 원유가 가공방식에 따라서 다양한 제품의 원료가 되듯이, 빅데이터도 활용 목적과 처리 방법에 따라서 이전에는 미처 생각하지 못한 새로운 부가가치를 창출할 수 있는 원재료가 될 수 있기 때문이다. 오늘날 혁신기업은 넘쳐나는 빅데이터를 세련된 정제 과정을 통해 가치 높은 정보자원으로 전환하여 부가가치를 창출하는 테크노베이션을 수행해야 하는 당면 과제를 안고 있다.

빅데이터와 관련된 혁신의 물결은 산업 전반에도 큰 파장을 일으키고 있다. 자세히 살펴보면, 빅데이터 테크노베이션의 상업적 가치를 구현하는 신생기업의 출현이 가속화되고 있다. 이들 기업은 데이터를 가공 및 처리하는 과정에서 생성된 새로운 정보를 분석하고 경영의사결정에 유용한 인사이트를 도출하여 기업 성과를 극대화할 기회를 제공한다. 즉, 빅데이터 테크노베이션은 데이터를 활용하는 수준이 아니라 새로운 사업 기회를 포착하고 산업 발전을 일으키는 핵심 활동으로 이루어지고 있다. 이처럼 새로운 시장과 산업을 창출하여 사회 전반에 지대한 영향을 미치는 테크노베이션에 대한 전략적 관리가 성공과 실패를 결정한다. 기술혁신을 통해 끊임없이 부가가치를 창출하는 테크노베이션은 궁극적으로 우리 사회가 직면한 문제를 해결하고 경제 성장을 견인한다.

시장·산업의 구조를 변화시킬 새로운 패러다임을 제시하여 확고한 경쟁우위를 확보하려면 테크노베이션을 체계적으로 관리하려는 조직적인 활동 노력이 요구된다. 하지만 '현재 어떻게 테크노베이션 프로젝트를 수행하고 있는가?' 혹은 '앞으로 해당 프로젝트를 어떻게 수행할 것인가?'라는 질문에 명확히 답변하는 사내기업가는 찾아보기 어려운 실정이다. 테크노베이션으로 무엇을 얻을 것인가? 그 목적을 위해 어떻게 테크노베이션을 계획하고, 실행하며, 평가·조정할 것인가? 이것이 바로 테크노베이션을 이끄는 사내기업가의 관리 초점이다. 사내기업가인 여러분이 아래의 질문에 답하기 어렵다면, 현재 또는 미래에 진행할 테크노베이션 프로젝트에서 이 책이 도움이 될 것이다.

- 경영진이 설정한 전사적 혁신 목표에 따라서 테크노베이션 관련 의사결정을 내리고 있는가?
- 팀원들은 테크노베이션을 자신의 업무로 받아들이고 있는가?
- 팀원들이 테크노베이션에서 새로운 지식을 창출·공유·개선할 수 있는 관리 시스템을 마련했는가?
- 팀원들의 테크노베이션을 제약하는 장애물은 무엇이고, 이를 제거하고자 어떠한 노력을 하고 있는가?
- 테크노베이션 과정에서 발생한 실수와 실패를 어떻게 다루고 있는가? 팀원들이 실패로부터 학습하고 실수를 개선할 수 있는 관리 시스템을 마련했는가?
- 경영진은 새로운 테크노베이션을 제안한 사내벤처팀의 리스크 감수 활동을 지원하는가?

• 경영진은 새로운 테크노베이션을 탐색하고 확산하는 데 어떠한 전사적 노력을 기울이고 있는가?

1. 테크노베이션 매니지먼트란 무엇인가?

기업, 사회, 그리고 경제 차원에서 테크노베이션 매니지먼트의 중요성은 앞으로 더욱 강조될 것이다. 그렇기에 조직구성원은 테크노베이션 매니지먼트가 무엇이고, 왜 수행해야 하며, 어떻게 수행할 것인지를 이해하고 있어야 한다. 본 장에서는 먼저 테크노베이션 매니지먼트의 구성요소인 '기술'과 '혁신', 그리고 '관리'의 의미를 살펴보고, 이를 종합하여 테크노베이션 매니지먼트의 의의를 고찰한다. 이에 관한 이해는 앞으로 우리가 상세히 다룰 테크노베이션 매니지먼트 프레임워크에 나침반을 제공한다.

우선, 기술이란 무엇일까? 기술 대한 정의를 놓고 학문 및 실무 차원에서 여러 접근이 이루어져 왔다. 관점에 따라서 달라지는 여러 정의가 있지만, 일반적으로 다음의 공통 요소를 내포한다.

- 투입을 산출로 전환하는 프로세스
- 활동 수행을 위한 지식의 응용 체계
- 개발, 생산 및 유통을 위한 실용적 지식의 총체
- 조직 활동의 기능적 향상을 위한 수단 및 방법
- 상업적 목표 달성을 위한 과학 및 공학 지식의 응용

이들 정의가 상당히 광범위해 보이긴 하나, 모든 기술은 ① 개별 기술

요소를 포괄하는 '프로세스'가 존재해야 하고, ② 그것을 적용한 결과로 '변화'가 일어나야 하며, ③ 기업이 요구하는 결과를 산출하는 '체계'를 갖고 있어야 한다. 기술에 대한 정의는 다음과 같다.

> 기술이란 마켓어퍼링의 개발, 생산 및 공급을 위해 개인과 조직이 보유한 지식 자원을 생산적으로 활용하는 과정과 도구를 포괄하는 일련의 체계이다.

이는 기술에 대하여 강력한 시스템 관점(Systematic View)이 필요하다는 점을 암시한다. 본 관점은 상호 연관성 및 의존성을 지닌 여러 프로젝트 혹은 조직 단위를 단일 협력체로 인지한다. 기술에 대한 시스템 관점은 기업의 전사적 목표에 따라서 테크노베이션 프로젝트가 '투입-변환-산출-피드백'으로 이루어진 연속적, 순환적 및 협력적 혁신 활동을 통해 조직 생산성이 증진될 수 있도록 기술 요소를 고려하여 활용해야 한다는 점을 보여준다. 이때는 조직을 구성하는 개인과 팀은 물론, 프로젝트에 영향을 미치는 시장 및 산업 환경, 그리고 고객 및 공급사와 같은 외부 요인까지 포괄적으로 고려해야 한다. 해당 요인을 체계적이고 종합적으로 분석하여 얻은 통찰력은 전략적 테크노베이션 매니지먼트 프레임워크를 조직에 뿌리내리는 데 중요한 거름이 될 것이다.

기술에 대한 시스템 관점은 테크노베이션 매니지먼트가 전략적 접근에 기반해야 한다는 사실을 일깨워준다. 테크노베이션 매니지먼트는 그 자체로 기업의 전략적 목표 성과를 달성하는 데 필요한 기술 요소의 개발 활동을 계획 및 실행의 관리 영역으로 확장하는 것이다. 관리적 차원에서 테크노베이션 매니지먼트가 목표 성과를 달성하려면 앞서 설명한 내·

외부 환경 요인은 물론 기술의 개발, 설계, 생산 및 운영, 그리고 이를 뒷받침하는 조직구조 및 행동 등의 다차원적 요인을 이해하고 통합할 수 있는 전략적 접근이 필요하다.

테크노베이션 매니지먼트는 기술에 대한 계획 및 실행뿐 아니라 평가·조정의 활동까지 포함해야 한다. 이 활동을 통해서 사내기업가는 프로젝트의 진행 상황을 파악할 수 있고, 내·외부 환경의 변화를 감지하여 유연한 대응책을 마련할 수 있다. 테크노베이션 프로젝트에서 목표한 성과를 거두려면 개발하려는 기술을 구식으로 만들거나 대체할 만한 새로운 기술이 출현하는지 지속적으로 감시하고, 혹여라도 개발 기술의 경쟁열위(Competitive Disadvantage)를 초래할 환경변화 요소가 무엇인지를 파악해야 한다. 기술에 대한 '계획-실행-평가·조정'의 활동을 반영하여 테크노베이션 매니지먼트를 정의하면 다음과 같다.

> 테크노베이션 매니지먼트란 한 조직이 전사적 기업 목표를 달성하는 데 필요한 기술 관련 지식과 역량을 개발 및 활용하는 활동을 계획, 실행, 평가·통제하는 전략적 관리 프로세스이다.

이러한 테크노베이션 매니지먼트가 사내기업가뿐 아니라 경영진을 포함한 모든 조직구성원에게 중요한 이유도 알아야 한다. 앞선 설명을 종합하며, 다음의 다섯 가지 이유를 제시할 수 있다.

- 예측하기 어려운 기술 진보가 빠르게 이루어지는 산업 환경하에서 상업적 부가가치를 일으킬 기회를 신속히 파악하고 실현하려면 반드시 테크노베이션 매니지먼트가 필요하다.

- 기술 진보와 함께 고객 니즈가 변하면서 기술 제품의 수명주기 또한 단축되고 있다. 변화의 방향을 파악하기 어렵다면 변화를 주도하는 역량을 확보해야 한다. 이를 위해 기업은 훨씬 더 역동적인 테크노베이션 매니지먼트 프레임워크를 구축하여 변화에 대응해야 한다.
- 시제품의 아이디에이션(Ideation)부터 상업화(Commercialization)까지 걸리는 시간, 즉 리드타임(Lead Time)을 단축하고자 기업은 테크노베이션 매니지먼트를 통해 조직 유연성을 확보해야 한다. 이를 통해 기술과 시장의 변화에 신속히 대응하고 개발 기간 및 비용을 줄일 수 있다.
- 기업은 전사적 목표에 적합한 테크노베이션 프로젝트에 대한 전략적 관리를 통해 개발한 기술을 활용하여 글로벌 경쟁 심화에 대응하는 경쟁력을 확보할 수 있다.
- 기술의 변화는 이에 대한 관리 시스템의 변화를 초래한다. 테크노베이션 매니지먼트를 통해 적합한 관리 시스템을 개발하고 적용할지에 대한 의사결정을 효과적으로 수행할 수 있다.

재차 강조하지만, 테크노베이션 매니지먼트는 오늘날 모든 기업에서 신사업개발 혹은 신제품개발의 성패를 좌우하는 중추적 활동으로 자리매김했다. 비단 기술혁신을 수행하는 사내기업가와 이들의 프로젝트를 지원하는 경영진만이 아니라, 모든 조직구성원이 테크노베이션 매니지먼트에 대한 이해를 기반으로 프로젝트 활동에 직·간접적으로 참여하고 통찰과 지식을 공유해야만 조직 혁신성을 강화할 수 있다.

이 책은 테크노베이션 매니지먼트의 구성요소와 여러 전략적 접근을 상세히 설명하는 데 목적이 있다. 이에 대한 이해를 바탕으로 상호 연관된 여러 요소를 실무적 차원에서 통합하는 노력을 기울여야만 여러분의 테크노베이션 프로젝트를 성공적으로 이끌 수 있다.

2. 테크노베이션 매니지먼트의 결정 사항

사내기업가가 실무 상황에서 테크노베이션 매니지먼트를 적용할 때는 사전에 점검 혹은 결정해야 할 몇 가지 항목들이 있다. 우선, 여러분이 속한 기업의 전사적 기업 목표를 파악해야 한다. 만약 진행하려는 테크노베이션 프로젝트가 해당 목표와 부합하지 않으면 프로젝트를 수행하는 데 필요한 경영진 및 핵심부서의 지원을 끌어내기 어려워질 것이다. 또한 해당 프로젝트를 통해 자사가 관련 기술시장에서 퍼스트무버(First Mover) 혹은 패스트팔로워(Fast Follower) 중 어떤 포지션을 전략적으로 추구할지를 판단해야 한다. 이 판단에 기초하여 테크노베이션의 핵심 주체인 사내벤처팀의 조직구조와 업무 프로세스를 설계할 수 있다. 그리고 혁신에 필요한 기술을 내부에서 개발할 것인지, 아니면 외부에서 확보할 것인지를 결정해야 한다. 이 책에서는 전자를 인소싱 테크노베이션(In-sourcing Technovation), 후자를 아웃소싱 테크노베이션(Out-sourcing Technovation)이라 칭한다. 인소싱 테크노베이션과 아웃소싱 테크노베이션은 각각 고유한 장단점이 있고, 사내기업가는 이에 대한 이해를 기초로 혁신 상황에 적합한 전략적 접근을 취해야 한다.

테크노베이션 매니지먼트에서 필요한 또 다른 의사결정 포인트는 사내벤처팀이 개발하려는 마켓어퍼링의 범위(Scope)와 규모(Scale)와 관련되어 있다. 이는 기술혁신의 기대 수익과 예상 위험을 테크노베이션 매니지먼트를 통해 체계적으로 관리하기 위함이다. 범위 측면에서 사내기업가는 조직의 기술성과 혁신성을 어떻게 조합할 것인지를 검토하고, 규모 측면에서는 마켓어퍼링의 제안가격, 표적시장 및 생산 방식 등을 결정해야 한다.

테크노베이션 매니지먼트의 효과성을 확보하려면 이상의 의사결정 항목 이외에도 여러 세부 항목을 고려해야 한다. 물론, 이에 대해서는 본문 전반에 걸쳐 상세히 설명할 것이다. 여러분의 이해를 위해 각 항목을 개별적으로 다루지만, 모든 항목은 긴밀하게 상호 연관되어 있으므로 반드시 총체적인 관점에서 검토하려는 노력이 필요하다. 만약 이러한 의사결정 항목에 대한 고려를 무시한 채 테크노베이션 프로젝트의 방향을 수립하게 되면 경쟁자에 대한 전략적 대응은 수동적이고 단편적일 수밖에 없고, 경영진으로부터 연속적인 지원을 얻어내기 어렵다. 결국, 사내벤처팀이 추구하는 프로젝트는 조직 내·외부의 압력으로 고전을 면치 못할 것이다. 이 때문에 우리는 테크노베이션 프로젝트와 관련된 거의 모든 영역에서 반드시 고려해야 할 다양한 의사결정 항목은 물론, 이와 관련된 주요 이슈를 살펴볼 것이다. 또한 해당 이슈를 해소하는 데 유용한 관리 기법도 함께 알아보고자 한다.

개발 대상인 기술 자체에 잠재고객 혹은 최종사용자가 흥미를 느낀다면 해당 기술의 가치와 수요는 자연스럽게 높아진다. 그런데 종종 실무에서는 이들이 테크노베이션 프로젝트를 어떻게 생각하고 반응하는지를 파악하지 않고서, 오로지 사내기업가의 개인적 판단에 의존하여 프로젝트를 추진하는 경우가 있다. 이러한 확증편향(Confirmation Bias)만으로 개발하여 출시된 마켓어퍼링은 고객에게 외면받게 마련이다. 고객이 진정으로 원하는 것이 아니었기 때문이다. 이러한 문제를 해소하고자 테크노베이션 매니지먼트는 다음의 활동을 병행하도록 요구한다. 앞으로 본문에서 각 활동을 상세히 살펴볼 것이다.

- 표적시장 및 산업의 경쟁구조를 철저히 분석하고 자사와 경쟁자의 기술 역량 및 시장 역량을 파악하여 성과 목표를 달성하기 위한 차이 분석(Gap Analysis)을 수행한다.
- 고객 니즈를 충족하는 마켓어퍼링을 개발하는 데 필요한 지식, 재무, 인적 및 운영 자원이 무엇인지를 파악하고, 이에 견주어 조직의 재정 상태를 확인한다.
- 향후 기술 및 시장이 어떻게 변화할지를 예측하고, 이에 맞추어 테크노베이션의 전략적 추진 방향을 수정하고 개선할 변화관리 책임자를 선임한다.
- 조직 내부에 뿌리 깊게 정착된 기존의 관리 시스템이 새로운 테크노베이션을 지원하는지 혹은 방해하는지를 파악하고, 필요한 경우 해당 시스템의 개선 방법을 수립한다.
- 자사와 경쟁자의 테크노베이션이 기술 곡선(Technology Curve)상 어디에 위치하며, 추진하려는 프로젝트가 자사의 위치를 어떻게 변화시킬지 예측한다.
- 테크노베이션 매니지먼트에 영향을 미칠 주요 조직 특성을 분석하고, 이에 맞추어 활동적 우선순위를 설정한다.
- 전사적 목표와 부합하고 성과 창출력이 높은 테크노베이션 기회를 끊임없이 탐색하고 발굴하는 활동을 전략적 관리 시스템에 포함한다.
- 테크노베이션 매니지먼트 활동을 정의하고, 개별 활동 간 상호 연관성 및 보완성을 파악하여 업무 프로세스를 재정립한다.
- 팀원들의 성과 평가 체계를 마련하여 테크노베이션 매니지먼트 체계에 반영하고, 평가 체계의 정상적 운영을 위해 조직구조를 재점검한다.
- 테크노베이션 모범 사례(Best Practice)를 개발하여 조직 전체로 확산하고, 실패 사례에서는 구성원이 교훈과 학습의 기회를 얻도록 만든다.

- 테크노베이션 매니지먼트에 대한 전략적 의사결정이 이루어졌다면, 확신을 갖고 과감히 실행한다.

3. 테크노베이션과 혁신 관리

이제까지의 설명을 잘 따라온 여러분은 한 가지 사실을 알 수 있다. 바로 혁신(Innovation)이 테크노베이션을 구성하는 또 다른 핵심 요소라는 점이다. 테크노베이션 매니지먼트의 목적 중 하나는 고객 니즈를 충족하는 기술 기반 마켓어퍼링을 개발, 생산, 유통 및 판매하는 일련의 상업화 과정을 혁신하여 부가가치 창출 수준을 극대화하는 데 있다. 혁신은 그 자체로 '기존과 다른 새로움'이라는 개념을 내포하기 때문에, 테크노베이션 매니지먼트에서는 '기존과 다른 새로움을 어떻게 관리할 것인가?'라는 문제를 안고 있다. 그런데 혁신에 대한 관리, 즉 혁신 관리(Innovation Management)에서는 반드시 기술이 필요한 것은 아니다. 따라서 기술 관리 개념이 내포된 테크노베이션 매니지먼트와는 별도로 혁신 관리에 대해서도 살펴봐야 한다.

혁신 관리가 필요한 이유는 단지 테크노베이션 프로젝트의 성공 잠재력을 증진하기 위한 것만은 아니다. 혁신 관리는 기업의 사업적 생존력을 높이기 위한 목적으로써 그 중요성을 강조할 수 있다. 예를 들어 완벽한 조직구조, 생산적 업무 프로세스, 그리고 안정적 마켓어퍼링을 갖추고 충분히 성숙한 사업 영역에서 활동하는 기업을 떠올려보자. 언뜻 해당 기업은 신사업 기회를 실현하고자 혁신을 추구할 이유가 없어 보일지도 모른다. 하지만 이러한 상황에서 혁신이 불필요하다고 여기면 해당 기업이 어렵게 쌓아온 경쟁우위가 한순간에 무너질 수 있다.

여기서 간과한 점은 오늘날 시장 및 산업의 진화 속도는 이전보다 훨씬 더 빨라지고 있으며, 기존의 경쟁구조를 완전히 바꾸어 놓은 테크노베이션이 급진적으로 진행되고 있다는 사실이다. 테크노베이션에 혁신 관리가 결합하면 산업 전반에 놀라운 속도의 강력한 파급효과를 일으킬 수 있다. 지속 가능한 경쟁우위를 확보하고자 끊임없이 신사업 기회를 포착하고 실현해야 하는 기업이 테크노베이션을 통해 조직 혁신성을 최고 수준으로 끌어올리려면, 이에 적합한 혁신 관리 시스템이 마련되어 있어야 한다.

과거의 성공에 도취하여 현재 상태에 안주한 채 외부에서 산발적으로 발생하는 정체불명의 혁신이 자사에 미칠 연쇄적 파급력을 간과하는 순간, 기업은 돌이킬 수 없는 퇴보의 길을 걷게 된다. 이러한 이유로 수십 년간 쌓아온 아성을 한순간에 무너트린 채 몰락한 기업들에 대해서 우리는 잘 알고 있다. 이들의 사례를 답습하지 않으려면 테크노베이션 매니지먼트는 '어떠한 혁신을 어떻게 다룰 것인가?'라는 질문을 추구해야 한다. 혁신 프로세스 자체가 사내벤처팀의 테크노베이션 프로젝트를 관통하는 핵심 요소이긴 하나, 이와는 별개로 전사적 차원에서 해당 혁신 프로세스를 내재화하고 효율적으로 운영하는 시스템을 마련하여 정착시킴으로써 후속 테크노베이션을 실행하기 위한 견고한 기반을 구축할 수 있다. 물론 사내벤처팀의 프로젝트 역시 성공 가능성이 높아진다는 사실은 자명하다. 이러한 이유로 테크노베이션 매니지먼트는 혁신과 관련된 독특한 이슈에 대한 관리도 포함해야 한다.

혁신을 좀 더 자세히 살펴보자. 혁신이 무엇이라고 추상하기는 쉬워도, 대개 그것을 정의하기는 어려워한다. 혁신에 대한 정의는 기술에 대한 정의보다 까다롭기 때문이다. 혁신은 종종 새로운 제품 혹은 프로세스의 개발을 수반하는데, 이 때문에 혁신이라는 단어를 들으면 기존과 다른 제품이나 프로세스를 떠올리게 마련이다. 하지만 혁신이 반드시 근본적 변화만을 일으키는 것은 아니다. 기존의 마켓어퍼링을 새로운 방식으로 이용하는 것처럼 비교적 단순하게 진행되는 혁신도 있다. 일부는 새로운 아이디어를 시장에 출시하여 판매하는 활동, 즉 발명의 상업화로 혁신을 정의하기도 한다. 그러나 혁신은 발명과 개발, 그리고 상업적 출시, 그 이상의 것을 포함한다. 혁신에 대한 다음과 같은 정의가 테크노베이션 매니지먼트를 향한 여정에 나침반이 될 것이다.

> 혁신이란, 적합하고 타당한 표적시장에 출시하려는 새로운 혹은 향상된 제품, 프로세스 및 서비스를 개발 변형하는 활동 과정이다.

이러한 정의를 기준으로 우리는 혁신의 유형을 구분할 수 있다. 혁신은 크게 ① 새로운 제품 개발 혹은 프로세스의 개발, ② 새로운 가치의 창출, 그리고 ③ 이 두 가지의 조합의 3가지 유형으로 구분된다. 혁신을 관리할 때는 여러 장애물에 직면할 수 있다. 예를 들어, 이전에 경험한 적 없는 새로운 고객 문제에 대하여 기술적 솔루션을 제안하는 혁신은 시장 파급력이 높다. 그러나 이런 유형의 혁신은 대개 조직 관리 시스템의 근본적인 변화가 필요하다. 나중에 살펴보겠지만, 조직의 근본적인 변화가 필요한 혁신에는 다른 유형의 혁신보다 더 많은 장애물이 숨어 있는 편이다.

4. 혁신 관리란 무엇인가?

혁신의 대상은 다채롭다. 프로덕트 혁신도 있지만, 프로세스 혁신도 있다. 상황에 따라 프로덕트 혁신과 프로세스 혁신의 상호 연동이 필요하기도 하다. 예를 들어, 랜섬웨어 방지 소프트웨어를 탑재한 이메일 보안 소프트웨어는 프로덕트 혁신에 해당하지만, 랜섬웨어로 내부 기밀정보가 외부로 유출되는 것을 막고자 방화벽을 구축하여 이메일 보안 문제를 해결하는 과정은 프로세스 혁신에 해당한다.

시시각각 새롭게 출현하는 사업 기회를 포착하기 위해 새로운 제품과 프로세스가 빠르게 개발되는 만큼이나 기업은 이전에 경험하지 못한 혁신 이슈들을 경험하고 있다. 역설적이지만, 혁신을 둘러싼 문제를 해결하려면 또 다른 혁신이 필요한 경우가 많다. 이는 우리가 '혁신 전쟁의 시대'를 살아가고 있다는 사실을 방증하며, 그렇기에 혁신 관리의 중요성은 더욱 강조된다.

혁신 관리는 어떻게 이루어져야 하는가? 효과적인 혁신 관리가 이루어지려면 조직구성원에게 기업의 혁신 목표를 인식시키고, 이들이 자원의 생산적 활용 및 경합을 통해 혁신 목표를 달성하도록 지원함과 동시에 혁신에 따른 조직변화에 대처하게 하는 경영진의 굳건한 의지가 필요하다. 다른 무엇보다 혁신 관리에서 경영진의 의지가 중요한 이유는 다음과 같다.

- 혁신 관리는 테크노베이션을 수행하는 데 필요한 혁신적 사고 및 활동을 촉진하는 관리 시스템을 구축하도록 요구한다.
- 혁신 관리를 포괄하는 테크노베이션 매니지먼트를 통해서 기존 마켓어퍼

링의 가치를 더욱 높일 수 있다.

- 혁신 관리는 조직구성원의 진취적이고, 창의적이며, 위험수용적 행동을 장려하여 테크노베이션을 지원하도록 만든다.

이에 기초하여 다음과 같이 혁신 관리를 정의한다.

> 혁신 관리란, 통합적 문제 해결 접근을 통해 경영 이슈와 고객가치에 대한 조직적 이해를 증진하고, 혁신에 따른 조직변화에 대한 구성원의 저항과 관성을 관리하며, 기업의 혁신 비전을 달성하는 종합적이고 실천적인 관리 시스템이다.

테크노베이션 매니지먼트에서 혁신 관리를 적용할 때는 조직 차원에서 몇 가지 요소를 점검해야 한다. 우선, 혁신 관리의 주요 목표는 조직구성원의 논리적 사고와 창의적 행동을 촉진하는 데 있다. 이를 위해선 구성원들이 기존 관습 및 관성에서 탈피하여 새로운 사고 활동을 할 수 있도록 장려하는 시스템을 갖추어야 한다. 새 구성원들이 끊임없이 새로운 발견(New Discovery)을 하도록 지원하는 조직체계를 정비해야 한다. 우수한 혁신 관리 체계를 갖춘 기업은 다음과 같은 특징을 공유한다.

- 구성원의 개인적 및 집단적 혁신 활동을 재정적으로 지원하는 별도의 혁신 예산을 편성한다.
- 혁신의 비전과 전략적 방향을 명확히 설정하고, 이를 위해 필요한 지원 체계를 구축한다.
- 혁신적 마켓어퍼링을 출시하기 위한 테크노베이션 프로젝트에 필요한 자

원을 적절히 배분하고 적시에 투입한다.

- 혁신에 의한 조직 및 업무상의 변화를 구성원들이 수용하는 조직문화가 정착된다.
- 혁신의 실현 가능성과 상업적 가치를 검증한다.

혁신 관리를 통해 모든 조직구성원이 혁신 활동에 적극적으로 참여하며 혁신의 불확실성과 리스크를 감수하도록 유도해야 한다. 그러려면 실패한 혁신 사례로부터 개선점을 학습하고, 학습한 내용을 다른 혁신에 적용하여 성공 가능성을 높이는 지식경영(Knowledge Management)을 운영해야 한다. 그 결과, 조직의 혁신 잠재력이 더욱 강화될 것이다. 혁신 관리의 효과성을 결정하는 조직구성원의 3가지 행동 특성은 다음과 같다. 이를 고려하여 상황에 적합한 혁신 관리 시스템을 구축하면 기업 내부에서 테크노베이션 활성화를 기대할 수 있다.

- 시장 및 고객에 관한 기존 가정·가설에 의문을 품고 고객 문제를 새롭게 정의하여 비즈니스 기회를 규명한다.
- 지식과 역량을 발전시키기 위해 노력하며, 혁신에 따른 위험을 감수하고 기회를 실현하고자 진취적으로 행동한다.
- 구성원의 개인적 가치와 조직의 집단적 목표를 일치시키기 위해 노력한다.

테크노베이션을 추진하는 사내기업가와 이들의 활동을 지원하는 경영진이 명심해야 할 원칙이 있다. 테크노베이션 프로젝트를 수행할 때 출현하는 모든 혁신 이슈는 반드시 체계적 관리 방식을 통해서 세심하게 다루어야 한다는 것이다. 창의성을 고취하려는 목적만을 앞세워 중구난방으로 혁신 이슈를 다루다 보면 조직의 일상적 업무 프로세스까지 망가지는 상황을 경험하게 될 것이다. 또한 일시적 미봉책으로 해결한 혁신 이슈는 궁극적으로 테크노베이션의 궁극적 목표인 부가가치 창출을 달성하는 데 아무런 도움이 되지 않는다. 다음 [그림 1]은 테크노베이션에서 다루어야 할 혁신 이슈들의 상호관계를 보여준다.

그림 1 순환적 테크노베이션 프로세스

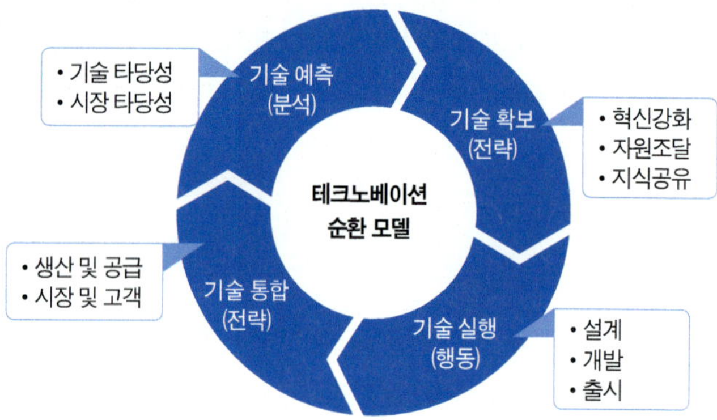

5. 사내기업가에 테크노베이션이 중요한 이유

조직 규모가 커지다 보면 기업이 확보한 지적 기술 및 인적 자산이 현금 창구의 기능을 담당하는 핵심사업부에 집중되어 기성 프로세스에 따라서 움직이는 현상이 발생한다. 이럴수록 조직구성원들은 새롭게 출현하는 혁신 기회를 탐색하거나 추구하기가 점점 더 어려워지고, 결국 조직의 혁신 잠재력은 퇴화하고 만다. 고착되어 가는 틀을 깨고 조직에 축적된 자원을 전략적으로 조합하여 테크노베이션을 추진하는 사내기업가를 통해 기업은 혁신의 기회를 실현할 수 있다. 이제까지 기업 차원에서 살펴본 테크노베이션의 의미와는 별도로 사회적 차원에서 테크노베이션이 갖는 의미에 대해서도 알아보자.

1) 테크노베이션은 경쟁우위와 부가가치의 원천이다.

앞서 설명한 빅데이터의 사례와 같이, 테크노베이션이 기업과 사회에 미치는 영향은 일차원적으로 끝나지 않는다. 테크노베이션은 기업과 사회를 구성하는 개인과 집단에 다차원적이고 연속적인 영향, 즉 낙수 효과(Cascading Effect)를 만들어낸다.

이해를 위해 ICT 사례로 돌아가 보자. 누구나 수요와 공급의 조절 기능으로 재화 가격이 결정된다는 사실을 알고 있다. 하지만 ICT 발전은 경제학 원론에서는 이론적으로 설명하기 어려운 경제 현상이 출현하는 데 일조했다. 이는 수요가 높은 마켓어퍼링에 낮은 가격이 책정되도록 압력을 가한 것이다. 오늘날 기업은 ICT를 활용하여 잠재고객에게 유용한 재화 정보를 빈번하게 제공하고 있다. 정보 유용성이 높아지면서 구매 기회에 자주 노출된 고객들은 재화의 가치를 인지하게 된다. 재화 정보의 확산은 기업이 이들 고객의 구매 욕구를 자극할 정도로 합리적인 가격을 책정하도록 만들었다. 오늘날 다수의 소비자가 스마트 기기를 활용하여 다양한 재화 정보를 즉각적으로 수집하고 비교한 후 구매 결정을 내린다는 사실에 비추어보면, ICT의 테크노베이션은 시장 전반에서 수요를 촉진하고 가격을 낮추도록 기업에 압력을 가했다. 그에 따른 연쇄적 영향으로 많은 산업이 초경쟁(Hyper-competition)의 상태로 돌입했다.

치열한 시장경쟁 속에서 기업이 경제적 가치, 즉 수익을 창출하려면 이전보다 더 높은 효율성과 생산성이 필요하다. 이 두 가지를 동시에 높이는 방법이 바로 테크노베이션이다. 효율적이면서도 생산적인 기업 활동을 추구하기 위한 테크노베이션이 원활히 작동하려면 기술 부문 이외의 다른 부분에서도 혁신이 이루어져야 한다.

3D 프린팅 사례를 살펴보자. 2001년에 비트가 원자를 변화시킨다는 의미를 담은 CBA(Center for Bits and Atoms)를 설립한 MIT의 닐 거셴펠트 교수는 3D 프린팅의 개념을 넘어서 '패버(Fabber)'라는 용어로 3D 프린팅이 가져올 거대한 사회 변화를 설명한다. 디지털 패브리케이터(Digital Fabricator)를 뜻하는 패버는 디지털 데이터를 이용해 누구나 직접 물건을 만들어내는 컴퓨팅 시스템을 일컫는다. 패버는 생산 주체가 원하는 물체의 3D 디지털 모형을 설계한 후 실제 재료를 추가, 제거 및 결합할 수 있는 도구를 프로그래밍하고, 여기에 생명력을 불어넣는 소프트웨어로 이루어져 있다. 이는 현재 대중화된 3D 프린팅보다 상위 개념에 해당한다. 데스크톱을 활용해 3D 프린터뿐만 아니라 레이저 커터와 밀링 머신, 전자회로 조립과 마이크로컨트롤러 프로그래밍 등이 가능한 제조환경, 즉 데스크톱 제조공장을 구축하면, 이제 사용자는 다양한 설계도 중 하나를 골라서 자신이 원하는 물건을 직접 만들어 사용할 수 있다.

거셴펠트 교수가 주도하는 팹랩(Fab Lab, Fabrication Laboratory)이 이런 경제 활동의 변화 가능성을 보여준다. 팹랩 프로젝트는 어떤 형태의 물건이든 만들어 낼 수 있는 실험실을 인도와 남아프리카공화국의 시골과 도시에 설치하였다. 그리고 설비 및 소프트웨어 사용법에 관한 교재와 영상을 만들어 배포했다. 기술 소외 지역에 팹랩을 설치했기 때문에 설비 가동에 필요한 전기를 확보해야 했다. 이를 위해 태양열과 풍력 발전기를 설치하여 전기 공급 시스템과 무선 인터넷 인프라를 구축했다.

그러자 놀라운 일이 일어났다. 인근에 사는 청년들이 팹랩으로 몰려와 프로그래밍을 공부하고, 재료를 들고 와서 자신이 필요한 물건을 직접 만들기 시작했다. 이들은 프로그래밍 지식과 역량을 발휘하여 기업에서 출시하려는 제품의 파일럿 테스트를 수행했다. 어떤 이들은 스타트업을 시작했다. 세계 전역으로 확산하고 있는 팹랩은 기업과 사회의 구성원에게 소비자인 동시에 생산자의 권한과 역량을 제공하여 새로운 비즈니스를 개시할 기회를 제공한다.

테크노베이션의 낙수 효과는 단지 새로운 비즈니스를 창출하는 데 머무르지 않는다. 테크노베이션의 중요성을 간과한 기업은 환경변화에 대응하는 데 어려움을 겪게 되고, 일부는 이제까지의 훌륭한 경쟁우위마저 한순간에 잃게 된다. 그렇기 때문에 테크노베이션에 대한 전략적 관리가 필요한 것이다. 아무리 혁신적인 기술일지라도 상업적으로 성공하려면 시장의 요구를 제대로 반영하고 전달하는 한편, 요동치는 환경변화에 따라서 시장 전략을 수정해야 하기 때문이다. 과거에 이룩한 성공적인 테크노베이션에 대한 도취와 집착이 오히려 자기잠식(Cannibalization)을 일으키는 경우도 있다.

잘 알려지지 않은 모토로라(Motorola) 사례를 살펴보자. 1987년 모토로라는 이리듐(Iridium) 위성 전화 사업에 착수했다. 이는 780km 상공의 저궤도 통신 위성들을 활용하여 전 세계를 하나의 통화권으로 묶는 세계 최초의 범세계 위성휴대통신이다. 기존의 고위도 위성통신과는 달리 파라볼라 안테나 등 복잡하고 무거운 부수 장비가 필요하지 않고, 운송 수단이나 전기 인프라가 열악한 오지에서도 쉽게 휴대전화를 사용할 수 있는 장점이 있었다. 이리듐이라는 사업명은 애초 발사할 예정이던 77개의 위성 숫자와 주기율표상 이리듐의 원자번호가 일치한 데서 착안하였다. 아이디어 검토에 착수한 후 타당성 분석을 거쳐, 1989년 사업 추진이 결정되었다. 미국 모토로라를 주축으로 일본, 러시아, 대만, 중국, 한국 등 세계 15개국 47개 주요 통신업체들이 총사업비 50억 달러 규모로 투자에 참여했다. 1997년까지 72개 위성을 올리고, 본격적으로 사업을 개시했다. 그러나 결과는 처참했다. 서비스 개시 1년 만에 사업 중단을 중단할 수밖에 없었다. 1990년대 후반 등장한 PCS 디지털 통화 기술이 순식간에 아날로그 시장을 대체하면서, 기존 지상 지국을 이용해 더 저렴한 가격으로 글로벌 음성통화가 가능한 로밍 서비스가 등장했기 때문이다.

사실 모토로라도 이미 이러한 기술시장의 변화를 감지하여 PCS에 대한 수요가 꾸준히 증가할 것이라는 사실을 잘 알고 있었다. 그럼에도 이리듐 위성 전화 사업을 단행한 것이다. 1998년 서비스 출시 후, 투자비 회수를 위해 3,500달러의 단말기 가격과 분당 4~7달러의 통화료로 저렴한 PCS에 비해 월등히 높은 가격 책정이 이루어졌다. 그 결과, 실가입자 수는 전 세계 5만 명 수준에 머물렀다. 이듬해, 모토로라를 주축으로 한 컨소시엄은 44억 달러에 육박하는 부채를 상환하지 못하고 프로젝트를 폐기했다. 총손실은 94억 달러에 달했다. 그리고 2001년에는 불과 2,500만 달러에 보잉사에 사업을 매각했다. 독보적 기술을 보호하는 데에만 집중하고, 기술 변화에 대응하여 사업 방향을 수정하지 않은 채 디지털 전환과 스마트폰과 같은 새로운 비즈니스 기회를 간과한 것이다. 이렇게 부적합한 제품과 서비스 개발, 그리고 비경쟁적인 가격 책정을 수립하여 엄청난 손실을 기록한 모토로라는 결국 2011년 구글에 인수되었다.

이 사례에서 중요한 점은 조직이 보유한 우수 기술 자산과 인적자원,

그리고 재무 자원을 효율적으로 조합한 결과로 발전시킨 테크노베이션을 활용하여 더욱 생산성 높은 신사업 프로젝트를 진행할 전략적 기회가 있었다는 것이다. 하지만 과거의 영광에 대한 자만과 도취는 '장밋빛 안경'이 되어 현재와 미래에 대한 철저한 분석을 가로막았다. 이렇게 전략적 방향이 없는 테크노베이션은 기업에 회생하기 어려운 치명타를 안겨줄 수 있다.

2) 테크노베이션은 사회·경제적 가치를 창출한다.

테크노베이션은 사회 전반에도 지대한 영향을 미친다. 하지만 그 영향이 긍정적일 수도 혹은 부정적일 수도 있다. 앞서 설명한 3D 프린팅 사례를 통해 테크노베이션이 사회에 미치는 긍정적 영향에 대해서 이해해보자. 3D 프린팅과 관련된 또 다른 유토피아 시나리오는 현재 기술을 통해 생산 가치가 낮은 정교한 소품종 제품을 더 쉽고 저렴하게 만들 수 있다는 것이다. 테크노베이션은 기업이 생산 원가를 낮추도록 압력을 가하는데, 이런 저비용 생산 구조를 실현하고자 많은 기업이 3D 프린팅에 주목하고 있다. 실제로 아름다운 예술작품부터 우주공학에 이르기까지 다양한 분야에 3D 프린팅이 접목되고 있다. 이를 통해 화성에 보내려는 최첨단 우주로켓을 만들고 있고, 불의의 사고로 신체 일부를 잃은 사람들을 위해 정교한 의족이나 의수를 저렴하게 제작하려는 혁신적인 시도가 큰 성공을 거두고 있다. 의학 분야에서는 3D 프린팅을 통해 세포 조직 재료로 인공관절이나 인공 귀를 만들어 환자에게 이식하는 시도가 성공했으며, 나아가 인공장기까지 프린팅할 수 있을 것으로 예견된다.

테크노베이션이 사회에 미치는 부정적 영향에 관한 사례도 비교적 쉽게 찾아볼 수 있다. 블록체인 기술이 이끈 암호화폐 가치 폭등으로 적지 않은 사람들이 시세차익을 노리고 투기 활동을 벌이고 있다. 이에 여러 국가의 금융 당국은 암호화폐 투기에 따른 경제적 파장을 방지하고자 관련 법률을 정비하고 있다. 일부 경제학자는 암호화폐가 경제위기를 초래할 수 있는 화약과 같기 때문에 경제 주체에게 큰 고통을 안겨줄 것이라 지적했다. 하지만 블록체인의 잠재적 활용성에 주목한 산업 및 학계에서는 암호화폐의 합법화와 거래 활성화를 통해 관련 기술이 빠르게 발전하길 기대하고 있다.

테크노베이션과 사회·경제의 상호작용은 '푸시 앤 풀(Push and Pull)' 현상으로 설명할 수 있다. 스마트폰이 존재하지 않던 시절에 사람들은 스마트폰의 필요성을 느끼지 못했지만, 막상 보급이 확산되면서 사회 전반에 걸쳐 스마트폰이 빠르게 채택된 것은 테크노베이션이 사회·경제적 변화를 촉진한 '푸시 현상'이다. 반면, 기업이 특정 테크노베이션을 수행하도록 사회가 이끌어주는 '풀 현상'은 규제를 통해 이루어지기도 한다. 예를 들어, 사회는 안정성, 연비 향상 및 오염물질 배출 감소 등을 추구하도록 자동차 제조업체에 압력을 가하였다. 초기에는 사회가 제시한 기준을 기술적으로 충족하기 어려울 것으로 여겨졌다. 그러나 관련 규제가 발효되면서 관련 기준을 충족하기 위한 테크노베이션이 산업 전반에서 일어났다. 이처럼 기업의 테크노베이션과 사회·경제는 복잡한 상호관계를 맺고 있으며, 그 복잡성은 더욱 높아질 전망이다.

테크노베이션은 산업에도 지대한 영향을 미친다. 이 때문에 새로운 산업이 출현하거나 혹은 빠르게 사라지기도 한다. 점진적 진화를 거듭해온 음원 레코드 산업이 대표적이다. 지난 80여 년 동안 음원 녹음 기술은 LP에서 8트랙 테이프, 카세트테이프, CD와 MP3를 거쳐, 이제는 음원 파일조차 내려받을 필요가 없는 온라인 스트리밍 서비스가 대중화되고 있다.

워크맨(Walkman)으로 전 세계 카세트 및 CD 플레이어 시장을 주름잡던 소니는 더 이상 워크맨을 생산하지 않는다. 디지털 기술이 레코드 산업에 도입되고 음원 압축 기술도 함께 발전하면서 MP3 플레이어가 빠르게 보급되었다. 현재는 MP3 플레이어를 대체한 스마트폰에서 재생 가능한 애플 아이튠즈(iTunes), 스포티파이(Spotify), 판도라(Pandora)와 같은 온라인 스트리밍 서비스가 음원 시장을 장악하였다. 테크노베이션이 촉발한 기술적 변화가 새로운 비즈니스 모델을 발전시켜 기존 산업을 와해하고 신규 시장을 창출하고 있다.

테크노베이션의 낙수 효과는 산업 차원에만 그치는 것이 아니라, 신생기업의 등장과 기성기업의 퇴장을 결정하여 시장경쟁구조를 바꾸어 놓는다. 예를 들어, 폴라로이드가 개발한 즉석 사진 인화 기술과 코닥의 필름 기술을 단번에 구식으로 만들어 버린 디지털카메라 기술의 발전으로 일류 카메라 제조업체 기업 대다수가 파산 상황에 직면했었다. 그리고 이제는 스마트폰 기술의 발전으로 디지털카메라 제조업체들이 고전하고 있다. 테크노베이션이 새로운 비즈니스 기회를 제공하지만, 성숙한 산업에서 활동 중인 기업은 외부에서 발생한 테크노베이션으로 상당한 위협을 받을 수 있다. 예상치 못한 테크노베이션이 급진적으로 전개되면 산업 내 기성 마켓어퍼링을 빠르게 대체할 수 있기 때문이다. 테크노베이션의 영향력을 과소평가하면 잠재적으로 매우 위험한 상태에서 사업을 하게 된다는 사실을 명심해야 한다.

6. 사내벤처팀의 테크노베이션 속성

테크노베이션의 속성을 살펴보면, 이에 대한 전략적 접근 방법을 쉽게 이해할 수 있다. 우선, 테크노베이션은 범조직적 특성을 갖는다. 이는 테크노베이션이 신사업의 기술적 측면뿐 아니라 조직구성원의 사고와 행동, 나아가 조직문화와 업무 프로세스에까지 영향을 미친다는 점을 의미한다. 여러분이 잘 알고 있는 혁신선도 기업들은 테크노베이션을 둘러싼 다차원적 요소들의 조합 관계를 조정하는 데 탁월한 역량을 갖고 있다. 우리 삶의 일부가 된 스마트폰을 떠올려보자.

ICT 부문에서 산발적이지만 집중적인 방향으로 전개된 테크노베이션의 결과로 우리는 이제 스마트폰을 통해 전 세계 어디에서든 자유로운 정보 교환과 의사소통을 할 수 있게 되었다. 외근과 출장 시에는 스마트폰과 태블릿을 통해서 업무 메시지와 파일을 교환하고, 현장에서 문서를 작성하거나 검토하기도 한다. 증진된 업무 효율로 인해 사무실에 상주할 필요가 낮아지면서 조직구성원 간 결속력도 함께 낮아졌다. 조직문화는 구성원 간 상호작용의 결과로 발현되는데, 그러한 상호작용이 줄어들면서 혁신을 뒷받침할 조직문화의 특성이 점차 엷어지는 현상이 나타났다. ICT 영역의 테크노베이션은 업무 효율과 거래비용을 줄이는 데 기여했지만, 강력한 조직문화에 근거한 업무 협력과 지원 체계를 구축하는 데는 도움이 되지 않았다.

따라서 사내기업가는 팀원들의 개인 활동과 집단 협력이 적절히 균형을 이루게 하는 관리 체계를 도입해야 한다. 사무 팀원과 현장 팀원의 상호 교류를 촉진하여 테크노베이션의 생산성을 높이기 위한 협력적 문화를 조성해야 한다. 이를 위해서는 현재 업무 활동에 적용된 ICT가 무엇이고 어떠한 특성이 있는지, 그리고 정보 교환과 의사소통을 위한 기술들을 팀원들이 어떻게 활용하고 있는지를 파악해야 한다. 더불어, 테크노베이션을 추진하는 사내벤처팀은 기업 내부에서 혁신이 어떻게 발생하고 발전되는지를 알아야 한다. 이를 위해서는 기업의 업무 관리 체계에 적용된 기술을 이해하고, 전사적 사업 목표를 효과적으로 달성하는 데 필요한 보완 기술이 무엇인지를 파악해야 한다. 목표 기술의 도입이 조직 업무 활동의 근본적 변화를 일으킬 수 있다는 사실을 주지해야 한다.

둘째, 테크노베이션은 범국제적 특성을 보인다. 오늘날에는 전 세계에서 동시다발적으로 발생하는 특정 분야의 테크노베이션을 세분화하기가 어렵다. 즉, 다국적 혁신선도 기업은 본국에 본사를 두고 연구 및 생산 기능은 해외로 이전한다. 기술시장을 주도하는 일류 기업들은 이미 테크노베이션을 국제적으로 수행하고 있다. 사실 테크노베이션 매니지먼트와 관련된 학문적 고찰은 서방국가에서 시작되었지만, 이들의 연구 결과가 서방국가에만 한정되는 것은 절대로 아니다. 전 세계 어디에서든 적용되는 물리학처럼, 테크노베이션에 관한 이론은 모든 기업에서 광범위하게 적용할 수 있다. 단일 기업, 지역 및 국가에 한정적으로 적용되는 이론이란 존재할 수 없다. 테크노베이션 매니지먼트는 누구나 활용할 수 있는 보편적 일반성을 띠어야 한다.

하지만 국가 간에는 정책적 및 실무적 특성 차이가 존재하며, 이는 테크노베이션에 대한 기업 간 접근 차이의 원인이 되기도 한다. 특정 영역에서 급진적 기술 성과를 보여주는 지역이 구분되기 때문이다. 특정 기술 영역을 선도하는 지역은 다른 지역과는 차별화된 정책적 및 실무적 특성을 보이는 경우가 많다. 이러한 차이가 존재하는 근본적 이유는 조직 구성원의 행동 양식을 결정하는 제도 및 관습이 다르기 때문이다. 실제로 법률, 정책, 산업 표준, 회계 방식 등과 관련된 한 국가의 제도는 인지적 차원의 다양한 사회적 요소와 함께 테크노베이션에 대한 개인 및 집단의 접근과 행동을 결정한다. 그렇지만 국가 간 산업·경제가 동질화되는 가운데, 테크노베이션 활동에서는 국가 간 차별성보다 유사성이 더 높으며 이러한 현상은 앞으로 더욱 강화될 것이다. 한 기업이 해외국가에 직접 투자하는 사례는 일상적이고, 기업 간 수직·수평적 협력이 활발히 이루어지는 만큼 테크노베이션에 대한 관점 및 접근에서 발생하는 차이가 점차 좁혀지고 있기 때문이다.

셋째, 테크노베이션은 가치 지향적 특성을 내포한다. 앞서 설명한 대로, 테크노베이션은 기업과 사회의 번영에 기여하는 가치를 창출해야만 존재이유(Reasons for Being)를 입증할 수 있다. 테크노베이션의 궁극적 목표인 가치 창출은 단순히 수익 목표 달성 이상의 것을 의미한다. 그렇다고 기술 지식의 발전과 응용을 위한 기초 연구에 대한 집중을 의미하지는 않는다. 비록 이러한 연구개발 활동이 사회 전반에 가치를 제공하기는 하나, 기업의 조직 구성원 중 한 명인 사내기업가가 관심을 가져야 할 주요 사항은 아니다.

사내기업가가 주도하는 테크노베이션은 고객가치(Customer Values)를 창출하고 증진하는 데 초점을 맞추어야 한다. 테크노베이션이 온전한 고객가치를 창출하려면 현재의 기술 및 산업 동향에 부합하고 마켓니즈를 충족하는 기술을 개발·확보하는 데 총력을 기울여야 한다. 그러한 사내기업가의 테크노베이션 프로젝트가 장기적으로 기업에 제공할 전략적 이점과 재무적 성과가 분명하다면, 경영진은 전사적 차원에서 해당 프로젝트에 대한 지원과 투자를 순조롭게 이행할 것이다.

이를 위한 테크노베이션 매니지먼트에서는 조직역량을 파악해야 한다. 역량은 조직이 목표 달성을 위해 보유한 전략적 무형자산의 총체이다. 조직역량을 분석하는 도구는 많지만, 기본적으로 다음과 같은 5가지 역량에 집중해야 한다.

- 자원 가용수준을 높이고 자원을 효율적으로 배분하는 역량
- 경쟁자의 행동을 관찰·이해하고 산업 진화 과정을 파악하는 역량
- 테크노베이션과 관련된 기술 동향을 조사할 수 있는 역량
- 사내 기업가정신(Corporate Entrepreneurship)을 촉진하는 조직구조 및 문화를 구성할 수 있는 역량
- 테크노베이션 전략을 기획하고 수행할 수 있는 역량

이 책의 구성

기술 기반 신사업 개발을 추진하려는 사내기업가가 테크노베이션 프로젝트의 성공 잠재력을 높이려면 전략적 접근을 취해야 할 이유는 자명하다. 전략적 접근이란 프로젝트를 둘러싼 환경 요소를 분석하고, 이에 대응하는 자사의 강점과 약점을 파악한 후 이를 기초로 수립한 프로젝트 실행 계획을 끊임없이 개선 및 조정하는 관리 활동으로 이루어진다. 이러한 활동을 수행하는 동안 사내기업가는 테크노베이션에 대한 자신의 강점을 강화하고 약점을 보완하는 데 주력해야 한다. 즉, 테크노베이션 매니지먼트의 전략적 접근은 계획(Planning), 실행(Implementing), 평가·통제(Evaluating & Controlling)로 이루어진 일련의 단계적 활동으로 이루어져 있다. 이에 계획-실행-평가·통제의 전략적 활동 과정을 테크노베이션 매니지먼트 프레임워크로 제시한다.

그림 2 테크노베이션 매니지먼트 프레임워크

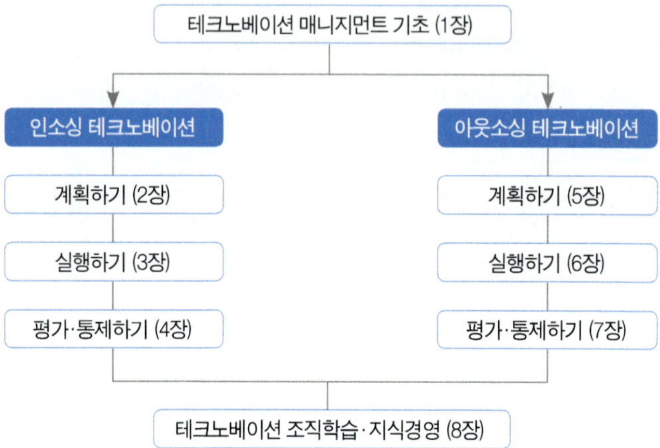

본격적으로 테크노베이션을 수행하기 전에 목표 기술을 내부적으로 개발할 것인지 혹은 외부에서 확보할 것인지, 즉 인소싱 테크노베이션과 아웃소싱 테크노베이션 중에서 무엇이 프로젝트에 적합할지를 결정해야 한다. 이에 따라 테크노베이션에 대한 관리적 접근법이 다르기 때문이다. 예를 들어, 아웃소싱 테크노베이션으로 목표 기술을 확보하기로 했다면 반드시 기술 공급 조직의 특성을 고려하고, 공급받으려는 기술을 어떻게 자사에 통합할 것인지가 중요한 관리 쟁점이 된다. 한편, 인소싱 테크노베이션을 통해 목표 기술을 내부적으로 개발하기로 했다면 원활한 개발 활동을 지원하는 조직구조와 보상체계를 어떻게 설계할지가 중요한 고려사항이 된다.

본서에서는 각 장에서 인소싱 및 아웃소싱 테크노베이션에 관한 계획-

실행-평가·조정의 관리적 방법론을 상세히 살펴볼 것이다. 그리고 후반부에서 테크노베이션의 성공 잠재력을 극대화하기 위한 조직역량 구축 및 지식경영 시스템의 적용 방법을 설명하고자 한다.

CHAPTER 1

테크노베이션 매니지먼트 기초 다지기

TECHNOVATION
MANAGEMENT

TECHNOVATION MANAGEMENT

CHAPTER 1

테크노베이션 매니지먼트 기초 다지기

서론에서는 기술 기반 신사업개발을 추진하는 사내기업가와 이들을 지원하는 경영진 모두에게 테크노베이션에 대한 관리가 왜 중요한지를 설명했다. 본 장에서는 전략적 테크노베이션 매니지먼트를 수행하는 데 필요한 기초를 쌓도록 한다.

전략은 기업이 올바른 조직 목표를 설정하고, 이를 효과적으로 달성하는 방법을 체계화한 것이다. 조직 특성과 높은 정합성을 갖춘 전략은 조직을 구성하는 개인 및 집단의 독립적이고 협력적인 활동들을 일치된 방향으로 이끈다. 이처럼 테크노베이션 매니지먼트의 핵심은 조직의 전사적 목표와 사내기업가의 테크노베이션의 정합성을 높이는 데 있다. 두 요소가 상호보완적일수록 사내기업가가 추진하는 테크노베이션 프로젝트는 기업 차원의 전폭적인 지원을 받으며 스케일업(Scale-up)이 이루어지고, 그 결과 시장 내 기업의 기술 포지션을 상향시킬 수 있다. 기업의 기술 포지션은 인소싱·아웃소싱 테크노베이션의 기술 경쟁력(Technological Competitiveness)으로 결정되기 때문이다.

단지 신사업에 필요한 목표 기술을 개발하거나 확보한 것만으로는 기술 경쟁력이 결정되진 않는다. 잠재고객과 최종사용자가 해당 기술을 얼마나 필요로 하는지, 기업은 해당 기술을 활용하여 시장에서 목표 성과를 달성하기 위한 전략을 얼마나 잘 수입하였는지 등이 기술 경쟁력 수준을 결정한다. 구체적으로, 기술 경쟁력은 기술적 우월성(Technological Superiority), 시장성(Technological Marketability), 상업성(Technological Business Feasibility)으로 결정된다.

이처럼 테크노베이션 프로젝트에 대한 전략적 관리는 표적시장·고객, 경쟁자, 공급사 등과 같은 주요 환경 요소를 분석하고, 각 요소의 상호연결성을 파악하여, 이들이 프로젝트에 어떠한 복합적 영향을 미치는지를 총체적으로 이해하는 역량이 필요하다. 이를 기반으로 수립된 프로젝트의 활동 방향을 지속 조정해야 한다. 사내기업가의 테크노베이션은 독립적이고 개별적인 활동이 아니라 기업의 전사적 사업 목표를 달성하기 위한 전략적 활동으로 인식해야 한다. 필요한 기술, 지식 및 역량을 개발하고 확산시키는 일차원적 활동만으로는 테크노베이션의 성공을 기대하기 어렵다. 이번 장에서는 테크노베이션 매니지먼트에서 반드시 다루어야 할 주요 이슈를 집중적으로 살펴본다.

- 테크노베이션 매니지먼트에 왜 전략이 필요한가?
- 관리 전략은 어떠한 단계로 이루어져 있으며, 이를 테크노베이션 매니지먼트에 어떻게 적용할 것인가?
- 테크노베이션 매니지먼트를 둘러싼 다양한 전략적 개별 활동을 어떻게 통합할 것인가?
- 테크노베이션 매니지먼트의 주요 전략적 의사결정 사항은 무엇인가?

1. 관리 전략이란 무엇인가?

'전략'이란 기업 목표와 사업 목적을 실현하고자 구성원들의 조정·일치된 행동 방향을 의미한다. 조직의 외부 환경 및 내부 역량에 대한 분석을 토대로 중장기적 관점에서 자원과 활동을 특정 방향으로 이끌어 목표를 효과적으로 달성하기 위한 실행 과정이 관리 전략(Managerial Strategy)이다. '목표'와 '수단', 그리고 '실행'으로 이루어진 관리 전략은 기업의 특정 영역에 국한되지 않고 범조직적 차원에서 개별 활동을 연결한다. '어떤 사업을 할 것인가'에 관한 전사적 전략, '해당 사업에서 어떻게 경쟁할 것인가'에 관한 사업부 전략, '이를 위한 활동에서 자원을 어떻게 효율적으로 사용할 것인가'에 관한 기능별 전략 등을 유기적으로 결합하여 구성원의 개별 행동을 일치시킴으로써 기업 목표를 효과적으로 달성할 수 있다.

전략은 종종 계획수립(Planning)의 의미로 사용되기도 하지만, 계획수립은 향후 기업이 나아갈 방향의 기초를 세우는 과정이다. 그 결과물이 문서로 작성된 '전략 계획서'일 수 있지만, 전략은 계획수립 그 이상의 활동을 내포한다. 기업에서 관리 전략은 경제 주체로서 조직의 의미, 그 조직의 사업 영역, 그리고 해당 사업에 적합한 조직 특성 등을 지속 정의하는 과정으로 이루어진다. 광범위한 의미를 내포한 전략은 사내기업가가 수립한 테크노베이션 프로젝트를 계획하고, 그 계획을 실행하며, 실행의 결과를 평가하는 지침이 된다. 이로써 사내기업가는 전사적 기업 목표와 일치된 테크노베이션을 수행하며, 그 목적을 통해 더욱 효과적으로 달성할 수 있다.

만약 신제품개발의 핵심 성공 요인이 테크노베이션이라면, 사내벤처팀은 조직 내·외부에서 발생하는 기술적 변화를 먼저 살펴봐야 한다. 기업 목표와 사업 목적을 동시에 달성하려는 전략 수립 시 기술 요소를 배제하면, 개발하려는 신제품에 고객가치를 온전히 반영하기 어려울뿐더러 해당 가치를 고객에게 전달하기 어려워진다. 이렇게 신제품개발 프로젝트가 좌초되는 사례가 무수히 많다. 이런 상황은 기술적 변화가 일어나는 시기에 새롭게 출현하는 기술을 활용하여 비즈니스 모델을 개선하지 않을 때 종종 발생한다. 내·외부의 기술적 변화를 무시한 채 적당히 비용 감소만으로 이익을 높이려는 운영 전략은 더 이상 유효하지 않다.

확고한 시장점유율을 확보하고 경쟁우위를 누리던 기업이 기술적 변화를 간과하여 몰락한 사례는 쉽게 찾아볼 수 있다. 1990년대 닷컴 시대의 문을 연 야후(Yahoo)는 인터넷의 현관이었던 포털 사이트를 세상에 알리며 약진하고 있었다. 이제까지 자신들이 쌓아온 견고한 기술 경계(Technology Boundary)의 성문을 걸어 잠근 채 외부의 침입을 방어하는 데 급급했다. 하물며 높아진 기술 경계 너머로 어떤 일이 벌어지는지 감시하는 활동도 하지 않았다. 웹1.0 시대를 이끌었던 야후를 무너뜨린 변곡점은 구글(Google)의 출현이었다. 혁신적인 기술로 무장한 구글은 자동화된 검색 기술로 사용자가 원하는 정보를 야후보다 신속하고 정확하게 찾아줬다. 또한 포털 시장이 PC에서 모바일로 이동하는 변화의 흐름을 파악하고 적합한 테크노베이션을 진행했다. 이와는 반대로 야후는 기술적 변화를 거부하고 이전과 같이 사이트 분류에 인력을 더욱 집중하였다. 급기야 인건비를 충당하고자 서비스 유료화와 번잡한 광고, 일방적인 콘텐츠 제공으로 사용자들에게 외면받기에 이르렀다. 새로운 기술이 초래한 사회적 파장을 간과한 채 변화에 무관심했던 야후는 정체성 혼란을 겪으며 시장 선도력(Market Leadership)을 잃고 말았다.

기술적 변화에 수동적으로 대응하면 이제까지 어렵게 확보한 경쟁우위를 한순간에 잃어버릴 수 있다. 테크노베이션은 그 자체로 끊임없는 분석과 조정이 필요한 대상이다. 적극적으로 기술을 채택하고 활용하며 이에 따른 변화의 위험을 수용할 의지를 가질 때 비로소 테크노베이션 매니지먼트 전략을 개시할 여건이 마련된 것이다.

2. 테크노베이션에 영향을 미치는 내·외부 요인 파악하기

관리 전략은 조직을 구성하는 다양한 개인과 집단이 단일 목표를 향해 움직이도록 만든다. 이제까지 기업의 전사적 전략과 사업부 전략의 하위 단위 활동으로 인식되어온 테크노베이션 매니지먼트 전략이 조직에 최대 부가가치를 안겨 줄 최우선의 전략적 활동으로 부상하고 있다. 앞서 설명한 전략경영의 구성요소를 토대로 테크노베이션 매니지먼트 전략의 목표, 수단, 실행에 관한 핵심 내용을 정리하면 다음과 같다.

- 테크노베이션 프로젝트와 관련된 외부 환경 및 내부 역량 분석
- 프로젝트의 목표를 달성하기 위한 관리적 목적 정립
- 기술 자산과 개발 활동을 결합하고 응집한 장기적 방향 제시
- 프로젝트 실현에 필요한 기술 요소의 파악
- 요구 기술을 효과적으로 확보하기 위한 구체적 방안 설계
- 보유 기술을 생산적으로 활용하기 위한 관리 방안 설계

[그림 1-1]은 테크노베이션 매니지먼트의 생산성 증진에 조직의 내·외부 환경 요소가 어떻게 상호작용하는지를 보여준다. 여러 요소가 상호작용하는 모습이 다소 복잡해 보일 수 있지만, 사내벤처팀이 테크노베이션

프로젝트에 대한 관리 전략 수립 시 프로세스 관점을 취해야 한다는 점을 보여준다.

그림 1-1 테크노베이션 매니지먼트 전략의 내 · 외부 관리 요소와 영역

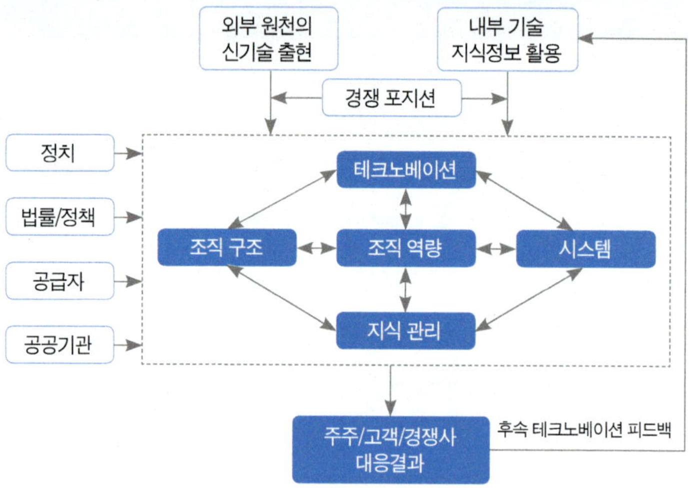

조직 내부 차원에서 테크노베이션 매니지먼트 전략은 조직구조, 업무 프로세스, 시스템, 구성원 개인과 집단의 사고 및 행동 양식과 긴밀한 영향 관계를 맺고 있다. 그리고 정치, 국가 혁신 시스템, 법률, 산업 정책과 같은 외부 환경 요인이 내부 요소에 영향을 미친다. 고객, 경쟁자, 투자자를 포함한 주요 이해관계자도 중요한 외부 환경 요소이다. 테크노베이션 프로젝트를 추진하는 사내벤처팀은 내·외부 환경 요인의 영향을 받으며, 때로는 그러한 외부 환경에 영향을 미친다.

이처럼 여러 내·외부 환경 요인과 복잡하게 연결된 테크노베이션 프로젝트의 관리 전략을 수립할 때 사업적 특성과 기술적 속성만을 고려해서는 안 된다. 단지 도표는 기본 요소만을 보여줄 뿐, 실무에서는 훨씬 더 많은 영향 요인이 존재한다는 사실을 명심해야 한다. 가능한 많은 영향 요인을 규명하고, 각 요인이 상호 간에 어떠한 영향을 주고받는지를 파악해야만 전략적 접근이 가능하다. 테크노베이션 매니지먼트를 통한 조직의 경쟁우위 확보는 관련 산업 환경 요인에 달려 있다고 해도 과언이 아니다. 변화 속도를 기준으로 다음과 같이 세 영역의 산업 환경을 구분할 수 있다.

① 저속 주기 산업

저속 주기에 속한 산업 환경에서는 급진적 혁신이 발생할 여지가 적고, 변화 강도 역시 격렬하지 않다. 조직이 개발한 역량은 지속성과 내구성이 높다. 다른 환경과 비교하여 테크노베이션의 강도가 낮은 편이고, 이에 대한 관리 전략 역시 경쟁우위 유지를 위한 기술의 점진적 개선에 초점을 두고 있다.

② 표준 주기 산업

저속 주기 산업보다 기술 변화의 속도가 빠르다. 주로 높은 기술 수준을 요구하는 산업이 해당한다. 빠른 변화 속도가 느껴지진 않지만, 일정한 변화 강도가 꾸준히 발생한다. 주로 프로세스 개선을 통한 효율성 증가와 생산 비용 절감에 변화 초점이 맞추어져 있다. 경쟁자의 모방으로 인해 테크노베이션의 경쟁력을 상실할 수 있는 리스크가 존재한다.

③ 고속 주기 산업

요구 기술 수준이 매우 높아서 가장 빠른 변화가 이루어진다. 산업 표준 기준이 존재하지 않고, 전 세계에서 테크노베이션이 동시다발적으로 일어난다. 테크노베이션 수행 주체도 가지각색이다. 이에 대응하는 방어 전략을 구사하기 어렵기 때문에 조직의 내부 역량을 재구성하여 변화를 선도해야 한다. 성공은 급진적 혁신에 달려 있다.

테크노베이션 매니지먼트 전략을 수립하고자 외부 환경을 파악했다면 이제 사내기업가는 조직의 내부 역량에 더욱 관심을 기울여야 한다. [그림 1-1]을 다시 보면, 사내벤처팀과 경쟁자가 유사 속성을 지닌 외부 환경 요인들로 둘러싸여 있다는 점을 알 수 있다. 단, 신사업을 발전시킬 핵심 능력, 즉 '역량'을 제외하고 말이다. 역량은 테크노베이션 과정에서 여러분이 이끌 사내벤처팀과 경쟁자를 구별하는 차별화 요인이자 핵심 성과 요인으로 작용한다. 관리적 측면에서 경쟁자와 많은 유사성을 보일 수 있지만, 이들이 모방하기 어려운 독특하고 차별화된 역량을 확보하여 경쟁적 성과를 창출해야 한다. 역량은 조직이 활용 가능한 유무형의 특수 자원이 결합한 결과물이기 때문에 경쟁자가 모방하기 어렵다. 전략적으로 핵심 역량을 개발하여 테크노베이션에 활용하는 사내벤처팀일수록 경쟁자를 능가하여 확고한 시장 우위를 확보할 수 있다. 테크노베이션에 필요한 역량은 기술 역량과 시장 역량으로 구분할 수 있다. 각 유형을 자세히 살펴보자.

1) 기술 역량

조직이 이미 보유한 기술 또는 미래에 보유해야 할 기술과 관련된 기술 역량은 반드시 조직구조, 구성원, 업무 프로세스 등의 내부 관리 요소에 대한 선행적 고려가 필요하다. 기술 역량에 대한 사내벤처팀의 접근법은 폐기(Destroying), 유지(Preserving), 개발(Developing)의 3가지로 구분된다.

우선, '폐기'는 조직이 보유한 특정 기술 역량을 제거하고, 다른 역량으로 대체하는 활동이다. 역량 폐기는 전략적 관점에서 언뜻 테크노베이션과 상반된 것처럼 보일 수 있다. 보유한 기술 역량에 치명적 결함이 있거나 기술 환경에 대응하는 데 더는 유효하지 않다면 결함을 보완하거나 기능을 개선해야 한다. 만약 개선 및 보완의 여지가 없다면, 관리적 차원에서 해당 기술 역량을 폐기하는 편이 적합할 수 있다. 주로 폐기할 기술 역량이 필요한 외부 주체에게 이전하는 방식으로 이루어진다.

폐기하는 대신에 사내벤처팀은 기술 역량을 '유지'할 수 있다. 비록 노후화된 기술 역량일지라도 시장에서 여전히 유효하다고 판단될 때 적용 가능하다. 기술 역량의 본질적 기능을 유지하면서 부가 기능을 개선하는 보편적인 접근법이다. 마이크로소프트(Microsoft)는 급변하는 소프트웨어 산업에서 이전 기술 역량을 유지하면서도 성장하는 기업이다. 출시한 소프트웨어의 본질적 기능은 유지하면서 업데이트를 통해 부가 기능을 반복적으로 보완하거나 개선한다. 이를 통해 안정적으로 수익을 창출하고, 동시에 개선 과정에서 확보한 데이터로 테크노베이션을 실현한다.

새로운 기술 역량을 '개발'하면 경쟁자보다 빠르고 정확하게 경쟁적 도약을 통해 시장경쟁구조를 변화시킬 수 있다. 이는 필요한 기술 역량을 내부적으로 개발하거나 혹은 외부에서 확보하는 방식으로 이루어진다. 여러 혁신선도 기업들이 급변하는 기술시장에서 경쟁우위를 강화하고자 기술 역량을 발전시키고 있다. 새로운 기술의 출현 혹은 기존 기술의 새로운 활용을 가능케 하는 개발 활동을 통해서 신시장을 개척하고 진입하여 선점할 수 있기 때문이다. 이 책에서는 기술 폐기와 유지보다는 개발의 방법을 심도 있게 다룬다.

2) 시장 역량

기술 역량 확보만으로는 테크노베이션의 결실을 보기 어렵다. 테크노베이션에 직·간접적으로 영향을 미치는 시장 역량도 동시 발전시켜야 한다. 신사업개발을 추진하는 사내벤처팀의 모든 구성원이 기술 제품을 어떻게 생산하고, 유통하며, 판매할 것인지를 알고 있어야 한다.

우수한 기술력을 바탕으로 혁신적인 인공관절 제품을 생산하는 의료장비 제조사가 있었다. 이 회사는 제품의 개발과 생산에 주력하는 한편, 영업, 판매 및 유통 등의 시장 활동을 의료산업에서 막강한 시장 영향력을 가진 전문 유통회사에 일임했다. 그러나 구매 결정자인 의사들은 이 제품을 채택하지 않았다. 제품의 성능은 우수했는데 제조사와 유통사 중 누구도 왜 이런 문제가 일어났는지 알지 못했다. 제조사는 시간이 한참 지나서야 자사 제품을 공급하는 유통사의 영업사원들이 문제라는 사실을 발견했다. 시장 특성이 아닌 제품 특성에만 초점을 맞춘 채 운동선수를 전문 치료하는 정형외과에만 영업했기 때문이다. 운동선수는 될 수 있으면 수술보다 물리치료를 원하기에, 이들이 다니는 병원은 수술 빈도가 현저히 낮다. 설령 수술하더라도 선수 보호를 위해 영업사원의 수술 참여를 불허한다. 그러나 인공관절 수술 시에는 영업사원이 의사에게 제품 사용에 관한 조언을 제공하는 것이 관례다. 결론적으로 표적시장과 잠재고객, 그리고 최종사용자에 관한 정보를 충분히 학습하지 않은 것이 문제였다. 사업 회생을 위해 새로운 경영진을 영입하고 시장 특성을 잘 이해하고 있는 다른 유통사와 계약을 맺은 제조사는 점차 매출을 개선할 수 있었다.

위 사례가 의미하는 바와 같이, 시장 역량의 중요성을 간과하고 기술 역량에만 집중하게 되면 테크노베이션의 성과 창출력은 급격히 낮아지게 된다. 기술, 그리고 시장에 대한 통찰은 단순한 투입 요소가 아니라 테크노베이션 매니지먼트를 뒷받침하는 중추적 성공 요소이다. 테크노베이션을 향한 기업의 전사적 전략은 반드시 자사의 기술 역량과 시장 역량의 상호작용과 상호보완이 필요하다. 이제 테크노베이션의 목적인 경쟁우위 확보와 가치 창출에 대해서 알아보자.

3. 테크노베이션의 일차 목표 : 경쟁우위 확보

경쟁우위란 한 조직이 경쟁자보다 더 효과적이고 생산적으로 수행할 수 있는 활동 영역 혹은 그러한 활동을 수행할 수 있는 상대적 역량을 가리킨다. 경쟁자보다 우월한 활동은 반드시 잠재고객과 최종사용자에게 가치를 제공할 수 있어야 한다. 그리고 경쟁자가 모방하기 어려운 특수 자원을 활용해야만 경쟁우위를 구축할 수 있다. 가치 창출에 기반한 경쟁우위는 궁극적으로 조직구성원과 이해관계자 모두가 만족할 만한 성과를 창출할 수 있다.

경쟁우위는 사내벤처팀이 경쟁자보다 우수한 방식으로 행동할 수 있도록 만드는 특정 요인이며, 고객이 경쟁자가 아닌 자사가 공급하는 마켓 어퍼링을 선택하도록 구매 결정에 긍정적인 영향을 미치는 요인이다. 그러한 결정에 영향을 미치는 보완 요인도 살펴봐야 한다. 예를 들어, 컴퓨터 칩을 경쟁자보다 빠르고 정확하게 생산할 수 있는 반도체 업체가 있다고 생각해보자. 이들의 역량이 경쟁우위로 작용하려면 컴퓨터 칩에 대한 충분한 시장 수요가 존재해야 한다.

테크노베이션으로 경쟁우위를 확보하려 할 때 고려할 만한 몇 가지 전략적 접근을 살펴보자. 속성에 따라서 연속적 테크노베이션 전략과 급진적 테크노베이션 전략, 목적에 따라서 공격형 테크노베이션과 방어형 테크노베이션 전략이 있다. 각 접근은 상반된 속성을 지니고 있으므로 양립하기 어렵다는 점을 명심하자.

1) 연속적 테크노베이션과 급진적 테크노베이션

연속적 혹은 급진적 테크노베이션은 기업의 경쟁 환경에 각기 다른 영향을 미친다. 우선, 연속적 테크노베이션(Continuous Technovation)의 사례로 이동통신 기술을 살펴보자. 세계 이동통신 서비스 기업들은 차세대 무선 네트워크 기술인 5세대 이동통신 기술, 즉 5G의 국제 표준 작업에 각축을 벌이고 있다. 명칭과 같이 현재의 이동통신 기술은 다섯 번의 연속적인 발전을 거쳐 왔다. 1990년대 중반 아날로그 음성 신호를 디지털로 전환하는 CDMA 기술이 상용화되면서, 기존 아날로그 방식의 이동통신이 막을 내리고 2G 시대가 시작되었다. 그리고 2000년대 중반부터 WCDMA에 기반한 3G, 2010년대 초반부터 LTE를 주축으로 한 4G가 이어졌다.

이처럼 연속적 테크노베이션은 비교적 짧은 기간 동안 지속 향상된 기술들이 단계적으로 축적되는 과정을 보여준다. 일시에 중대하고 획기적인 기술 변화가 발생하기보다는 연속적인 기술 개선이 일어나면서 상위 기술을 구현하는 데 필요한 지식이 누적된다. 이동통신의 사례로 살펴보면, 이러한 점진적 발전은 무선 네트워크 안정성과 데이터 전송 속도를 높이는 방향으로 이루어졌다. 통신 기술의 본질적 기능 자체를 변화시키는 것은 아니었다. 이것이 바로 연속적 테크노베이션의 중요한 특징이다.

한편, 급진적 테크노베이션(Radical Technovation)은 개선의 여지가 없는 기술에 대하여 근본적이면서 급격한 변화를 일으킨다. 퍼스널 컴퓨터 개념이 출현하고 기존의 문서 정보처리 및 저장 방식이 근본적으로 변한 것이 급진적 테크노베이션 사례이다. 정보처리 및 저장 방식은 스마트 기기와 무선 인터넷의 보급을 기반으로 클라우드 데이터 서비스가 출현하면서 다시 한번 변환기를 맞았다. 자동차의 개발과 보급 역시 급진적 테크노베이션 사례이다. 개인이 접근 및 거리의 제약을 벗어나 행동 및 사고의 범위를 확대한 자동차의 발전 과정은 그야말로 사회적 혁신(Social Innovation)에 해당한다. 기업의 생산, 유통, 마케팅 활동에서도 많은 변화를 불러왔다. 널리 알려진 대로, 이러한 혁신을 주도한 여러 인물 가운데 헨리 포드는 컨베이어 벨트라는 혁신적 조립공정을 도입하여 자동차뿐 아니라 거의 모든 제품의 생산 방식을 근본적으로 바꾸어 놓았다. 이러한 생산 방식은 새로운 기술이 적용되며 끊임없이 개선되었다는 점에서 급진적 테크노베이션은 연속적 테크노베이션의 출발점이 되기도 한다. 새로운 지식 및 역량 체계가 필요한 급진적 테크노베이션은 사회 전반에 지대한 영향을 미칠 뿐 아니라 기업에 신시장 창출 기회를 제공한다. 이는 전기모터 및 배터리 부문에서 일어난 테크노베이션이 퍼스널 모빌리티 개념을 발전시키고 관련 제품의 개발과 출시를 촉진하여 공유경제에 기반한 새로운 산업을 창출했다는 사실로 뒷받침된다.

표 1-1 연속적 · 급진적 테크노베이션

유형	연속적 테크노베이션	급진적 테크노베이션
특징	• 낮은 불확실성 • 낮은 시장 파급력 • 낮은 전략적 관점 필요	• 높은 불확실성 • 높은 시장 파급력 • 높은 전략적 관점 필요
결정 요인	• 팀 협력 필요 • 팀원 간 정보공유를 위한 지식관리 시스템 필요	• 경영진의 적극적 지원 필요 • 다각적 팀 역량 개발 필요 • 외부 협력 네트워크 필요
예시	• 일상적 업무 개선 및 향상 • 기존 시스템 개선 및 향상	• 생산 프로세스 및 마켓어퍼링에 대한 리스트럭처링 수행

연속적 및 급진적 테크노베이션의 중간에는 잘 알려지지 않은 차세대 테크노베이션(Next-generation Technovation)이라 불리는 전략도 있다. 변화의 파급력은 연속적 테크노베이션보다 크지만, 급진적 테크노베이션보다는 작다. 메인프레임 컴퓨터의 차세대 테크노베이션에 해당하는 퍼스널 컴퓨터는 반도체와 트랜지스터의 개발이라는 급진적 테크노베이션의 결과물이다. 메인프레임 컴퓨터는 무수히 많은 진공관과 복잡하게 연결된 전선으로 전기 신호를 제어했다. 다루기가 어려웠을뿐더러 잦은 오류와 낮은 호환성이라는 큰 문제를 안고 있었다. 반도체와 트랜지스터가 개발된 후 엔지니어들은 메인프레임 컴퓨터를 소형화하고 퍼스널 컴퓨터라는 차세대 테크노베이션을 이룰 수 있었다.

위 내용을 종합하면, 시간적 흐름에 따라서 급진적, 차세대, 연속적 테크노베이션이 순서대로 이루어진다. 테크노베이션은 각 유형을 모두 포괄한다. 그리고 각 유형이 발현되는 시점과 방식은 산업 특성에 따라서 달라진다. 또한 한 산업에서 일어난 연속적 테크노베이션은 다른 산업에서 급진적 테크노베이션으로 작용할 수 있다. 그리고 한 산업의 기술적 도약이 다른 산업의 기술적 쇠퇴를 불러오기도 한다. 기존 시장에서 경쟁우위를 유지하는 데 연속적 테크노베이션을 적용하기도 하고, 새로운 시장을 창출하고 선점하고자 급진적 테크노베이션을 전개하여 기존 시장을 파괴하기도 한다. 만약 산업 내에서 급진적 테크노베이션이 출현하는데도 기존 기술에 대한 맹신에 사로잡혀 연속적 테크노베이션만을 추구하고 있다면 자멸의 길을 걷고 있는 것과 같다.

급진적 테크노베이션과 관련이 높은 파괴적 테크노베이션(Disruptive Technovation)에 대해서도 알고 있어야 한다. 우선, 급진적 테크노베이션과 파괴적 테크노베이션은 시장경쟁구조를 변화시킨다는 점에서 유사하다. 하지만 이러한 변화를 일으키는 테크노베이션이 반드시 급진적일 필요는 없다. 성숙한 산업에서 이전의 방식보다 낮은 비용으로 생산할 수 있는 현존 기술을 도입함으로써 새로운 고객 니즈를 발굴하고 충족시켜서 경쟁구조를 재편할 수 있다.

2) 공격형 테크노베이션과 방어형 테크노베이션

적용 가능한 또 다른 테크노베이션 전략 유형에는 공격형 테크노베이션(Offensive Technovation)과 방어형 테크노베이션(Defensive Technovation)이 있다. 우선, 사내벤처팀은 경쟁자와는 다른 방식으로 공격형 테크노베이션 전략을 구사할 수 있다. 목적은 테크노베이션을 통해 경쟁자의 활동을 저지하고, 신제품개발 시 경쟁자에 앞서 테크노베이션을 수행하여 시장을 선도할 기회를 얻는 것이다. 경쟁자보다 낮은 원가로 제품을 공급하는 원가우위전략 혹은 고객에게 독특한 가치를 제공하는 차별화 전략을 통해 경쟁우위를 확보할 수 있다. 공격형 테크노베이션은 시장에서 기술 주도권(Technology Leadership)을 확보하는 접근방식이다. 이를 위해서는 새로운 전문인력을 영입하거나 연구개발에 대한 투자를 강화하여 조직역량을 높이는 활동이 선행되어야 한다. 만약 모방하기 어려운 차별화된 기술 역량과 새로운 시장을 빠르게 개척할 수 있는 시장 역량을 갖고 있다면, 테크노베이션을 공격적으로 전개하는 것이 적합하다.

사내벤처팀은 경쟁자가 이미 적용하는 방식대로 방어형 테크노베이션을 전개할 수 있다. 주로 테크노베이션에 필요한 기술 요소를 내부적으로 개발하지 않아도 외부에서 신속히 확보하는 방식으로 이루어진다. 경쟁자와의 기술적 차이를 좁히기 위해 채택하는 방어형 테크노베이션은 조직에 직접적으로 경쟁우위를 제공하진 못하지만, 사내벤처팀이 추진하려는 테크노베이션으로 경쟁자와 경쟁할 수 있을 정도로는 만들어준다. 그러나 방어형 테크노베이션의 또 다른 활용 전략은 목표 기술을 선점하여 경쟁자가 해당 기술을 확보하지 못하도록 배타적으로 이용하는 것이다. 이러한 방어 전략을 추구하려면 강력한 기술 및 시장 역량을 미리 구축해야 한다. 이러한 조직은 주로 전속시장(Captive Market)에서 차별화를 추구하는 경향을 보인다. 이들은 기존 제품에 대한 성능 및 품질 향상, 고객 서비스 강화, 혁신적 기업 이미지 제고, 브랜드 가치 증대를 위해서 방어형 테크노베이션을 취한다.

만약 공격형 테크노베이션이 내포한 리스크와 불확실성을 감당하기 어렵다면 방어형 테크노베이션을 채택하면 된다. 공격 전략으로 상대와 직접 경쟁하는 것만큼, 방어 전략 역시 상대의 시장 영향력을 무력화시키는 데 효과적이기 때문이다. 최근 혁신선도 기업은 자사의 방어 전략으로 경쟁자의 테크노베이션을 견제하고자 핵심 기술 및 보완 기술을 대량으로 확보하는 특허 덤불 전략(Patent Thickets)을 채택하기도 한다. 전방위적 특허를 대량으로 확보하여 상대를 공격하는 특허 트롤(Patent Troll)과 협업하는 전략을 취하는 기업들도 쉽게 찾아볼 수 있다. 특허 트롤은 법적 분쟁이 될 만한 가치 높은 지적재산을 매입하고 특허침해 소송을 제기하여 이익을 얻는다. 만약 경쟁자가 특허 트롤과 협력하고 있다면, 자사의 지적재산을 포트폴리오로 관리하여 상대의 방어적 공격을 무력화시키는 것이 바람직하다.

공격형 테크노베이션의 표적은 경쟁자지만 방어형 테크노베이션의 초점은 주로 시장과 고객에 맞추어져 있다. 방어 전략에서는 불필요한 경쟁으로 발생하는 자원 낭비를 방지하고, 테크노베이션에 필요한 기술 역량과 시장 역량을 구축하는 데 더 많은 자원을 투입해야 한다. 그 결과, 사내 벤처팀은 규모는 작지만 성장 잠재력이 높은 니치마켓(Niche Market)에 더 집중할 수 있다. 유명한 니치마켓을 선정할 수 있도록 기술 요소를 지속 개선하여 제품을 안정적으로 개발해야 한다. 이렇게 견고한 기술 성벽을 쌓는다면 자사를 공격하려는 경쟁자를 한 번 더 숙고하도록 만들 수 있다.

공격형 및 방어형 테크노베이션 사이에는 모방형 테크노베이션(Imitative Technovation)이 있다. 높은 기술 선도력을 활용하여 공격 전략을 취하는 경쟁자의 뒤를 빠르게 좇아가며 테크노베이션을 추진하는 전략이다. 이러한 전략에서는 기술 선도자의 테크노베이션을 모방하되 개선 혹은 변형을 동시 추구해야 한다. 이때 모방성이 높다면 모방하려는 기술 선도자에게 정당한 대가를 주고 기술을 이전받거나 라이선스를 얻어야만 불필요한 법적 분쟁을 피할 수 있다. 이 과정에서 자사가 보유한 기술을 개선하거나 부수적으로 개발한 기술로 추가 이익을 얻을 방법을 고민하면 좋다. 생산 원가는 저렴하나 기술 및 시장 역량이 부족하여 내부시장 보호 정책을 취하는 산업에서 모방형 테크노베이션을 쉽게 관찰할 수 있다.

3) 테크노베이션의 진화 과정

테크노베이션의 일차 목표인 기업의 경쟁우위 확보를 위해서는 앞서 설명한 연속적 및 급진적, 그리고 공격형 및 방어형 테크노베이션에 대해서 알아두어야 한다. 각 유형의 테크노베이션은 일련의 진화 과정을 거친다. 우리는 S-커브(S-Curve)로 테크노베이션의 진화 과정을 살펴본다. 이를 통해 사내벤처팀이 테크노베이션을 통해 확보하려는 기술 요소의 경쟁력이 시간적 흐름과 환경적 변화에 따라서 어떻게 진화하는지 이해할 수 있다.

초기 단계는 특정 기술의 경제적 가치를 규명하는 시기이다. 이때는 한 가지 방식으로 테크노베이션을 추진하기보다는 다차원적인 방식으로 응용하려는 노력이 산업 전반에서 산발적으로 일어난다. 그래핀(Graphene) 기술을 예로 들어보자. 그래핀은 구리보다 훨씬 더 전기가 잘 통하고, 반도체에 쓰이는 단결정 실리콘보다 훨씬 더 전자를 빠르게 이동시킨다. 이런 성질 때문에 차세대 신소재로 주목받고 있지만, 아직 뚜렷한 상업적 응용 분야를 찾지 못했다. 현재 전 세계의 여러 기업이 그래핀의 상업적 활용과 상용화 방안을 규명하기 위해 고군분투하고 있다.

이처럼 신기술의 상업적 응용 방식을 찾으려면 다소 시간이 걸린다. 이때는 기술의 양적 수준에 큰 변화가 없다. 하지만 이 기간이 지나서 신기술의 상업적 응용 방식이 명확해지면 혁신 강도가 폭발적으로 증가한다. 설령 양적 증가가 없더라도 시장에서 해당 기술을 채택하는 시도, 즉 기술의 활용 빈도는 증가한다. 바로 성장기이다. 성장기에는 산업 전반에서 기술적 변화가 급격히 나타난다.

그림 1-2 S-커브 모형

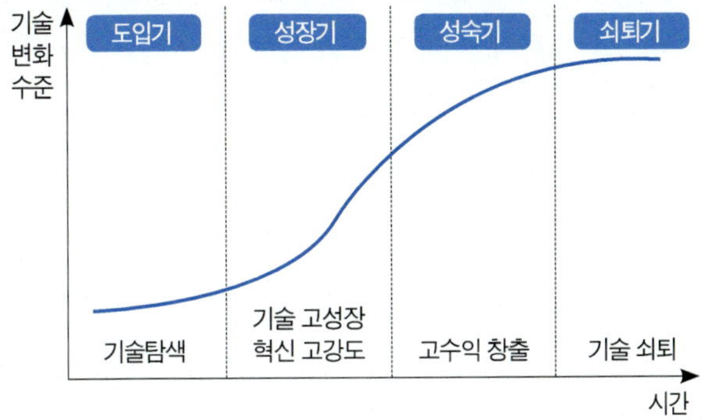

다각적으로 진행된 테크노베이션의 결과로 출현한 일부 기술이 산업 표준으로 채택되어 산업 전반으로 확산하기 시작한다. 그리고 더 이상의 테크노베이션이 불필요하다고 판단될 때 혁신의 강도는 점차 감소한다. 위 내용을 도식화하면 [그림 1-2]와 같다. S-커브의 기울기는 하단부에서 점차 가파르다가 상단부로 갈수록 완만해진다. 이는 기술적 변화 강도 및 채택 수준을 의미한다.

S-커브는 도입기, 성장기, 성숙기, 쇠퇴기의 총 4단계로 구성되며, 이는 기술수명주기(Technology Life Cycle)를 의미한다. 기술 발명이 이루어지는 도입 단계에서 혁신의 초점은 발명의 상업적 응용을 탐색하는 데 맞추어져 있다. 성장기에서는 다각적인 기술 응용이 산업 전반에서 두드러지게 나타나며, 기술 활용 수준이 폭발적인 성장 궤도를 따라간다. 도입기와 성장기를 잘 관리한 사내벤처팀의 테크노베이션 프로젝트는 성숙기에서 높은 성과를 창출한다.

성숙기의 테크노베이션 초점은 관리적 차원의 시스템 효율화에 맞추어지며, 이에 따라 생산비용을 낮출 수 있고 수익 극대화를 추구할 수 있다. 쇠퇴기에는 기술에 대한 관심도가 낮아지면서 자연스럽게 테크노베이션 강도 역시 감소한다. 이때 기술의 성능 및 품질을 높이거나 새로운 비즈니스 모델을 도입하면 S-커브를 우상향시키는 변곡점이 발생한다. 노후 기술이 적용된 제품의 시장 퇴출은 불가피할지도 모르지만, 이러한 모멘텀(Momentum)이 테크노베이션을 촉진한다. 음원·영상 압축 기술의 S-커브를 보여주는 [그림 1-3]처럼, 사내벤처팀은 목표 기술이 현재 어떠한 수명주기에 있으며 앞으로 어떠한 행보를 보일지를 분석해야 한다. 그리고 활력을 잃기 전에 대체, 개선 및 보완을 위한 후속 테크노베이션을 수행해야 한다. 이처럼 S-커브는 테크노베이션에 영감과 통찰을 제공한다.

S-커브를 활용한 테크노베이션 매니지먼트의 중요성은 음성 인식 기

그림 1-3 음원 · 영상 압축 기술의 S-커브

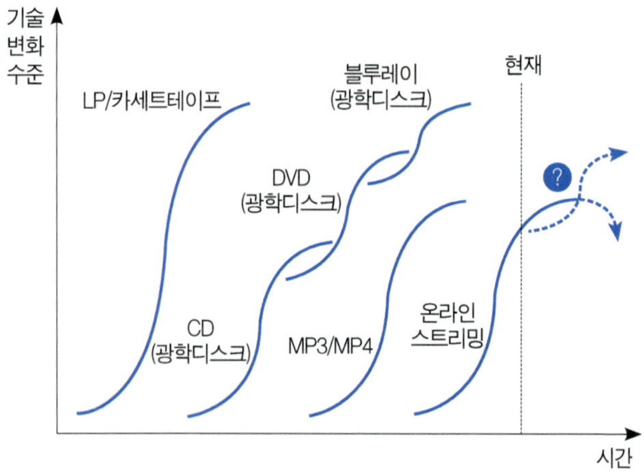

술에서도 쉽게 찾아볼 수 있다. 음성 인식 기술은 지난 수년간 클라우드 컴퓨팅과 머신러닝 기술로 급진적인 발전을 거듭했다. 사실 해당 기술은 오래전에 출현했을뿐더러 오랫동안 발전적 시도가 이루어져 왔지만, 매번 음성 인식 정확도에서 한계에 부딪혔다. 음성 인식 정확도를 비약적으로 발전시킨 기술은 인공지능이었다. 이와 관련된 3가지의 획기적인 사건은 음성 인식 기술의 S-커브에서 변곡점으로 작용했다. ① 2008년 모바일 기기의 검색 속도를 높이기 위해 음성 인식 기술을 적용한 구글 보이스 서치(Google Voice Search) 출시, ② 2011년 대화형 음성 기술인 애플의 시리(Siri), ③ 2015년 아마존이 출시한 가정용 스마트 스피커 에코(Echo)와 이 기기에 탑재된 가상 비서 알렉사(Alexa)가 바로 그것이다. 아마존은 기업 시장을 겨냥하여 알렉사 포 비즈니스(Alexa for Business)를 공개했는데, 알려진 알렉사 지원 기능만 해도 3만 종이 넘는다. 많은 조직이 업무 생산성 향상과 워크플로 자동화를 위해 음성 인식 기술을 적극적으로 도입하고 있다. S-커브의 성장기에 있는 음성 인식 기술은 명령자의 다중작업을 지원하는 음성 인터페이스 기술을 통해 다시 한번 변곡점을 준비하고 있다.

4) 테크노베이션에 필요한 경쟁역량

앞서 강조했듯이, 테크노베이션 매니지먼트의 궁극적인 목표는 조직의 지속 가능한 경쟁우위 확보이다. 이러한 경쟁우위는 조직역량에서 비롯된다. 조직역량은 조직의 전략적 활동을 지원하는 유·무형의 자원 특성을 일컫는다. 성공적인 테크노베이션 프로젝트를 위한 전략적 접근이 무엇이든 간에 사내벤처팀은 조직역량을 경쟁역량(Competitive Capability)으로 전환해야 한다. 상대적 조직역량 개념인 경쟁역량은 경쟁자와 비교하여 더욱 생산적으로 관리 활동을 수행할 수 있는 조직적 능력을 의미한다. 조직의 경쟁역량을 어떻게 확보하고 유지할 것이며, 이를 통해 경쟁자의 전략적 활동에 어떻게 대응할 것인지를 고려해야 한다. 물론 구축한 경쟁역량도 시간이 지나면서 환경변화에 따라 유용성이 낮아질 수 있다. 그렇기에 향후 2~3년 동안 테크노베이션으로 경쟁우위를 확보하는 데 필요한 경쟁역량을 파악해야 한다.

비교적 짧은 기간을 제시한 이유는 급변하는 시장에서 경쟁우위를 유지할 수 있는 기간이 점차 짧아지고 있기 때문이다. 이는 거의 모든 기술 시장에서 관찰되는 초경쟁 현상과 관련되어 있다. 초경쟁 산업에 속한 기업들은 빠른 환경변화로 인해 종종 갈피를 잡지 못한다. 그리고 테크노베이션의 전략적 방향을 잃어버린 채 이전의 전략을 답습한다. 이러면 초경쟁 산업에서 경쟁력을 유지할 수 없다. 설령 경쟁력을 확보하더라도 시장경쟁구조를 변화시킬 강력한 테크노베이션으로 무장한 신규 경쟁자에게 기술 선도력을 빼앗길 여지가 높다. 초경쟁 산업은 다음과 같은 양상을 보인다.

- 시장에 새롭게 진입하려는 잠재 경쟁자가 다수 존재한다. 이들은 유연하고 공격적인 테크노베이션 전략으로 니치마켓을 파고든다.
- 어제와 오늘의 시장 선도자(Market Leaders)가 다르다. 시장경쟁구조에 끊임없이 불균형이 발생하고, 빈번한 기술적 변화가 일어난다.
- 시장 플레이어(Market Players)의 움직임이 역동적이다. 이들은 이질적 전략을 갖고 적대적 행위를 벌이고 있다. 이에 따라 불확실성이 높아져 미래 변화를 예측하기 어렵다.

초경쟁 산업에 속한 기업 중 일부는 사내벤처팀의 테크노베이션을 기반으로 향후 수년 동안 경쟁우위를 유지하는 데 목표를 맞추고 있을지도 모른다. 하지만 이를 가능하게 하는 경쟁역량을 개발하고 유지하기란 결코 쉬운 일이 아니다. 가능한 오랫동안 경쟁자가 모방할 수 없는 경쟁역량을 확보하는 데 테크노베이션의 장기적 목표를 설정해야 한다. 이때 불변의 환경을 가정해서는 안 된다. 상대적으로 안정된 산업조차도 수시로 경쟁우위 원천을 변화시킬 외부 압력을 받고 있다는 점을 명심해야 한다. 정적인 산업이 신규 경쟁자의 출현으로 순식간에 역동성을 띠는 경우가 허다하다. 이 때문에 확보한 경쟁우위와 경쟁역량은 지속적인 위협을 받게 마련이다. 신속하고 유연하며 지속적인 테크노베이션 전략 수정이 필요한 이유이다.

사내벤처팀에게 테크노베이션은 일상적 과업이 아니다. 어디까지나 신사업개발 과정에서 이루어지는 일시적 활동에 해당한다. 하지만 극대화된 신사업개발 성과를 누리고 조직의 경쟁우위를 확보하기 위해서는 테크노베이션에 대한 전략적 관리가 필요하다. 그리고 이를 위한 경쟁역량의 개발은 일상적 활동 선상에 놓여있다. 사내벤처팀의 경쟁역량을 개발할 때는 다음의 기본 원칙을 준수해야 한다. 이는 역량 차별화에 도움이 된다.

- 생산적 지식 공유 및 정보처리 시스템을 마련한다.
- 테크노베이션 특성을 고려하여 기술적 및 관리적 활동 수행을 위한 조직 구조를 설계하고 업무 프로세스를 조정한다.
- 개발한 경쟁역량은 모든 조직구성원이 활용할 수 있도록 장려하고, 지속 개선할 수 있도록 개방한다.

경쟁역량의 개발은 외부 환경 분석에서부터 시작된다. 현재 확보한 역량 수준을 파악하고, 시장 및 산업 환경 간의 정합성을 검토한다. 그리고 목표 달성에 어떤 역량이 필요한지를 규명한 후 어떻게 개발할 것인지를 계획해야 한다. 분석해야 할 외부 환경 요소에는 경제적, 사회적, 기술적 요소뿐 아니라 경쟁적 요소도 포함된다. 예를 들어, 시장 수요가 감소하는 경기 불황 시기에는 일반적으로 기업 간 가격 경쟁이 높아지는 현상이 나타난다. 그리고 시간이 지나면서 기업들은 서서히 테크노베이션을 통해 새로운 기회를 탐색하기 시작한다. 이때 산업 및 사업 특성에 따라서 필요한 경쟁역량이 다르지만, 다음과 같은 요소에 근거한다.

- 리더십 : 사내기업가가 추진하는 모든 테크노베이션 활동은 명확한 전략적 초점과 목적이 있어야 한다. 이에 대하여 경영진과 합의한 후 팀원들을 일치된 방향으로 이끌어야 한다.
- 조직문화 : 팀원 간 지식 공유를 활성화하고, 인적 개발에 집중 투자한다. 조직이 보유한 개인 및 집단 역량을 발굴하고 적극적으로 활용하겠다는 의지를 표명한다.
- 조직구조 : 기업의 전사적 목표와 테크노베이션 목적에 적합한 사내벤처팀의 조직구조를 설계한다. 적합성이 높을수록 경영진의 전폭적 지원을 받을 수 있고, 팀원 간 긴밀한 협력 네트워크가 형성된다.
- 자원관리 : 활용 가능한 모든 유·무형 자원을 관리한다. 테크노베이션의 효과성은 제한적 상황에서도 얼마나 자원을 효율적으로 활용하는지에 달려 있다. 비용 관리는 효율성 확보에 필수적이다.

종합하면, 경쟁역량의 질적 수준이 사내벤처팀의 테크노베이션 성과를 결정한다. 외부 환경과 내부 역량에 대한 분석이 경쟁역량에 대한 전략적 의사결정의 단서를 제공한다. 어떠한 결정을 내려야 할지에 대해서는 인소싱 및 아웃소싱 테크노베이션에 관한 본문 전반에 걸쳐 상세히 설명할 것이다.

4. 테크노베이션의 이차 목표 : 가치 창출

테크노베이션은 가용 자원의 혁신적 조합 및 활용을 통해서 새로운 가치를 창출하거나 기존 가치를 강화하는 데 목표를 두고 있다. 테크노베이션으로 새로운 가치를 창출하려면 가치를 '포착'하고 '보호'하며 '파괴'해야 한다. 각 활동은 상호 긴밀히 연결되어 있다. 우선, 가치 창출에 대해서 살펴본 후 관련 활동을 순서대로 논의한다.

1) 가치 창출

사내벤처팀의 테크노베이션은 단순히 재무적 성과만이 아니라 조직의 혁신성을 강화하여 지속 가능한 성장을 촉진하는 새로운 가치를 낳아야 한다. 재무적 성과는 가치 창출에 따른 자연스럽고 당연한 결과일 뿐이다. 단기적 수익만을 추구하는 근시안적 테크노베이션은 장기적인 경쟁우위를 확보하는 데 걸림돌로 작용할 수 있다. 그래서 테크노베이션에 대한 전략적 관리에서는 재무적 성과 기준과 더불어 더욱 풍부하고 다면적인 성과 기준을 적용하는 것이 바람직하다. 자원 기반 관점(Resource-based View)은 테크노베이션과 관련된 전략적 의사결정이 과연 어떠한 가치를 창출하는지를 이해할 수 있다. 자원 기반 관점에서는 조직이 보유한 특수 자원이 무엇이고, 해당 자원을 어떻게 생산적으로 활용할 것인지가 중요한 성과 기준이 된다. 자원은 유형(기계 설비, 건물, 현금 등)과 무형(브랜드 인지도, 품질, 기업 문화, 혁신 등)을 모두 포괄하지만, 본질적으로 모방 불가능성(Inimitability), 독창성(Originality), 희귀성(Rarity)의 3가지 기준을 모두 충족해야만 가치 창출의 원천으로 작용한다.

앞서 표적시장 및 산업 환경의 특성이 보유 자원의 상대적 경쟁력을 결정하므로 내·외부 환경에 대한 분석이 선행되어야 한다고 설명했다. 이때 다른 무엇보다 세심히 관리해야 할 자원 요소가 지식이다. 새로운 가치를 창출하는 데 기여하는 대표적인 무형 자원은 개인이 지닌 역량이며, 그러한 역량 수준은 전문지식으로 결정되기 때문이다. 재정적 여유가 있는 경쟁자는 유형 자원을 쉽게 모방할 수 있다. 따라서 유형 자원은 모방 불가능성, 독창성, 희귀성이라는 3가지 기준을 모두 충족하기 어렵다. 반면, 단기간에 확보하기 어려운 전문지식처럼 조직과 개인의 내면에 존재하는 무형 자원은 테크노베이션 프로젝트의 성공을 보장하는 밑거름이 된다. 테크노베이션의 가치 창출은 자연적으로 발생하는 것이 아니다. 전사적 목표를 달성하기 위한 헌신과 성공 의지를 바탕으로, 장기간에 걸쳐 특수 자원을 개발하고 투입해야 한다. 이를 위해서는 다음과 같은 활동 원칙을 준수해야 한다.

- 사내벤처팀의 테크노베이션은 전사적 차원에서 조직의 혁신성 강화에 기여해야 한다.
- 테크노베이션이 조직성장을 견인하는 핵심 동력이라는 사실을 모든 구성원에게 전달한다.
- 필요한 경쟁역량을 다차원적으로 개발하고, 지속된 투자 및 지원을 통해 테크노베이션 전략을 수립한다.

- 기술 성능의 반복 개선을 통해 신제품 출시 빈도를 높인다.
- 출시한 신제품의 성과를 홍보하여 테크노베이션에 대한 구성원들의 관심을 유도한다.
- 팀원의 경쟁역량을 개발하는 데 필요한 지원을 제공하여 테크노베이션의 생산성 향상을 추구한다.

테크노베이션의 가치 창출 원리가 제대로 작동하려면 지식 기반의 경쟁역량이 필요하다는 점을 주지해야 한다. 단순히 필요한 역량을 개발하는 수준에서 멈추면 안 된다. 개발한 역량을 조직에 정착시키고 확산시키는 데 충분한 자원을 편성하고 배분해야 하므로 경영진의 포괄적 지원을 끌어내야 한다.

조직의 혁신성 증대라는 장기적 목표만을 추구하면 테크노베이션은 금세 추진력을 잃고 만다. 단기 성과 창출도 이루어져만 테크노베이션 프로젝트를 지속할 수 있는 추진력을 얻을 수 있다. 단기 성과를 창출하려면 고객 관점에서 테크노베이션이 내포한 가치제안(Value Proposition)이 무엇인지를 정확히 파악해야 한다. 가치제안은 린 스타트업(Lean Startup)에서 강조하는 최소요건제품(Minimum Viable Product) 맥락에서 이해할 수 있다. 강력한 가치제안을 내포한 제품은 잠재고객이 직면한 문제를 효과적으로 해소하는 솔루션으로 작용한다. 만약 테크노베이션 프로젝트가 고객 관점에서 뚜렷한 가치제안을 제공하지 못한다면 단기 수익성은 낮을 수밖에 없다. 종종 테크노베이션 과정에서 고객에게 어떠한 가치를 제안하고 어떻게 전달할 것인지에 관한 논의는 제외한 채 개발 활동에만 주력한다. 이 경우 고객이 채택하기 어려운 테크노베이션으로 전락할 가능성이 크다. 기술성이 우수하더라도 고객이 요구하는 가치가 제대로 반영되지 않았기 때문이다.

테크노베이션은 그 존재 자체만으로는 가치를 창출할 수 없다. 사내기업가는 팀원들이 테크노베이션에 필요한 지식을 개발하도록 이끌어야 한다. 이를 위한 가장 효과적인 방법은 필요 지식을 구현할 수 있는 역량을 가진 인재를 고용하는 것이다. 이들이 기존 팀원들과 함께 필요 지식을 개발할 수 있도록 협력적 훈련 기회를 제공해야 한다. 그리고 어떠한 고객가치를 창출하고자 '우리'가 테크노베이션을 수행해야 하는지를 팀원들에게 전달하고 설득해야 한다. 가치 창출의 이유를 규명하고 예상한 결과에 관한 정보를 확산시키는 것이다. 그 결과, 추진하려는 테크노베이션 프로젝트의 당위성을 얻을 수 있다. 목표한 결과를 달성하는 데 어떠한 유형의 테크노베이션이 적합한지를 판단하고, 이에 관한 계획을 체계화하여 적시에 실행해야 한다. 이를 위해서는 테크노베이션의 기반이 되는 여러 조직요인 간에 새로운 연계성을 구축하고, 현 조직 시스템과 상호조화를 이루도록 균형을 잡아야 한다. 가치 창출은 조직 차원의 집중과 지원의 결과로 구현되는 고차원적 활동이다.

새로운 제품의 개발 혹은 기존 제품의 새로운 응용 형태로 발현되는 테크노베이션은 조직성장이라는 가치 창출의 실마리가 된다. 이를 위해서는 인적자원 투자 확대를 통해 팀원들의 역량을 강화해야 한다. 역량 개발에 투입한 '비용'과 고객으로부터 얻은 '수익'은 언제나 교환 관계에 놓여있다. 테크노베이션에 필요한 역량을 적시에 개발하지 못하여 프로젝트가 지연되면 강력한 고객가치를 제안하기 어렵다. 그러면 비용-편익의 교환 관계가 성립되지 않는다. 고객가치를 충족시킬 기회를 포착하고 실현하는 테크노베이션 과정에서 시장과 고객에 관한 새로운 지식이 생성된다. 습득한 지식을 공유하여 조직구성원의 혁신성을 촉진해야 한다.

표 1-2 가치 프로세스 유형

유형	추진 요소	운영 요소	재무 요소
가치 창출	• 혁신성 • 위험 감수	• 기술개발 투자 • 투자 규모 증가 • 신시장 개척	• 매출 증대 • 수익성장률
가치 포착	• 모방성 • 자원 분배·획득	• 제품 확대 • 시장 확장	• 조직성장률 • 고수익
가치 보호	• 진입장벽 • 시장 영향력 확대	• 시장점유율 확대 • 효율성 증대	• 안정적 고수익
가치 파괴	• 경쟁 심화 • 투자 철수	• 투자 축소 • 시장점유율 축소 • 리스트럭처링	• 쇠퇴 • 수익 원천 다각화

여기서 그치지 않고, 촉진된 혁신성을 활용하여 기업가치를 높이는 방안을 마련하는 것이 테크노베이션 매니지먼트의 주요 목적이다.

가치 창출을 향한 테크노베이션을 개시했다면, 이를 지속시키기 위한 노력도 병행해야 한다. 이를 가치 기반 경영(Value-based Management)이라 한다. 가치 기반 경영의 성공 여부는 집단 지성에 대한 구성원의 사고와 태도에 달려 있다. 최신 경영 기법을 도입하고 풍부한 신사업 아이디어를 갖고 있다고 할지라도, 이런 재료의 조합만으로 테크노베이션이 고객가치와 기업 성장으로 연결되는 것은 아니다. 이전 프로젝트에서 학습한 교훈을 현재 프로젝트에 적용하고, 끊임없이 새로운 지식을 추구하려는 진중한 노력이 테크노베이션의 성과를 결정한다.

2) 가치 포착

테크노베이션의 다른 목표인 가치 포착, 가치 보호, 가치 파괴에 대해서 차례대로 알아보자. 테크노베이션의 가치 포착은 산업 내 모범 사례에 대한 벤치마킹으로 이루어진다. 이는 사내벤처팀에게 훌륭한 학습 기회를 제공하는 모범 사례의 벤치마킹을 통해 다른 산업에서 출현한 새로운 기술을 파악하고, 주요 마켓 플레이어가 해당 기술로 무엇을 하는지 이해할 수 있다. 경쟁력 있는 제품을 개발하고 있거나 효율적인 생산 프로세스를 운영하는 이들을 학습하고 자사의 테크노베이션에 어떻게 적용할 것인지를 고민해야 한다. 모방은 혁신의 시작점이다. 효과적인 벤치마킹 방법에 대해서는 인소싱 및 아웃소싱 테크노베이션에 관한 본문에서 상세히 다룬다.

테크노베이션으로 가치를 포착하는 또 다른 방법은 기술 플랫폼(Technology Platform)을 활용하는 것이다. 기술 플랫폼은 기업이 보유한 기술을 상업화하는 데 필요한 기술 지식을 수집하고 체계화하여 통합적으로 관리하는 시스템이다. 이를 통해 사내기업가를 포함한 모든 조직구성원은 혁신적 아이디어를 실현하는 데 필요한 기술 중 무엇을 보유하고 있고, 무엇을 강화해야 하며, 무엇을 확보해야 할지를 파악할 수 있다. 광학복사기와 관련하여 독보적 기술 지배력을 가진 제록스는 사무용 복사기라는 단일 제품의 개발과 생산에만 사업 초점을 두지 않는다. 다양한 고객들의 욕구 충족을 위해서 기술 정의를 확대하고, 기술 플랫폼을 활용해 프린팅 기술뿐 아니라 광학, 디지털, 네트워크 등의 기술 지식을 체계적으로 관리하여 통합 사무 솔루션을 구현하고 있다. 제록스의 기술 플랫폼은 산업에서 테크노베이션 트렌드를 선도하고 막강한 영향력을 행사할 수 있는 경쟁우위 원천이다.

일반적으로 기술 플랫폼을 구축하고 관리하는 데 큰 비용이 들지만, 제품 라인이 다양하고 기술 체계가 복잡한 조직일수록 기술 플랫폼을 활용하면 성장 잠재력이 높은 신사업 기회를 포착하는 데 도움이 된다. 이렇게 기술 지배력을 확보하면 산업의 진입장벽을 높여 잠재 경쟁자의 사업 활동을 저지하고 사내벤처팀의 테크노베이션 프로젝트를 효과적으로 보호할 수 있다. 구축해야 할 기술 플랫폼은 기업의 조직구조에 따라서 그 형태가 다르다. 하지만 모든 유형은 기술 요소를 체계적으로 관리하는 기술 포트폴리오(Technology Portfolio)에 기반하고 있다. 이에 대해서는 별도로 자세히 후술할 것이다. 지금은 테크노베이션 매니지먼트를 통해서 새로운 가치를 창출하려면 우선 해당 가치를 포착해야 한다는 점을 알아두기 바란다.

3) 가치 보호

테크노베이션을 통한 가치 보호는 기술적 진입장벽을 높여 잠재 경쟁자의 산업 진입을 막거나 새로운 기술 개발을 통해 시장 영향력을 강화하는 데 목적이 있다. 가치를 보호하는 방법은 크게 2가지로 나뉜다. 수평적 기술 확보(Horizontal Technology Acquisition)와 수직적 기술 확보(Vertical Technology Acquisition)가 바로 그것이다. 수평적 기술 확보는 유사·보완 기술을 보유한 기업과 전략적 제휴를 맺거나 관련 사업부를 인수하여 기술 지배력과 시장 영향력을 확대하는 접근법이다. 수직적 기술 확보는 밸류체인 내 공급업체나 클라이언트와의 제휴 혹은 인수·합병을 통해 규모의 경제를 이루는 접근법이다. 두 가지 방법 모두 전·후방 연계 기술을 확보하여 잠재 경쟁자의 진입을 맞는 기술 장벽을 구축하는 방어형 테크노베이션 전략과 관련되어 있다. 이에 대해서는 아웃소싱 테크노베이션에 관한 장에서 보다 상세히 설명하도록 하겠다.

앞서 이해한 바와 같이, 전략적 테크노베이션 매니지먼트는 사내기업가가 관련 기술 영역에서 광범위한 경쟁역량을 개발하도록 요구한다. 그러한 역량은 가시적으로 확인할 수 있어야 하고, 적용할 수 있어야 하며, 전사적으로 확대할 수 있는 특성을 가져야 한다. 이들 역량을 개발하는 과정에서 사내기업가는 조직이 축적한 기술 역량이 내재한 가치를 포착하고 무엇을 보호해야 할지를 판단할 수 있다. 우수한 역량을 개발하고서도 이를 안전하게 보호할 방법을 고안하지 않으면 산업의 뒤틀림 속에서 출현할 새로운 가치 창출 기회를 빼앗길 수 있다. 즉, 가치 창출에만 심취한 나머지 경쟁자의 모방·추격을 방지할 보호 장치를 제대로 마련하지 않으면 심각한 문제 상황에 직면할 수 있다.

4) 가치 파괴

경쟁자의 빠른 추격을 경험한 사내기업가라면 기존 가치를 파괴하여 스스로 쇄신해야 한다. 가치 파괴는 새롭게 포착한 가치 창출 기회를 더욱 효과적으로 실현하고자 기존 가치를 파괴하여 내부 자원을 대용하는 데 목적이 있다. 산업에서 급진적·파괴적 테크노베이션이 태동하고 있다면 불필요한 기존 가치를 제거하여, 이를 관리하는 데 투입한 내부 자원을 새로운 가치 창출 영역으로 이동시키는 것이다. 선택할 수 있는 여러 대안 중 성과 창출력이 가장 높은 테크노베이션 프로젝트를 완성하고, 이에 자원과 노력을 집중시켜야 한다.

전략적 테크노베이션 매니지먼트는 선택적 자원 집중이 이루어질 수 있도록 기존 가치를 파괴하기도 한다. 생존과 성장을 위해 가치 파괴를 수행한 사례를 실무에서 쉽게 찾아볼 수 있다. 2010년경 사업적 난관에 봉착한 IBM은 기업 역사상 두 번째 대규모 리스트럭처링(Restructuring)을 단행했다. 앞서 IBM은 2000년대 초반에 더 이상 경쟁력을 유지하기 어려운 하드웨어 사업부를 소프트웨어 중심 구조로 전환하는 첫 번째 리스트럭처링을 성공적으로 진행했다. 시간이 흘러 다수의 경쟁자가 IT 솔루션 컨설팅-소프트웨어-하드웨어를 연계하는 비즈니스 모델로 전환하였고, 이에 따른 시장 세분화로 인해 IBM은 성장 동력을 잃고 말았다. 이러한 이유로 IBM은 기존 가치를 파괴하기로 하고 리스트럭처링을 통해서 새로운 사업 분야로 진출하는 데 필요한 자원을 확보하였다. 우리는 가치 파괴와 관련된 일련의 활동을 조직쇄신 혹은 조직변혁이라 부르는데, 이에 대해서는 마지막 장에서 자세히 살펴본다. 노후화된 가치를 파괴하고 테크노베이션을 통해 조직변혁을 추구하는 가치 파괴는 새로운 비즈니스로의 성공적 전환을 가능케 한다.

5. 테크노베이션의 목표 달성 원칙

이제까지 전략적 테크노베이션 매니지먼트가 기업의 경쟁우위 확보와 가치 창출에 어떻게 기여하는지, 추진하려는 테크노베이션 프로젝트가 전사적 기업 목표와 어떠한 정합성을 이루어야 하는지 알아봤다. 그리고 인소싱 및 아웃소싱 테크노베이션에 관한 장에서 상세히 다룰 여러 의사결정 사항들도 살펴봤다. 테크노베이션을 통한 경쟁우위 확보와 가치 창출이 조직역량에 놓여있다는 점도 강조했다.

우리는 테크노베이션 프로젝트의 성공을 뒷받침하는 조직역량은 무엇이며 어떻게 개발할 것인지를 다면적으로 조명할 것이다. 해당 역량은 경쟁 격차를 이룰 신사업개발을 위해 조직 내·외부를 넘나들며 역동적으로 활동할 사내기업가가 차별화된 테크노베이션을 수행할 때 개발해야 할 기술, 지식, 사고의 능력 일체를 일컫는다. 앞서 설명한 테크노베이션 목표를 성취하려면 다음 원칙을 준수해야 한다.

- 경쟁적 내·외부 환경을 분석하여 테크노베이션 프로젝트가 성공하려면 어떠한 고객가치를 반영할지를 결정해야 한다. 환경변화가 초래한 기회와 위협을 감지하는 초계 경보 시스템을 구축한다.
- 시장·산업에서 발생하는 변화를 끊임없이 감시하고 사내벤처팀이 변화에 신속히 대응할 수 있도록 만들어야 한다. 팀의 활동 방향이 시장·산업의 변화 방향과 일치하도록 정합성을 확보한다.
- 관련 정보는 적시에 공유·활용하도록 만드는 지식관리 시스템을 구축한다. 이를 통해 테크노베이션과 관련된 전략적 의사결정의 신속성과 정확성을 높여야 한다. 경쟁자의 활동에 관한 정보를 축적하고 향후 시장·산업에서 발생할 사건을 예측해야 한다.
- 추진하려는 테크노베이션 프로젝트의 기술 경쟁력과 마켓 포지션을 주기적으로 점검해야 한다. 필요한 경우, 현재 수준과 목표 수준 간의 차이 분석을 통해 전략적 조정을 수행한다.
- 감시 및 경보 시스템에 의한 전략적 대응은 그 자체로 불확실성과 리스크를 내포한다. 분석 정보를 토대로 발생 가능한 시나리오를 만들고, 각 시나리오에 최적화된 의사결정을 통해 리스크를 체계적으로 관리해야 한다. 이를 통해 테크노베이션은 시장·산업의 경쟁구조를 변화시킬 힘을 얻게 된다.
- 경영진을 포함한 모든 조직구성원과 주요 이해관계자에게 이해하기 쉬운 언어로 테크노베이션 프로젝트를 설명해야 한다. 어려운 공학 용어로 도

배된 테크노베이션에 관심을 둘 사람은 없다.

- 경쟁자의 모방과 추격이 예상되면 더 독창적이고 차별화된 역량과 자원을 개발하여 대응해야 한다. 본질적으로 특수한 조직자원에 기반한 역량과 자원을 개발할수록 경쟁자를 저지할 수 있다.
- 조직 시스템과 업무 프로세스를 변화시킬 목적으로 테크노베이션을 추진해서는 안 된다. 이는 상당한 비용이 들뿐더러 효과가 거의 없다. 가능한 기존 시스템과 프로세스에 근거하여 테크노베이션을 추진하되, 필요한 경우 시간을 두고 시스템을 보완·개선하는 것이 바람직하다.

사내벤처팀의 테크노베이션에 대한 전사적 차원의 관심과 지원은 성공을 결정하는 핵심 요소이다. 초기에 경영진의 관심과 지원을 확보하지 못하면 사내벤처팀의 테크노베이션은 추진력을 상실한다. 당연히 이제까지 설명한 테크노베이션의 목표, 경쟁우위 확보와 가치 창출은 이루어지지 않는다. 지속적인 지원을 조직역량 개발에 투입하고, 이를 통해 조직 혁신성을 강화하여 환경변화에 신속히 대응하는 조직 유연성을 증진해야 한다. 역량 개발에 대한 의지 표명이 사내벤처팀의 테크노베이션을 견인한다.

그렇기에 기업 내부에서 발현되는 기업가적 활동의 토대가 되는 사내기업가정신(Corporate Entrepreneurship)의 중요성이 더욱 강조된다. 사내 기업가정신을 활성화하기 위해 개발해야 할 자원은 다음과 같다. 자원이 부족한 상황이라도 다음의 자원은 테크노베이션의 성공 잠재력을 높이는 데 유효하므로 반드시 관리해야 한다.

- 지식 자원 : 새로운 기술과 제품을 관리하고 혁신을 촉진하는 개인적 지식 및 경험의 총체
- 인적 자원 : 필요한 지식을 보유·산출·활용할 수 있는 능력을 보유한 개인과 그러한 개인이 지식을 개발하고 학습하도록 유도하는 훈련 프로그램 및 보상 시스템
- 사회적 자본 : 조직 혁신성 강화에 유효한 협력 활동을 촉진하는 내·외부의 공식적 및 비공식적 사회관계망
- 재정 자본 : 테크노베이션을 통해 구현하려는 기술의 시장성과 사업성을 결정하는 상업적 수익력

테크노베이션 프로젝트를 계획하는 시점부터 필요한 역량과 자원을 개발하는 데 주력한다면 기술시장, 산업환경, 경쟁구조의 변화에 신속하고 적절히 대응할 수 있다. 이는 테크노베이션 프로젝트의 성공 가능성을 비약적으로 상승시킨다. 경쟁이 격렬한 산업에서 테크노베이션을 추진하려는데도 초기에 필요한 역량 및 자원을 확보하지 않으면 경쟁열위에 빠지게 될 것이다. 이 경우, 나중에 부족한 역량 및 자원을 개발하려는 활동은 아무런 의미가 없다.

6. 전략적 테크노베이션 매니지먼트 프레임워크

전략적 테크노베이션 매니지먼트가 사내벤처팀을 움직이는 동력이 되려면 일종의 프레임워크를 적용해야 한다. 비체계적 관리는 결국 활동 방향성을 잃게 만들고 자원 낭비를 일으키기 때문이다. 이 프레임워크는 계획-실행-평가·통제로 이어지는 3단계의 활동으로 이루어진다. 테크노

베이션으로 기술 지배력을 확보한 기업들은 본 프레임워크를 생산적으로 수행할 수 있는 시스템을 갖고 있다. 우리는 프레임워크를 구성하는 각 활동을 개별적으로 살펴보지만, 사내벤처팀은 앞으로 다룰 관련 활동을 복합적으로 수행해야 한다. 전체 본문 내용을 관통하는 전략적 테크노베이션 매니지먼트 프레임워크를 [그림 1-4]로 도식화했다. 각 활동에 대해서 이해해보자.

1) 계획하기

목표 달성을 위해 실현해야 할 테크노베이션 대안 목록을 작성하고, 이들 대안 가운데서 현재 상황에 가장 적합한 테크노베이션을 선택한 후 전략적 방향을 설계하기 위한 관련 정보를 수집·분석하는 단계이다. 계획의 주요 활동 요소는 다음과 같다.

- 정보 수집
- 미션 정립
- 목적 설정
- 전략 수립

테크노베이션의 계획 단계에서는 내부 역량부터 외부 환경에 이르기까지 광범위한 정보를 수집해야 한다. 그리고 수집한 정보를 분석하여 사내벤처팀의 미션과 테크노베이션 전략의 합리적 근거를 마련해야 한다.

정보 수집 후에는 미션을 정립해야 하는데, 이는 사내벤처팀의 존재 이유를 설명하는 미션 진술서(Mission Statement)로 표현된다. 몇 개의 단문으로 이루어진 미션 진술서를 통해 경쟁자와 비교하여 사내벤처팀의 차별점은

그림 1-4 전략적 테크노베이션 매니지먼트 프레임워크

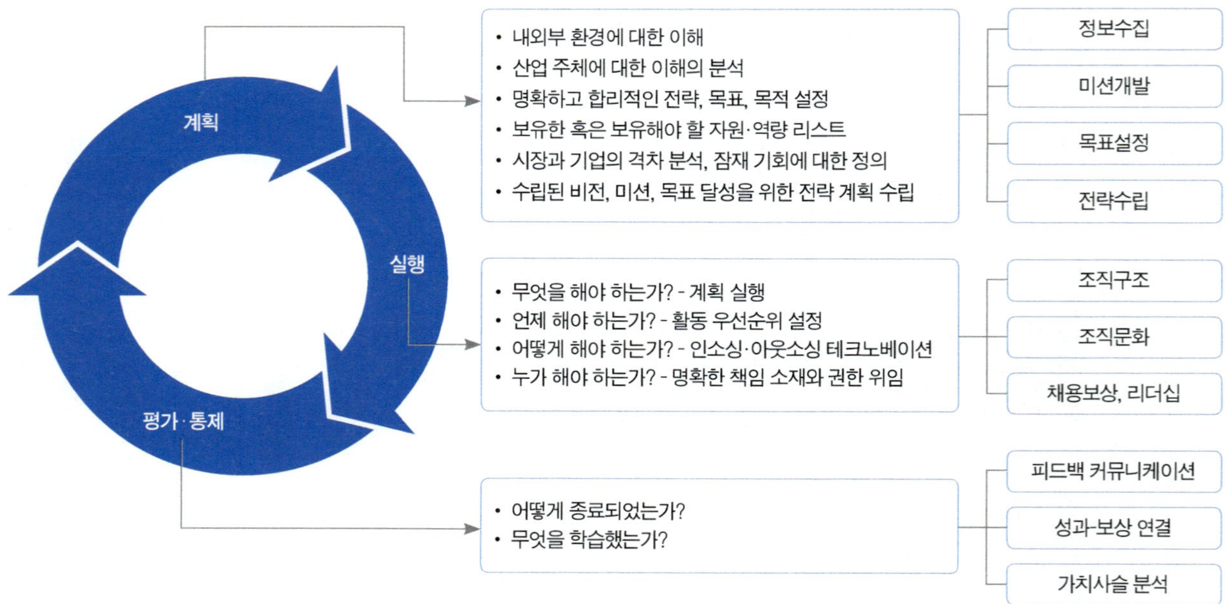

무엇이며 추구하는 사업 범위(Scale)와 영역(Scope)이 무엇인지를 짧게 정의한다. 팀의 활동 범위 및 영역을 설정하면 팀원들은 혁신의 방향성을 정확히 이해할 수 있다. 꾸준히 아마존 베스트셀러 상위 랭킹을 기록하는 슈피겐코리아는 모바일 기기 액세서리 제품을 생산한다. 이 회사는 '당신이 원하는 그 무엇을 디자인한다'라는 미션을 중심으로 여러 사내벤처팀을 운영한다. 각 팀은 고객 관점의 디자인 혁신을 통해서 스마트폰 케이스부터 액정 보호 필름, 차량용 스마트폰 거치대, 유·무선 충전기, 음향기기에 이르기까지 다각화된 액세서리를 개발한다. 애플이 자사의 주요 협력사로 선정할 만큼, 슈피겐코리아는 해당 산업에서 혁신선도 기업으로 강력한 경쟁우위를 갖추었다.

사내벤처팀이 정립한 미션을 달성하려면 테크노베이션 프로젝트의 목적을 설정해야 한다. 프로젝트 목적에는 반드시 측정 가능한 성과와 달성 기간을 구체화해야 한다. 새로운 기술 제품을 개발하기 위한 테크노베이션으로 '무엇'을 왜, 언제까지 달성할 것인지를 명시하는 것이다. 기술시장의 급변성에 비추어보면, 설정한 목적은 제품 출시 혹은 서비스 개시 후 최대 2~3년 정도의 중·단기를 아우르는 것이 바람직하다. 장기적 목적을 설정해야 한다면 중단기 목표 달성 계획을 세분화하여 상세히 기술하는 것도 좋다.

마지막으로 사내벤처팀은 프로젝트 목적 달성을 위한 전술적 활동, 즉 전략을 수립해야 한다. 일반적으로 전략은 3가지로 구분되는데, 신사업을 기획하는 사내벤처팀은 전사적 기업전략과 부합하도록 사업전략을 고도화하고 기능전략을 실천하는 데 집중해야 한다.

① 기업전략

기업전략(Corporate Strategy)은 전사적 기업 방향을 설정하고, 조직구성원이 합의한 방향으로 기업을 움직이기 위해 필요한 행동들의 집합을 말한다. 기업의 마켓 포지션을 결정하는 기업전략은 사업 다각화를 실시할 영역이 무엇이며 어떻게 실시할 것인지 등을 결정한다. 이는 기업이 추구하는 비즈니스 유형에 영향을 받는다.

② 사업전략

사업전략(Business Strategy)은 기업이 운영하는 개별 비즈니스를 어떻게 운영할 것인지를 결정한다. 만약 기업이 다양한 전략사업부(Strategic Business Units)를 갖고 있다면, 각 사업부를 운영하는 팀들이 자체적인 사업전략을 수립하기도 한다. 사업전략의 범위가 넓을 수 있지만, 기본적으로 제품을 낮은 가격에 공급하고자 생산 및 공급 비용을 낮추는 비용우위 전략, 그리고 독특한 고객가치를 내포한 차별화된 제품을 공급하여 가격 프리미엄을 부과하는 차별화 전략으로 구분된다.

③ 기능전략

일반적으로 사내벤처팀은 사업전략을 지원하는 엔지니어, 회계, 마케팅 기능 등을 담당하는 인원을 팀 내부에 갖고 있다. 신사업개발에 관심이 있는 인원들을 개별 기능부서에서 선발하여 사내벤처팀을 구성한다. 그렇기에 사내벤처팀은 다기능 팀(Cross-functional Team)이며, 팀 내부의 상이한 기능을 조정·일치하여 목표를 생산적으로 달성하기 위한 기능전략(Functional Strategy)을 수립해야 한다. 원가우위전략을 사업전략으로 설정했다면, 엔지니어 담당자는 저원가 목표와 일치하는 기술 속성을 설계해야 한다. 마케팅 담당자는 표적시장에서 낮은 가격을 선호하는 고객들로 이루어진 니치마켓을 규명하고, 해당 고객 세그먼트에게 접근하기 위한 판매 전략을 수립해야 한다.

이상의 내용을 종합하면, 사내벤처팀의 테크노베이션 매니지먼트는 팀의 존재 이유에 관한 미션을 정립하고, 이를 달성하기 위한 사업전략을 수립한 후 개별 기능을 조정하는 전략적 활동으로 이루어진다. 그리고 정보의 수집·분석은 모든 단계를 관통하는 기초 활동이다. 전사적 기업 차원에서 경영진이 결정하는 기업전략은 사내벤처팀 입장에서 '주어진 것'이다. 거듭 강조하지만, 모든 전략적 활동은 정보 활동(Intelligent Activities)에 근거한다. 따라서 사내벤처팀의 테크노베이션 프로젝트와 관련된 기술, 시장, 산업 환경의 과거-현재-미래에 대한 정보를 수집·분석해야 한다. 과거의 패턴이 현재와 미래에도 지속될 것이라 가정하면 과거의 정보만 수집하는 경향을 보인다. 물론 미래를 예측하는 것보다 과거에 발생한 사건을 분석하기가 훨씬 더 쉽다. 하지만 다음과 같은 이유로 문제가 된다.

- 타성 : 변화하는 환경 속에서 위험 신호를 감지했지만, 팀원들은 과거의 성공에만 집착하고 변화에 저항하려는 모습을 보인다.
- 관성 : 팀원들이 혁신의 불확실성과 리스크를 회피하고자 자신에게 익숙한 과거의 행동·태도·사고 방식을 고수하려 든다.

미래의 경쟁우위 확보와 가치 창출을 추구하는 사내벤처팀은 과거를 진단하기보다는 불확실한 미래의 청사진을 그려야 한다. 그렇기에 현재 직면한 경쟁 이슈에 집중해야 한다. 경쟁 이슈는 대개 신사업과 관련된 임직원, 핵심사업부, 잠재고객, 공급자, 주주, 기존 경쟁자 등의 여러 이해관계자가 첨예하게 얽혀 있다. 광범위한 시야를 갖고 개별 이슈를 통합적으로 분석해야만 활용할 수 있는 잠재적 기회와 전략적 대안이 무엇인지를 알 수 있다. 이러한 활동이 테크노베이션을 수월하게 계획하는 데 큰 영향을 준다.

2) 실행하기

테크노베이션 계획을 수립했다면, 이제 그 계획을 실행해야 한다. 사내벤처팀이 테크노베이션 프로젝트와 관련된 정보를 수집하고 미션·목적·전략을 수립했다면, 그 전략을 실제로 행동에 옮기는 것이다. 하나의 팀이 수행하는 여러 활동이 언뜻 이질적인 것처럼 보이겠지만, 각 활동은 독립적이지 않고 상호 긴밀히 연관되어 있다. 즉, 한 영역에서의 활동 산출물이 다른 활동을 수행하기 위한 투입물이 되어야 한다는 것이다. 여타의 기능부서에서는 개별 활동을 전문으로 수행하는 담당자가 구분되어 있지만, 테크노베이션을 추진하는 사내벤처팀은 그렇지 않다. 한 활동 영역을 담당하는 팀원이 다른 팀원의 활동 영역에 적극적으로 참여해야 한다. 다른 영역의 활동 산출물을 파악하면서 자신의 담당 영역에 반영해야만 테크노베이션의 전략적 활동들을 유기적으로 연계할 수 있기 때문이다.

앞서 설명한 대로, 실행하려는 사업전략은 전사적 기업전략과 정합성을 이루어야 한다. 3장에서 효과적인 전략 실행법을 심도 있게 다루겠지만, 전략 실행을 위한 모든 활동이 상호 일치된 방향으로 진행될 수 있도록 조정해야 한다는 점을 명심해야 한다. 전략적 활동을 모듈화하여 일치된 방향으로 나아갈 수 있도록 결합할 때 비로소 테크노베이션의 생산성이 극대화된다. 실행 단계에서 고려해야 할 조직요인은 다음과 같다.

- 조직구조
- 인재채용
- 의사결정
- 의사소통
- 조직문화
- 보상체제

만약 사내벤처팀이 확보하지 못한 하이엔드 기술을 상업적으로 활용하는 테크노베이션을 고려하고 있다면, 관련 기술 지식을 충분히 갖춘 인재를 채용해야 한다. 이들이 고용 기회에 매력을 느끼고 채용 후에도 열정적으로 일할 수 있도록 하는 보상 시스템이 필요하다. 하지만 인재 고용에 필요한 자원이 부족할 수도 있다. 이때 사내기업가는 단기성 금전적 보상뿐 아니라 미래에 사업 성장 시 얻을 수 있는 보상을 제공하여 업무 몰입 및 동기를 높일 수 있다. 불확실성이 높은 테크노베이션에 집중하는 기업들은 장기적으로 성과 창출에 필요한 구성원의 적극적 참여와 헌신을 유도하고자 스톡옵션을 활용한다. 스톡옵션을 받은 직원들은 적어도 사업 성공과 기업 성장을 위해 노력할 분명한 이유를 갖기 때문이다. 이처럼 혁신선도 기업은 실행 단계에서 테크노베이션 프로젝트의 생산성을 높이기 위한 요소를 세심히 다루고, 관련 시스템을 정기 정비하는 데 관심을 두고 있다.

테크노베이션 실행 단계에서 위 조직요인 간 상호 정합성을 높이는 도구가 바로 밸류체인 분석(Value-chain Analysis)이다. 밸류체인 분석은 사내벤처팀의 실행 단계의 활동을 두 범주로 구분한다. 우선, 본원적 활동(Primary Activities)은 사내벤처팀의 기술 사업화 과정으로 구성되며 자원 조달, 생산·제조, 유통, 마케팅 및 판매 후 서비스 등이 포함된다. 이러한 본원적 활동이 제대로 이루어지려면 조직관리, 인적자원 관리, 개발지원 및 조달공급의 지원적 활동(Supportive Activities)이 뒷받침되어야 한다. 테크노베이션 실행을 위한 밸류체인 분석에서 고려해야 할 일반적 요소는 [그림 1-5]와 같다. 이를 통해 조직요인 간 전략적 정합성을 검토하고, 사내벤처팀의 테크노베이션 프로젝트를 실행하기 위한 본원적 활동과 지원적 활동을 수행하는 데 필요한 기술 요소가 무엇인지를 파악해야 한다.

그림 1-5 테크노베이션 실행을 위한 밸류체인

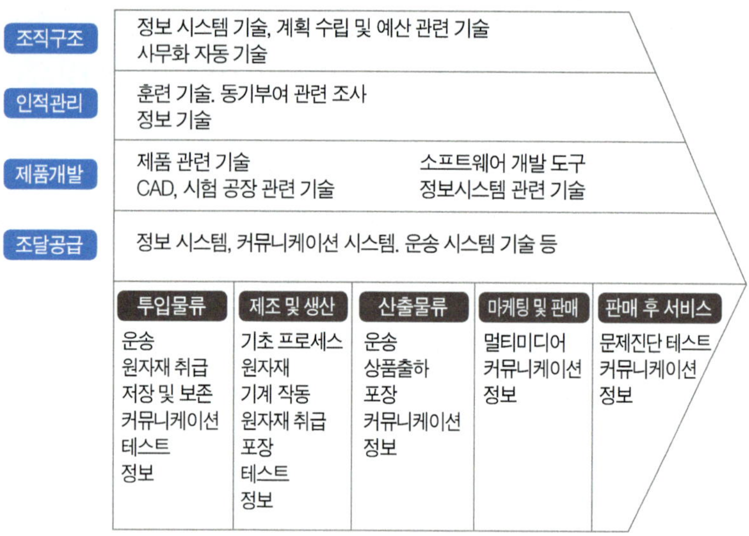

예를 들어, 비용우위라는 테크노베이션 목표를 달성하려면 원재료의 품질 관리와 적시 공급이 이루어질 수 있도록 내부 생산 및 자원 조달 과정을 감시해야 한다. 제품 생산에 필요한 투입물을 조합하는 제조 활동뿐 아니라 고객의 구매량에 따라서 탄력적으로 적정 재고 수준을 유지할 수 있다면 더욱 좋다. 이러한 관리 시스템을 구현하려면 JIT(Just-in-Time) 플랫폼과 관련된 기술 요소를 적용하는 것이 바람직하다. 이를 통해 제품의 생산, 유통, 판매 정보를 유통자 및 공급자와 신속하고 정확하게 공유할 수 있다. 해당 플랫폼 중 일부에 고객이 접근할 수 있도록 개방한다면 판매 후 서비스 단계에서도 제품 사용과 관련된 문제를 진단하고 솔루션을 제공하는 포괄적 접근을 취할 수 있다. 본원적 활동과 마찬가지로 지원적 활동을 생산적으로 수행하는 데 필요한 기술 요소를 살펴봐야 한다. 새로운 시장을 개척하고 공략하려는 사내벤처팀은 테크노베이션 활동을 생산적으로 수행하는 데 필요한 기술 요소가 무엇이며, 이를 밸류체인에 적용할 수 있는지, 적용 가능하다면 생산적으로 활용할 수 있는지를 확인해야 한다.

3) 평가·통제하기

전략적 테크노베이션 매니지먼트 프레임워크는 순환적이다. 테크노베이션 계획을 실행했다면, 계획 단계에서 수립한 성과 목표를 제대로 달성하고 있는지 평가해야 한다. 달성 수준이 낮다면 무엇이 문제인지 파악하고, 다시 계획 및 실행 단계로 돌아가서 적절한 통제와 조정을 가해야 한다. 이 단계가 바로 평가·통제이다.

계획 단계에서 설정한 성과 목표를 제대로 달성하고 있다면 좋겠지만, 실제로는 그렇지 않은 경우가 훨씬 더 많다. 기대 성과와 실제 성과 간 불일치를 인지하고, 왜 기대 성과를 달성하지 못하는지, 차이를 줄이고자 어떠한 조정을 했고, 앞으로 필요한 통제는 무엇인지를 판단해야 한다. 목표 달성 여부를 파악하는 평가 활동은 비교적 단순하지만, 필요한 조정을 가하는 평가·통제 활동은 좀 더 복잡하다. 계획 단계로 다시 돌아가서 분석한 평가 피드백을 기반으로 부적합한 활동 요소를 조정해야 하기 때문이다.

이처럼 평가·통제 단계에서는 테크노베이션 프로젝트에 필요한 활동 요소가 무엇이고 어떻게 수행할 것인지를 파악할 수 있는 능력이 요구된다. 계획·실행 활동이 제대로 이루어지도록 자원을 적절히 배분하고 적시 공급하면, 각 활동을 잘 다듬어진 전략적 방향과 정렬되도록 미세 조정하며 진척시켜야 한다. 이때 적용할 수 있는 2가지 평가 기준은 다음과 같다.

① 표적시장에서 테크노베이션 프로젝트가 달성해야 할 정략적 지표
② 테크노베이션 프로젝트의 전략적 성과와 관련된 정성적 지표

테크노베이션의 평가·통제는 광범위한 영역에 걸쳐 다면적인 분석이 요구되는 역동적이고 인위적인 활동이다. 단순히 매출액과 수익성과 같은 재무적 평가 기준만을 적용하기보다는 정량적 및 정성적 기준을 모두 활용하여 테크노베이션의 전략적 성과 목표를 판단하는 것이 바람직하다. 물론 테크노베이션의 궁극적 성과는 재무제표로 나타난다. 하지만 정량적 지표는 제한된 정보만을 보여주며 테크노베이션을 통해 달성한 조직 혁신성 강화, 경쟁우위 확보, 잠재적 성과 증가, 가치 창출 기회 규명과 같은 전략적 성과는 평가할 수 없다. 따라서 테크노베이션 프로젝

트의 성과를 측정하려면 정량적 지표와 정성적 지표를 포괄하는 다면 평가 기준을 미리 마련하는 것이 좋다. 그렇지 않으면 평가·통제의 중요성은 간과되고 계획과 실행에만 몰두하게 되어 테크노베이션의 전략적 활동 추진 방향을 상실하게 된다. 심각한 경우, 방향성이 없는 여러 프로젝트를 실행만 해놓고 적절히 관리하지 않아 불필요한 자원 낭비를 부추겨 사내기업가의 경력에 큰 오점으로 남겨질 것이다.

효과적인 평가·통제 도구들이 많기 때문에 적합한 도구를 채택하고 잘 활용하기만 한다면 적어도 앞서 말한 문제 상황은 모면할 수 있다. 5세력 분석(Five-force Model), 전략집단 분석(Strategic Group Analysis), 밸류체인 분석과 같은 도구를 활용하면 내·외부 환경에 관한 심도 있는 통찰을 얻을 수 있다. 특정 제품은 유사 가치를 지닌 수많은 대체재가 있고, 시간이 지나면서 대체재의 유형과 영향 수준도 변하게 마련이다. 이러한 변화는 결국 시장 규모 및 성장률로 대변되는 산업 매력도에 영향을 준다. 그래서 테크노베이션과 관련된 산업에 영향을 미치는 5가지 세력, 즉 신규진입자의 위협, 공급자의 협상력, 구매자의 협상력, 대체재의 위협, 기존 경쟁자 간 경쟁이 어떻게 진화하며, 각 세력은 어떠한 영향 관계를 맺고 있는지를 분석해야 한다. 이와 함께, 재무제표만으로는 테크노베이션 성과를 평가하는 데 부족하다는 점에 근거하여 평가·통제 시 균형성과표(Balanced Scorecard)를 사용하기도 한다. 균형성과표는 재무, 고객, 프로세스, 학습·성장의 4가지 핵심 평가 요소별로 적절한 하위요인을 설정하여 다면 평가를 실시하는 것이 특징이다.

7. 인소싱 테크노베이션과 아웃소싱 테크노베이션

전략적 테크노베이션 매니지먼트 과정에서 사내기업가는 2가지 접근법 중 하나를 선택해야 한다. 우선, 인소싱 테크노베이션은 조직 내부에서 혁신 활동을 수행하는 방식으로 이루어진다. 이와 달리 아웃소싱 테크노베이션은 혁신에 필요한 기술을 외부 주체로부터 이전받는 방식으로 이루어진다. 양립하기 어려운 두 접근법은 각각 장단점이 있다. 앞으로 2장부터 7장에 걸쳐서 두 접근법의 계획-실행-평가·조정 활동의 수행 방법을 상세히 살펴볼 것이다.

인소싱 테크노베이션의 초점은 조직 내부를 향해 있다. 이를 위해서는 외부 환경을 주시하며 새롭게 출현한 기회를 탐색함과 동시에 혁신 활동이 갖는 리스크와 불확실성을 체계적으로 관리하는 조직관리 활동이 필요하다. 아울러 실패 가능성을 수용하고, 이를 후속 혁신 활동을 위한 학습의 기회로 삼아 교훈을 공유하는 시스템을 마련해야 한다. 반면 전략적 제휴, 기술 이전, 라이선스 및 인수합병 등의 다채로운 방식으로 이루어지는 아웃소싱 테크노베이션은 인소싱 테크노베이션과 전혀 다른 접근법을 요구한다. 여기에서는 외부에서 출현하는 기술에 대한 심도 있는 분석을 토대로 비용 대비 이익 균형을 추구하는 것이 중요하다. 즉, 테크노베이션 매니지먼트는 전사적 목표 달성을 위해 어떠한 테크노베이션이 적합한지를 판별하는 것으로부터 시작된다.

- 추진하려는 테크노베이션은 조직 내부적으로 '개발'해야 하는가?
- 추진하려는 테크노베이션은 조직 외부적으로 '확보'해야 하는가?

사내기업가는 조직이 보유한 기술, 지식, 재무, 인적자원 및 인프라 요소를 근거로 위 질문에 대해 답하고, 그 근거를 규명해야 한다. 그리고 선택한 테크노베이션 접근법이 전사적 목표 및 전략적 방향과 얼마나 일치하는지 살펴봐야 한다.

Executive Summary

1장에서는 전략적 테크노베이션 매니지먼트에 대한 이해의 기초를 쌓았다. 기술 및 시장과 관련된 조직역량은 테크노베이션의 성공과 실패를 결정하는 요소이다. 혁신의 변화 강도에 따른 연속적 및 급진적 테크노베이션, 그리고 혁신의 목적에 따른 공격형 및 방어형 테크노베이션 전략에 관한 개념도 살펴봤다. 테크노베이션을 수행하는 사내벤처팀에게 [계획-실행-평가·통제]의 전략적 관리 프로세스는 연속적이고 유기적으로 수행해야 할 활동 과정이다. 이때 개발하려는 제품·서비스가 속한 시장 및 산업을 포함한 외부 환경은 물론, 조직구조, 업무 프로세스, 보유 자원 및 역량과 같은 내부 환경에 대한 면밀한 검토가 필요하다. 이제부터는 조직 내부에서 기술혁신을 개발하는 인소싱 테크노베이션과 조직 외부에서 기술혁신을 조달하는 아웃소싱 테크노베이션의 전략적 관리 방법을 상세 논의할 것이다. 전략적 테크노베이션 매니지먼트는 다음의 행동 원칙을 준수해야 한다.

- 이전 조직 시스템은 잊어라. 테크노베이션이 추구하는 새로운 가치를 구현하려면 새로운 시스템이 필요하다.
- 테크노베이션의 핵심 기술이 S-커브의 기술수명주기상 어느 위치에 있는지 파악하라.
- 테크노베이션이 장기적으로 높은 수익과 보상을 제공할 성과 창출력이

크다면, 이에 따른 리스크를 감수하라.

- 테크노베이션의 실행에 필요한 유·무형 자원을 파악하고, 이를 확보하는 데 주력하라.
- 팀원들이 외부 원천 지식을 경계하도록 만드는 NIH(Not Invented Here) 신드롬을 겪지 않도록 주의하라.
- 다각적 의사소통을 가로막는 장애물을 파악하라. 수직 및 수평적 정보 공유가 원활하지 않으면 테크노베이션은 성공적일 수 없다.
- 현실적인 미래 예측을 병행하라. 달성하기 어려운 비현실적 기대가 테크노베이션 프로젝트를 좌초시키고 사내벤처팀을 좌절시킬 수 있다.

테크노베이션에서 경계해야 할 NIH 신드롬은 조직 외부에서 유입된 훌륭한 아이디어 및 기술 지식을 수용하지 않으려는 집단 성향을 일컫는다. 구성원들은 간혹 내부적으로 직접 개발하지 않은 외부의 기술, 연구, 제품, 지식 및 성과를 배척하는 태도를 보인다. 이는 궁극적으로 테크노베이션의 가치 증진을 저해하는 장애물로 작용한다. 테크노베이션을 통해 확보해야 할 산업 내 기술적 지위와 관련하여 다음 질문에 정확한 답변을 내릴 수 있어야 한다.

- 우리 조직은 이제까지 어떠한 테크노베이션 접근법을 취했는가? 그 접근법으로 어떠한 가치를 창출하였는가? 이를 기반으로 개발 후 출시한 마켓어퍼링은 무엇인가?
- 그 테크노베이션의 운영 성과는 어떠했는가? 만약 목표한 성과를 달성하지 못했다면 그 이유는 무엇인가? 어떠한 교훈을 얻었는가?

- 어떠한 조직구조가 사내벤처팀의 혁신성을 높일 수 있는가? 그러한 구조는 팀원들의 기업가적 사고 및 행동에 어떠한 영향을 미칠 것인가?
- 전사적 차원에서 사내벤처팀의 혁신성에 지대한 영향을 미치는 자는 누구인가? 이들은 혁신성을 증진하는 데 얼마나 관심이 있는가?
- 개발, 유지 및 중단해야 할 조직 활동은 누가 어떻게 결정하는가? 이들은 테크노베이션을 촉진하고 지원하는 데 얼마나 관심이 있는가?

CHAPTER 2

인소싱 테크노베이션 계획하기

TECHNOVATION
MANAGEMENT

TECHNOVATION MANAGEMENT

CHAPTER 2

인소싱 테크노베이션 계획하기

2장에서는 조직 내부에서 테크노베이션을 추진하는 인소싱 테크노베이션의 계획수립과 관련된 관리적 이슈를 집중적으로 다룬다. 사내기업가에게 혁신이란 새로운 방식으로 기술을 적용하여 고객가치를 창출하고 기업가치를 증진하는 제품 및 프로세스를 개발하는 활동이다. 이에 본 장에서는 프로덕트 혁신과 프로세스 혁신을 살펴볼 것인데, 두 유형의 차이점과 유사점, 그리고 상호보완성을 이해해야 한다.

사내벤처팀의 혁신과 협력을 촉진하기 위한 노력은 분명 인소싱 테크노베이션에 긍정적 영향을 미친다. 하지만 진입하려는 시장에 이미 여러 기업이 치열한 경쟁을 벌이고 있거나 높은 경쟁력을 갖춘 시장진입자들이 대기하고 있을지도 모른다. 이들의 잠재적 위협은 인소싱 테크노베이션을 성공시키는 데 예상보다 많은 자원이 소요될 수 있다는 점을 의미한다. 한편, 사내벤처팀이 추진하려는 테크노베이션에 필요한 기술을 다른 조직이 보유 및 개발하는 경우도 있다. 이때는 해당 기술을 이전받거나 구매하는 아웃소싱 테크노베이션으로 사업화 속도를 높일 수 있다. 하지만 이때에도 풀어야 할 숙제가 있다. 외부 조직으로부터 이전받은 기술 혹은 사업부를 기업에 통합하는 활동, 즉 합병 후 통합(Post-merger Integration, PMI)이라는 고된 작업이 기다리고 있다.

이렇듯 두 접근법은 각기 다른 장단점이 있기에, 이에 대한 테크노베이션 매니지먼트 방식도 다를 수밖에 없다. 전사적 기업 차원에서 보면 인소싱 테크노베이션과 아웃소싱 테크노베이션은 복합적으로 진행되지만, 단일 사업부 사원에서는 두 접근법 중 하나에 집중한다. 이렇듯 인소싱 테크노베이션과 아웃소싱 테크노베이션에 대한 전략적 관리는 서로 양립하기 어려운 특성을 보인다.

체계적 관리 시스템을 갖고 있더라도 인소싱 테크노베이션의 성과를 창출하는 것은 어려운 일이다. 앞서 설명한 대로 혁신 활동의 다차원성과 이에 따른 복잡성 때문이다. 조직 혁신성을 강화하고 지원하는 관리 체계를 구축하려면 첨예한 이슈로 묶인 다양한 조직요인 간 균형을 잡아야 한다. 필요역량을 갖춘 인재를 채용하고, 이들이 최대 성과를 발휘할 수 있도록 조직구조를 조정하고 공정상 보상체계도 설계해야 한다. 그뿐만 아니라, 이들 요소가 기대한 대로 작동하려면 약간의 운도 필요하다. 즉, 인소싱 테크노베이션은 이를 둘러싼 광범위한 내·외부 변수요인에 대한 검토가 선행되어야 한다.

만약 조직에서 인소싱 테크노베이션 기반의 여러 프로젝트가 동시 진행되고 있다면 기술 플랫폼(Technology Platform)을 구축하여 프로젝트를 통합 관리하여 여러 테크노베이션의 상호 보완을 추구할 수 있다. 하지만 우리는 플랫폼 기반 복수 테크노베이션 매니지먼트가 아닌 단일 인소싱 테크노베이션 매니지먼트에 대한 이해를 쌓고자 한다. 우선, 인소싱 테크노베이션 계획수립 시 유의사항은 다음과 같다.

1. 인소싱 테크노베이션 매니지먼트는 복합적이다

인소싱 테크노베이션의 계획수립은 여러 조직 영역에 걸친 복합적 이슈에 대한 검토 활동에서부터 시작된다. 이때 초점을 맞춰야 할 주요 영역을 이해하는 데 유용한 사례 기업이 3M이다. 다수의 인소싱 테크노베이션을 동시다발적으로 진행하는 3M은 수만 여종의 소비재 및 산업재를 개발하여 판매하고 있다. 테크노베이션을 통해 개발한 제품이 전체 매출의 약 40%를 차지할 정도로 기업 전체가 프로덕트 혁신 활동에 총력을 기울인다. 이렇게 괄목할 만한 성과를 달성하는 데에는 이유가 있다. 3M은 개인, 부서, 그리고 기업 차원에서 인소싱 테크노베이션을 지원하는 조직 요인을 지속 개발해왔다는 것이다. 해당 요인을 정리하면 다음과 같다.

- 3M은 혁신선도를 향한 명확한 미션 진술서를 갖고 있다.
- 모든 조직구성원은 자신만의 혁신 프로젝트를 수행하는 데 15%의 업무시간을 할애할 수 있다. 무엇을 어떻게 했는지는 일절 보고하지 않는다.
- 조직은 구성원이 제안한 혁신 프로젝트의 초기 아이디어가 실체화되는 데 필요한 자원을 제공한다.
- 조직은 매년 총수익의 7%를 연구개발 활동에 집중적으로 투자하여 전사적 초점이 테크노베이션에 맞추어져 있다는 점을 공표한다.
- 테크노베이션 성과를 창출한 구성원에게는 목표 기준 성과급을 지급하여 동기를 부여한다.

3M의 지속 가능한 목표는 지난 4년간 출시한 신제품에서 총매출의

30% 이상을 창출하는 것이다. 이 목표 기준에 따라서 각 사업부는 테크노베이션을 수행한 구성원에게 적절한 보상을 제공한다. 다음의 조직체계 및 문화 역시 3M의 인소싱 테크노베이션 활성화를 뒷받침한다.

- 3M에서는 테크노베이션에 대한 적절한 보상 시스템을 갖추고 있다. 매년 혁신 프로젝트 성과를 창출한 공로자에게 칼턴 어워드(Carlton Award)를 수여하여 전사적 차원에서 테크노베이션의 중요성을 강조한다.
- 3M은 성공을 지원하는 한편 실패도 수용하는 조직문화를 갖고 있다. 프로젝트가 성공하지 못했다는 사유로 불이익을 주지 않으며, 이를 학습과 교훈의 기회로 활용한다. 이는 조직이 언제나 혁신을 추구하고 환영한다는 사실을 구성원에게 인지시킨다.

이처럼 인소싱 테크노베이션은 여러 조직 요인에 대한 복합적 관리 접근이 필요하다. 개발부터 출시까지의 전 테크노베이션 과정에 대한 계획수립에는 혁신을 장려하고 실패를 수용하는 조직체계가 필요하다는 점을 명심하자.

2. 인소싱 테크노베이션의 이유를 규명하라

계획수립 단계에서는 인소싱 테크노베이션이 필요한 근본적인 이유를 규명해야 한다. 종종 이에 대한 검토의 중요성이 간과되곤 한다. 설령 잠재적 수익성이 높은 테크노베이션이라 할지라도 동전의 양면처럼 비용적 리스크가 상존하므로 추진하려는 인소싱 테크노베이션이 제공할 편익-비용 간 균형을 추구하여 최적의 가치를 창출할 방법을 모색해야 한다. 만약 타당한 이유를 제시하지 못하면, 경영진은 설득력을 잃은 테크노베이션에 온전한 지원을 제공하지 않을 것이다. 그 이유를 수월하게 규명하려면 우선 인소싱 테크노베이션의 장단점을 이해해야 한다.

1) 인소싱 테크노베이션이 필요한 이유

인소싱 테크노베이션이 기업의 혁신전략으로 적절한지 판단하려면, 현 조직 상황을 고려하여 테크노베이션의 장단점을 파악해야 한다. 인소싱 테크노베이션은 조직에 다음과 같은 명확한 이점을 제공한다.

- 혁신 프로젝트와 그 결과물에 대한 관리 체계 습득
- 테크노베이션의 상업적 활용 방법에 대한 이해 증진
- 후속 유망 테크노베이션을 수행할 수 있는 역량 개발
- 퍼스트무버로서 시장 변화를 주도할 수 있는 경쟁우위 확보

처음 3가지 이점은 인소싱 테크노베이션의 결과에 해당한다. 혁신 과정에서 수행되는 다양한 활동의 상호작용에 대한 이해는 전체 조직에 유용한 지식 자원이다. 이 지식은 후속 혁신을 어떻게 진행할 것인지에 대한 전략적 방향의 근거가 된다. 즉, 향후 테크노베이션을 통한 성과 창출에 필요한 혁신 활동이 무엇이며, 이를 어떻게 생산적으로 관리할 것인지를 이해할 수 있다. 그 결과, 경쟁자가 모방하기 어려운 혁신 역량을 개발할 수 있다.

이상의 3가지 이점을 통해 기업은 시장 변화를 선도할 수 있는 경쟁우위를 확보할 수 있다. 확보된 경쟁우위는 혁신선도 기업이라는 시장 인식으로 발현된다. 이러한 시장 인식은 단순히 사내벤처팀뿐 아니라 다른

핵심사업부에도 긍정적 영향을 주어, 여러 부서에서 테크노베이션에 필요한 내부 자원을 개발하고 공유하도록 이끈다.

퍼스트무버(First Mover, 최초 진입자) 및 얼리무버(Early Mover, 초기 진입자)와 관련된 4번째 이점은 시장·산업에 집중한 인소싱 테크노베이션에서 누릴 수 있다. 퍼스트무버는 전략적으로 신시장을 개척하거나 초기 진입한 자를 일컫는다. 일반적으로 퍼스트무버는 높은 고객 충성도와 브랜드 인지도를 기반으로 경쟁우위를 확보할 기회를 얻는다. 후발자는 퍼스트무버의 지위를 생산적으로 활용하는 조직을 뛰어넘기 힘들다. 만약 테크노베이션이 고객에게 높은 교체 비용(Switching Cost)을 부과한다면, 이는 고객이 최초 시장 진입자에게 충성하도록 만든다. 유사하게, 테크노베이션이 고객에게 우수한 편의성과 지원성을 제공할수록 후발자의 경쟁 의지를 낮추는 데 도움이 된다. 한편, 특정 상황에서는 팔로워(Follower, 추격자)로 시장에 진입하는 편이 더 나을 때도 있다. 퍼스트무버는 테크노베이션이 지닌 새로움에 고객이 익숙해지도록 고객 교육(Customer Education)에 많은 자원을 투입하며 시행착오를 겪게 마련이다. 반면, 팔로워는 퍼스트무버의 실수를 분석하고 고객 특성을 빠르게 학습할 수 있다.

퍼스트무버가 팔로워로 인해 실패한 사례는 많다. 한 기업이 해외 운송에서 새로운 컨테이너 적하 방식을 개발했다. 이를 통해 컨테이너 선적 및 하역 관리가 기존보다 더 효율적으로 이루어졌다. 그런데 판매를 위해 클라이언트에게 데이터를 제공한 것이 문제의 발단이었다. 그 데이터를 활용하여 클라이언트는 팔로워로서 시장에 빠르게 진입하였고, 결국 퍼스트무버는 파산하고 말았다. 이처럼 퍼스트무버의 뒤를 따라 신속하게 새로운 시장에 진입한 패스트팔로워(Fast Follower, 신속 추격자)가 더 높은 성과를 창출하는 경우도 많다. 고객 충성도와 브랜드 인지도에 기반한 퍼스트무버의 경쟁우위는 패스트팔로워에게 쉽게 빼앗길 수 있다는 점에 유념하여 테크노베이션을 계획해야 한다.

2) 인소싱 테크노베이션이 불필요한 이유

실제로 인소싱 테크노베이션의 결점을 고려한 일부 기업들은 이를 전략적으로 진행하지 않기도 한다. 계획 단계에서 인소싱 테크노베이션의 실행 여부를 결정할 때는 다음의 잠재적 문제를 고려해야 한다.

- 아웃소싱 테크노베이션은 즉각적인 효과를 발휘하나, 인소싱 테크노베이션은 대체로 기술 개발부터 제품 출시 및 프로세스 적용까지 많은 시간이 걸린다.
- 혁신적 기술의 적시 개발은 높은 실패 리스크를 안고 있다.
- 잠재 경쟁자가 시장에 먼저 진입할 수 있으므로 표적시장에 대한 집중을 유지하기 어렵다.

이들 문제는 인소싱 테크노베이션을 위한 전략적 활동에 부정적 영향을 미칠 수 있다. 유압굴착기 사례를 보자. 많은 굴착기 생산자들은 어떻게 하면 더 많은 흙을 퍼 나르는 굴착기를 설계하고 개발할지에 집중한다. 당연히 이들의 테크노베이션은 '흙의 양'에 집중된다. 하지만 고객 다수는 얼마나 많은 흙을 퍼 나를 수 있는지에 관해서는 관심이 없다. 이들이 원하는 것은 작지만 다루기 쉬운 효율적인 굴착이다. 이들의 니즈를 정확히 파악한 JCB는 세계 최초로 착탈식 유압굴착기, 백호(Backhoe)를 출시하여 큰 성공을 거두었다. 경쟁자도 인소싱 테크노베이션에 많이 투자했지만, 굴착기의 크기를 키우는 데 집중했기에 고객이 진정으로 필요한 제품을 개발하지 못했다. 백호에 대한 고무적인 고객 반응에 놀란 경쟁자들 대부분이 JCB에 적절히 대응하지 못했다.

이는 한 산업 내 관용적 및 보편적 패러다임을 전환하는 파괴적 혁신 사례에 해당한다. JCB의 파괴적 혁신은 굴착기 산업을 지배하던 경쟁자가 투입한 막대한 개발 비용을 순식간에 매몰 비용(Sunk Cost)으로 만들었다. 이들은 근시적 관점에서 개발에만 몰두한 나머지 인소싱 테크노베이션의 전략적 방향 탐색을 간과했다. 새롭게 출현한 파괴적 혁신에 대응하는 조직역량이 부족한 점도 주요 실패 원인으로 작용했다. 시장에서 파괴적 혁신이 출현하면, 새로운 관점에서 자사의 테크노베이션 활동을 새로운 방향으로 신속히 전환하고, 계획수립 후 필요한 역량을 확보하는 데 총력을 기울여야 한다. 혁신에 필요한 역량을 개발하지 않은 채 추진된 테크노베이션은 부정적 결과만을 낳을 뿐이다. 이처럼 미래에 달성하려는 인소싱 테크노베이션의 장단점을 정확히 파악해야 한다.

3. 집중할 혁신 유형을 선택하라

인소싱 테크노베이션이 기업의 전사적 목표 달성에 적합한 전략으로 입증되었다면, 실행할 혁신 유형을 선택해야 한다. 물론 혁신 유형이 다르더라도 유사한 계획수립 프로세스가 적용되지만, 이와 관련된 미묘한 차이에 대해서는 나중에 살펴보자. 혁신 유형은 그 대상과 목적에 따라서 다양한 분류 체계가 존재한다. 여기에서는 보편적이고 대표적인 구분으로 프로덕트 혁신(Product Innovation)과 프로세스 혁신(Process Innovation)에 초점을 맞춘다. 두 혁신 유형은 독립적이진 않고 상호 보완된다. 단지 테크노베이션에서 무엇에 더 중점을 두느냐에 따라서 나뉜다. 프로덕트 혁신에 초점을 맞춘 사내벤처팀은 그 제품에 적합한 생산 및 마케팅 방식을 개발해야 한다. 이는 신제품 개발과 관련된 새로운 공정의 적용이 필요하다는 점을 의미한다. 마찬가지로 프로세스 혁신은 여러 조직 요인의 상호작용을 수반한다. 이는 조직 업무 활동의 근본적 변화를 일으킨다. 두 혁신 유형은 구성원 간 정보 및 의견의 활발한 교환·공유가 필요하다. 혁신 유형의 선택은 앞서 기술한 테크노베이션이 필요한 이유와 깊이 관련되어 있다.

1) 프로덕트 혁신

대체로 많은 테크노베이션 프로젝트가 프로덕트 혁신에 초점을 두고 있다. 프로덕트 혁신은 그 산출물이 제품·서비스의 형태로 구현되므로 고객이 쉽게 확인하고 체감할 수 있다. OECD 오슬로 매뉴얼(Oslo Manual)에 따르면, 프로덕트 혁신은 새로운 기술을 활용하여 제품의 내용 및 수준을 개선하거나, 새로운 기술을 이용하여 제품 영역을 확대한 경우를 포함한다. 단지 디자인 특성을 변경하거나 다른 기업이 개발한 제품을 모방 생산하는 것은 프로덕트 혁신으로 보기 어렵다. 이제까지 한 기업에서 여러 사업부가 동시다발적으로 프로덕트 혁신을 추진해왔지만, 최근에는 전사적 전략을 수립한 후 이에 부합하는 부서별 혁신 역할과 임무를 정립하는 방식으로 테크노베이션의 효율성과 효과성을 확보한다.

기업이 테크노베이션을 전담할 독립 연구부서를 운영할 필요는 없지만, 올바른 목표 달성 활동을 지도할 전문가는 필요하다. 인소싱 테크노베이션의 계획수립을 위한 의사결정 전 목표 달성에 필요한 프로덕트 혁신의 테크노베이션 방식을 정의해야 하며, 이는 다음과 같다. 사내벤처팀은 각 방식을 순차적으로 수행하게 될 것이다.

(1) 이론 발전을 위한 기초연구

기초연구는 새로운 기술 지식을 창출하는 데 목적을 둔다. 창출할 지식은 조직에 완전히 새로운 것일 수도 혹은 익숙한 것일 수도 있다. 그 산출물이 무엇이든, 기초연구의 초점은 새로운 문제 해결 접근법을 모색하는 것이다. 그렇기에 본 유형은 높은 실패 리스크를 안고 있지만, 성과 창출력이 높은 비즈니스의 기반이 되는 '새로움'을 산출한다.

가치 창출을 위한 테크노베이션의 목표는 기초연구에서도 여전히 유효하다. 물론, 기초연구 단계의 테크노베이션은 그 자체로는 경제적 가치를 갖기 어렵기에 주로 정부 및 대학 연구기관이 수행해왔다. 즉각적으로 경제적 가치를 창출해야 하는 기업의 주요 관심사는 아니었으나 오늘날 수많은 혁신선도 기업들이 기초연구를 통해 핵심 역량을 차별화시키는 데 주력하고 있다. 예를 들어, 원자 입자 구조를 연구하는 입자물리학은 상업적 활용이 아니라 순수 자연 원리를 이해하고자 시작되었다. 기초연구 초기 단계에는 입자물리학이 상업적으로 어떻게 활용될지 예측하기 어려웠다. 하지만 연구자의 왕성한 호기심으로 촉발된 기초연구로 산출된 과학 지식을 활용하여 기업들은 신제품 개발에 적극적으로 활용하고 있다.

(2) 제품 개발을 위한 응용연구

기초연구로 문제 해결에 관한 일정 수준의 지식과 이해를 쌓았다면, 이제 응용연구를 수행할 차례이다. 신제품 개발에 초점을 맞춘 테크노베이션을 위한 응용연구는 기초연구에서 습득한 새로운 지식을 상업적으로 활용한다. 이는 기업의 마켓 포지션을 우상향시킬 강력한 경쟁우위를 확보하는 데 가장 효과적이다. 즉, 새로운 기술 지식의 상업적 활용을 추구하는 응용연구는 프로덕트 혁신에서 필수 불가결한 활동이다. 이는 지속적인 가치 창출을 이끌며 특정 산업 분야에 응용 가능한 기술을 개발하는 데 주력한다. 그 결과는 비즈니스를 통해 기업과 고객에게 새로운 가치를 제공해야 한다. 테크노베이션에서 응용연구는 기초연구보다 실패 리스크가 적고 성과 창출력이 높은 편이다.

응용연구가 기초연구와 다른 점은 테크노베이션의 상업적 활용에 대한 계획의 유무이다. 기초연구는 특정 문제 현상에 대한 탐색 및 발견의 상업적 활용을 고려하지 않지만, 응용연구는 프로덕트 혁신을 통한 경제적 가치를 창출하는 데 초점을 맞추고 있다.

(3) 제품 개선을 위한 체계연구

마지막 프로덕트 혁신 유형은 다른 것들보다 가장 점진적으로 이루어진다. 현재 운영 중인 비즈니스의 성과 창출력을 증진하는 체계연구는 이미 시장에 출시한 기존제품의 기능을 강화하거나 기존제품으로 새로운 시장에 진입하는 데 목적을 둔다. 체계연구는 다른 유형보다 리스크가 가장 낮고, 이에 상응하는 만큼 성과와 보상도 낮은 편이다. 거의 모든 상황에서 테크노베이션은 본질적으로 리스크를 내포하지만, 그 리스크가 경쟁열위(Competitive Disadvantage)를 일으키는 경우는 흔하지 않다.

체계연구를 통한 프로덕트 혁신에서 제품·서비스의 기능을 부분적으로 개선하는 활동을 트위킹(Tweaking)이라고 한다. 기존 기술 지식을 점진적으로 조정하여 재구성하는 트위킹에서는 지식의 다양성이 매우 중요하다. 즉, 체계연구는 다양한 지식이 융합되도록 조직 내 여러 부서 간 협력을 기반으로 기존 기술의 활용성, 적용성 및 기능성을 높일 수 있다. 앞서 설명한 입자물리학에 관한 기초연구는 의료 영상 부문의 응용연구를 촉진하였고, 이는 거의 2년 주기로 인체 영상 스캔 장비의 성능 향상이라는 트위킹의 결과로 이어졌다.

2) 적합한 프로덕트 혁신 유형 선택하기

추구하려는 프로덕트 혁신에 적합한 방식을 선택하기 위해서는 우선 기업의 성장 요구, 그리고 보유 자원·역량의 관점에서 필요한 방식이 무엇인지를 비교해야 한다. 이 결정에서 중요한 평가 항목은 경쟁자의 행동이다. 현재 시장에서 어떤 일이 발생하며, 미래에는 어떤 일이 발생할지, 그리고 그 변화 속에서 조직은 어떤 마켓 포지션을 확보해야 할지 분석해야 한다. 아직 관련 역량이 부족하면 이러한 분석이 다소 어려울 수 있지만, 경쟁자를 예의주시하면서 해당 역량을 강화할 수 있다.

따라서 도달하려는 마켓 포지션을 설정하려면 어떤 경쟁자를 감시할 것인지를 결정해야 한다. 물론 이에 관한 정도(正道)는 없지만, 전략집단 분석(Strategic Group Map)을 활용하면 시장에서 경쟁사 대비 상대적 포지션을 쉽게 규명할 수 있다. 한 기업은 시장에서 모든 기업과 경쟁하는 것이 아니라 특정 영역에서 동일 사업을 영위하는 기업과 경쟁하는 것이다. 따라서 고객의 구매 결정 요인 혹은 제품 채택 요인을 기준으로 시장을 세분화하여 테크노베이션의 전략적 목적을 효과적으로 정의할 필요가 있다. 이때 전략집단분석은 가장 세심히 감시해야 할 경쟁자를 결정하는 데 유용하다.

전략집단분석의 작성은 시장 내 경쟁우위를 결정하는 두 가지 기준을 설정하여 x축과 y축을 그리는 것으로 시작된다. 전문분석가와 함께 시장 특성을 반영하는 다양한 기준 요인을 규명해야 한다. 비용-품질처럼 상관성이 높은 요인은 시장 특성을 정확히 포착하는 데 통찰을 제공하지 못하므로 기준 요인으로 적합하지 않다. 기업 관점에서 벗어나 고객 관점에서 시장을 세분화·차별화할 수 있는 서로 다른 두 요인을 찾아야 한다. 그 요인이 비용-품질일 수도 있지만, 서로 상관성이 낮은 요인을 적용해야 훌륭한 통찰을 얻을 수 있다는 점을 주지해야 한다. 다음, 전략집단분석상에 경쟁자를 배치한다. 이때 기준 요인을 중심으로 동일 특성을 보이는 집단을 집단화해야 한다. 예를 들어, 제약 시장에는 수많은 기업이 있지만, 이들의 연구 분야는 서로 이질적이며 연구개발비는 혁신 성과를 결정하는 중요한 요인이다. 따라서 연구 분야와 연구개발비로 제약 시장의 전략집단을 구분할 수 있다. 경쟁집단을 찾았다면, 그 집단 내 개별 경쟁자의 제품 라인, 전략 프로세스, 잠재적 활동 방향 등과 관련된 사항을 분석한다. 시장 분석 리포트, 특허 동향, 전문가 의견, 재무제표 등의 여러 원천에서 객관적 정보를 수집한다. 그리고 수집한 정보를 기반으로 누가 어떠한 테크노베이션을 왜 수행하는지를 분석한다.

만약 사내벤처팀이 추진하려는 테크노베이션의 전략적 방향이 경쟁집단과 일치하지 않는다면, 이는 위험을 경고하는 신호이므로 인소싱 테크노베이션의 활동 방향을 수정해야 한다. 이처럼 전략집단분석은 경쟁집단의 전략적 활동에 관한 사내벤처팀의 지각 및 결정 능력을 강화한다. 그리고 보상, 비용, 위험에 대한 균형적 시각을 유지하도록 하여 상황 적합성이 높은 테크노베이션 계획을 수립할 수 있다.

4. 프로세스 혁신

프로세스 혁신의 목적은 조직 프로세스의 생산성을 높이는 데 있다. 즉, 이를 통해 조직은 투입 대비 산출률(Output-to-Input Ratio)을 개선할 수 있다. 프로세스 혁신은 조직변화를 일으키기에 조직 및 구성원의 변화 적응이 필요하다. 이 때문에 변화에 저항하려는 구성원은 프로세스 혁신을 부정적 감정을 느끼고 이를 거부하려고 한다. 하지만 프로세스 혁신이 전략적으로 타당한 변화를 일으키는 데 필요하다면, 구성원은 그 변화를 받아들이고 조직은 변화에 대응하여 기업가치를 높일 기회를 얻게 된다.

프로세스 혁신이 이루어지는 주요 방식은 신제품 개발, 리스트럭처링, 리엔지니어링이다. 프로젝트 관리법을 활용한 신제품 개발 프로세스는 후속 장에서 상세 기술하므로, 여기에서는 리스트럭처링과 리엔지니어링의 2가지 방식에 대해서 살펴보자.

1) 리스트럭처링

리스트럭처링(Restructuring)은 조직의 핵심 활동을 재조직화하는 활동으로, 조직 내 의사소통 및 업무 협력 방식에 근본적 변화를 일으킨다. 구성원들은 일상적 조직 생활 중에 크고 작은 업무 프로세스 변화를 끊임없이 경험한다. 조직은 주기적으로 구성원이 무엇을 어떻게, 왜 수행하는지에 대하여 검토한 후 불필요하거나 잘못된 업무 프로세스를 교정해야 하기 때문이다. 다음의 문제 상황에서는 리스트럭처링을 적용해볼 만하다.

- 필요한 정보가 적소 적시에 전달되지 않는다. 그 결과, 의사결정의 속도가 느려진다.
- 새로운 기회 및 위협에 관한 정보가 공유되지 않는다. 이 때문에 환경변화로 인한 긴장감이 조직에서 발생하고 있다.

다운사이징(Downsizing)은 대표적인 리스트럭처링 기법이다. 다운사이징은 전사적 기업 목표를 달성하는 데 불필요하거나 불일치되는 사업부를 매각하여 비대해진 조직 규모를 줄이는 방식으로 이루어진다. 이 때문에 구성원은 다운사이징을 부정적으로 느낄 수밖에 없지만, 타당한 이유에 근거하여 적합한 절차에 따른 다운사이징은 높은 부가가치를 창출하기도 한다. 만약 구성원의 반감 혹은 재정개선에 대한 집착으로 다운사이징 프로세스를 적절히 수행하지 못하면 조직 전반에 과중한 해고 불안감과 업무 스트레스를 확산시켜 기대 성과를 얻기 어렵다. 사전에 다운사이징의 목표와 계획을 세우고, 적법한 절차에 따라서 이행해야 한다.

2) 리엔지니어링

리스트럭처링보다 테크노베이션과 관련성이 높은 프로세스 혁신이 바로 리엔지니어링(Reengineering)이다. 리엔지니어링의 목적은 조직의 업무 프로세스에 대한 본질적 재사고를 기반으로 급진적 재설계를 하는 것이다. 이러한 리엔지니어링의 목적은 5가지로 구분된다.

① 업무 생산성 행상
② 이해관계의 최적 활용
③ 획기적 성과 달성
④ 조직 기능의 통합 및 강화
⑤ 불필요한 직무 및 작업 제거

이들 목표는 다음의 질문을 통해 확인할 수 있다. 조직 특성을 고려하여 질문에 대한 답변을 추구해야 리엔지니어링을 효과적으로 수행할 기반을 마련할 수 있다.

- 현재 업무가 계획대로 수행되는가?
- 해당 업무는 어떠한 가치를 제공하는가?
- 해당 업무를 더 효율·효과적으로 수행할 수 있는가?

리엔지니어링을 통해서 조직에 아무런 가치를 제공하지 못하거나 기대한 가치를 제공하지 못하는 업무 활동을 규명하고, 이를 조정할 수 있다. 이를 위해서는 기업 내 핵심부서에 소속된 영향력자를 모집해야 한다. 그리고 이들로부터 각 부서가 기업·고객 가치를 창출하고자 무슨 활동을 하는지, 그 활동을 어떠한 방식으로 왜 수행하는지 파악해야 한다. 즉, 초기 시점으로 되돌아가 제품·서비스를 생산하는 데 필요한 핵심 활동을 점검한다. 이 중에서 고객의 요구 결과물을 생산하는 데 더는 가치를 제공하지 못하거나 혹은 비효율적으로 자원을 낭비하고 있는 활동을 파악한 후 해당 문제를 테크노베이션으로 조정하여 해결해야 한다.

위 질문에 답변하는 과정에서 인소싱 테크노베이션의 계획 초점은 비생산적으로 불필요한 활동을 제거하여 극대화된 가치를 창출한 새로운 방법을 모색하는 것이다. 예를 들어, 부서 사무용품이 필요할 때 구매 요청서를 작성하고, 이를 조달부서에서 집계하여 필요 용품을 일괄 구매한 후 각 부서에 배분하는 방식을 취한다고 가정해보자. 이때 기업 자원 관리 프로세스에 대한 리엔지니어링을 통해 구매 승인 및 배분 절차를 간소화하여 부가가치를 창출할 수 있다. 종종 간과되기 쉬운 업무 효율·효과성을 개선하고자 비판적 관점에서 기존 업무 프로세스에 의문을 제기하고 자문하는 것이 리엔지니어링 기반 테크노베이션의 출발점이다.

3) 프로세스 혁신 시 유의 사항

프로세스 혁신은 구성원에게 익숙한 업무를 재설계하고 조직의 사회적 구성 체계를 변화시킨다. 그러나 이에 대한 구성원들의 조직적 저항과 관성으로 프로세스 혁신의 계획 및 실행이 쉽지만은 않다. 혁신이 조직문화의 키워드인 기업에서조차 변화에 대한 구성원의 저항은 심각히 고려해야 할 관리 대상이다. 하지만 업무 프로세스의 개선과 조직 시스템의 향상을 위해서는 프로세스 혁신이 필요하며, 이에 대한 집중은 테크노베이션의 기회로 작용한다.

적절한 변화 관리(Change Management)를 수행하지 않고 리스트럭처링·리엔지니어링의 프로세스 혁신을 맹목적이고 강압적으로 추진하면 조직쇄신이 아닌 조직붕괴를 일으킬 수 있다. 재정 위기를 극복하고자 구성원을 설득하여 변화의 필요성을 이해시켰더라도, 위기 극복 이후에 구성원의 조직에 대한 불신, 그리고 불안정한 미래에 대한 두려움은 여전히 남게 된다. 이러한 부정적 감정을 해소하려고 노력하지 않으면 후속 혁신 활동은 결코 추진될 수 없다. 따라서 프로세스 혁신에서는 다차원적 조직 요인을 세심히 다루는 관리 활동이 필요하다. 의사결정에 필요한 정보가 적시·적소에 전달되지 못해 환경변화에 신속히 대응하지 못하는 문제를 해결하고자 프로세스 혁신 기반 테크노베이션을 추진한다면, 이에 따른 조직 내 변화가 구성원에게 심리적·감정적으로 어떤 영향을 미칠지 면밀하게 점검해야 한다.

5. 인소싱 테크노베이션의 계획수립

본격적으로 인소싱 테크노베이션의 계획수립을 살펴보자. 어떠한 유형을 선택하더라도 보편적으로 통용되는 계획 단계가 있다. 사전 단계는 추진하려는 인소싱 테크노베이션의 속성을 인지하는 것으로 이루어진다.

- 인소싱 테크노베이션은 경쟁자보다 높은 가치를 고객에게 제공하는 데 목표를 둔다. 테크노베이션은 그 자체로 목표가 되어서는 안 되며, 오로지 전사적 기업 목표 달성에 기여해야 한다.
- 인소싱 테크노베이션은 수많은 조직역량을 조합·결합하여 새로운 가치를 창출하는 과정이다. 프로덕트·프로세스 혁신의 성공을 위해 협력적인 조직문화가 요구된다.
- 인소싱 테크노베이션에서는 자원이 특히 중요하다. 조직자원의 개발, 활용, 배분 등에 관한 관리 체계가 추진할 수 있는 테크노베이션 유형을 결정하기도 한다.

이제 인소싱 테크노베이션의 계획수립 5단계를 살펴보자. 이는 비전, 미션, 목적, 전략, 전술을 올바르게 세우는 것이다.

1) 비전 정의하기

확고한 혁신 신념을 갖고 있다면, 전사적 조직 비전을 개발하는 게 인소싱 테크노베이션의 첫 번째 계획 활동이다. 비전 개발에는 경영진, 이사회, 각 사업부의 핵심 리더 및 사내기업가가 모두 참여해야 한다. 비전은 조직이 나아가야 할 방향을 제시하며, 이는 테크노베이션이 비전을 어떻게 지원하는지에 관한 이해를 제공한다. 특히, 간명한 비전은 인소싱 테크노베이션 계획을 실행하는 데 필요한 자원을 적시·적소에 조달되도록 이끈다. 글로벌 물류 솔루션 서비스에 집중하는 페덱스(FedEx)는 간명한 비전의 중요성을 잘 보여준다.

> 모든 우편물은 하루 동안 목적지까지 안전하고 완벽하게 도착해야 한다.

비전을 본 누구라도 페덱스가 배송의 신속성, 정확성 및 안정성에 가치를 두고 있다는 점을 알 수 있다. 하루 만에 우편을 발송지에서 목적지로 안전히 배송하려면 프로세스 혁신을 수행해야 한다. 기업이 사업 활동을 통해 실현하려는 비전을 간명하게 제시할 수 있다면 테크노베이션의 목표 및 집중 영역을 보다 수월히 파악할 수 있다.

2) 미션 개발하기

기업이 존재해야 하는 이유를 비전으로 정의했다면, 그 비전을 실현하기 위한 구체적 행동을 일컫는 미션을 개발해야 한다. 미션 진술서(Mission Statement)는 조직이 비전을 실현하려면 구체적으로 무엇을 어떻게 해야 하는지를 설명한다. 미션 진술서를 통해 구성원들이 비전 실현을 위한 활동 방향을 이해하고, 공감하며, 수행하도록 유도해야 한다. 이를 통해 기업은 미션 지향적 조직으로의 변화를 추구할 수 있다. 기업의 주요 이해관계자와 비전을 정의했다면, 미션은 모든 구성원의 적극적 참여와 공감을 기반으로 개발해야 한다.

미션 진술서를 개발해야 하는 다른 이유도 있다. 명료한 미션은 여러 핵심사업부의 독립적 전략을 전사적 기업전략과 일치시키는 역할을 한다. 그러므로 미션 진술서는 테크노베이션에 관한 구체적 방법 및 접근을 설명해야 한다. 통합 IT 솔루션 서비스를 제공하는 IBM의 미션 진술서는 다음과 같다.

> IBM은 컴퓨터와 네트워크 시스템, 소프트웨어, 저장 장치와 반도체 영역에서 가장 진보한 기술을 개발하고 발전시켜 산업을 선도하는 데 주력한다. 이 기술 진보를 글로벌 비즈니스를 향한 우리의 전문 솔루션과 서비스를 통해서 고객가치로 변환한다.

컴퓨터 하드웨어 생산·판매 사업의 수익성 및 성장성의 한계에 봉착한 IBM은 새로운 미션 진술서를 통해 통합 IT 솔루션 서비스 기업으로 사업 초점을 전환하는 데 성공했다. 본 미션 진술서는 조직이 추구할 테크노베이션이 무엇이며 비전 실현을 위해 어떠한 역할을 하는지, 이를 통해 어떠한 가치를 창출할 것인지를 정확히 명시한다. 그 결과, 구성원들은 다년간 하드웨어 개발 부문에서 축적한 시장 및 기술 역량을 활용하여 IT 솔루션 서비스를 구현할 방법을 모색한다.

미션 진술서는 비전으로 표명된 기업의 전략적 의도를 실현하기 위한 구체적 행동에 목적성을 부여한다. 어떠한 조직이든 시간이 지나면서 초기의 달성 목표를 잊어버리게 마련이다. 미션 진술서는 망각한 테크노베이션의 목적을 상기시키고, 초기에 보여준 열정, 집중, 몰입을 유지하도록 도와준다.

3) 목적 설정하기

미션 진술서와의 정합성을 고려하여 테크노베이션의 목적을 설정해야 한다. 비전과 미션이 기업이 나아가야 할 전사적 방향의 나침반이라면, 목적은 테크노베이션을 추진하려는 사업부 단위가 어떠한 가치를 창출할 것인지에 대한 지침을 제공한다. 따라서 목적 설정은 인소싱 테크노베이션의 계획수립에서 가장 중요하며 지대한 영향을 미친다. 이때 사내 벤처팀이 중단기에 걸쳐 테크노베이션을 통해 성취하려는 목적, 즉 성과 기준을 마련해야 한다. 따라서 테크노베이션이 기대 성과를 창출하여 기업가치와 고객가치를 증진하는지 확인하려면 테크노베이션의 목적을 개발하고 공표해야 한다. 개발된 목적이 합당하면 성과 달성에 필요한 자원이 테크노베이션 프로젝트에 적절히 배분될 것이다. 기업의 시장 지배력 및 기술 지배력의 강화라는 단순한 테크노베이션 목적을 설정하더라도 광범위하고 치밀한 계획수립 노력이 뒤따른 사실을 명심해야 한다.

이를 위해서는 인소싱 테크노베이션의 이상적이지만 실현 가능한 장단기 목적을 설정해야 한다. 그리고 해당 목적은 앞서 설정한 조직 차원의 미션을 실현하기 위한 구체적 수단이라는 점을 강조하여 경영진으로부터 테크노베이션에 필요한 자원을 충분히 확보하는 데 주력해야 한다. 장기적 목적 달성의 불확실성은 단기적 목적을 반복하여 달성하면서 차츰 낮아진다. 그러므로 장기적 목적 달성에 필요한 미시적 과제를 단기적 목적으로 설정하는 것이 바람직하다.

4) 전략 수립하기

인소싱 테크노베이션의 목적을 설정했다면, 목적을 이루기 위한 전략이 필요하다. 다양한 핵심 사업부를 거느린 기업의 전사적 전략은 사업부 간 영향 관계를 도식화한 비즈니스 포트폴리오를 통해서 드러난다. 따라서 기업전략은 앞서 설명한 비전·미션과 깊이 관련되어 있기에 모든 사업부를 관통하는 광범위한 활동 사항을 다룬다. 이들 사업부의 상호보완성 및 이질성 등을 고려하여 기업의 부족한 마켓 포지션을 강화하는 기업전략을 수립해야 한다.

한편, 사내벤처팀은 테크노베이션 기반 사업전략에 집중해야 한다. 프로덕트 및 프로세스 혁신의 생산적 수행을 위한 사업전략 수립은 연구개발 및 마케팅 등의 전문 기능을 담당하는 여러 팀원의 의견 정보를 수집하는 것으로 개시된다. 즉, 프로젝트 단위에서 비전·미션·목적을 달성하기 위한 연속적 테크노베이션 활동을 체계적으로 정리해야 한다. 이때 다음 행동 전술을 통해 기능별 운영계획을 수립하면 산업전략을 더욱 구체화할 수 있다. 조직 차원별 세부 전략은 인소싱 테크노베이션의 실행에 관해 다룬 3장에서 상세히 기술할 것이다.

5) 전술 정립하기

프로젝트 단위의 사업전략을 수립했다면, 이제 그 전략을 효과적으로 이행하는 데 필요한 팀원의 업무 활동을 상세히 정립할 수 있다. 전술은 사업전략과 일치된 요구 활동을 구체적으로 명시하여 테크노베이션 목적을 달성하기 위한 행동 계획이다. 전략과 부합하는 상세한 행동 계획을 마련하지 않으면 야심 찬 사업전략을 실행하기 어렵다. 따라서 전술적 행동 계획(Tactical Activity Plan)을 통해서 사업전략의 실효성을 높임과 동시에 프로젝트 운영 효과성을 확보해야 한다.

예를 들어 구글은 테크노베이션 성과를 촉진하고자 구성원이 제안한 프로젝트 중 기업의 비전·미션에 부합하는 테크노베이션 프로젝트를 선정하여 필요자원을 지원하는 데 필요한 전술적 행동 계획을 수립한다. 이때는 모든 구성원에게 공평히 기회를 제공하여 요구 활동을 촉진하는 조직체계를 마련해야 한다. [그림 2-1]은 인소싱 테크노베이션의 계획 단계와 핵심 내용을 보여준다.

그림 2-1 인소싱 테크노베이션의 계획수립 단계

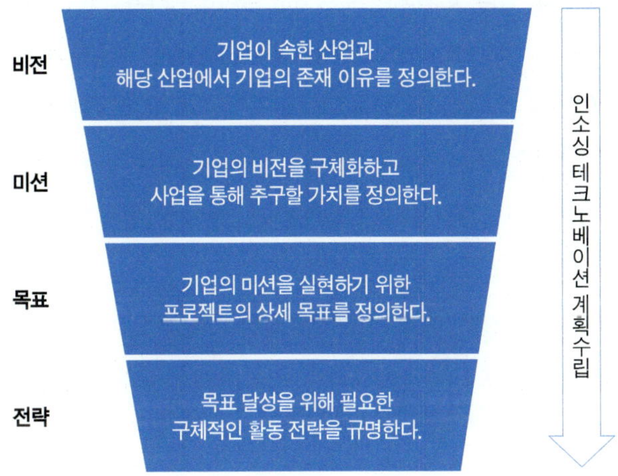

6) 인소싱 테크노베이션에 적용하는 법

테크노베이션을 통해 궁극적으로 도달하려는 기업의 마켓 포지션을 분명히 설정해야만 앞서 살펴본 계획수립 활동이 원활히 이루어질 수 있다. 어떠한 목적을 위해 어떠한 전략이 필요한지를 이해할 수 있기 때문이다. 그러므로 초기 계획 단계에서는 포괄적이고 광범위한 테크노베이션 목적을 설정하여 유연성을 확보하고, 팀원이 그 목적을 실현하도록 개별 활동을 연계하는 것이 바람직하다. 그 가운데 테크노베이션 목적을 구체적이고 상세하게 정립해야 한다. 인소싱 테크노베이션을 위한 계획 수립은 다음 속성을 지녀야 한다.

- 인소싱 테크노베이션 계획수립에서 다룰 전략적 이슈는 조직 내부 문제보다는 조직 외부의 산업·경제·기술·시장에 초점을 맞추어야 한다.
- 계획수립 시 고려해야 할 전략적 이슈가 내포한 의미, 그리고 자사에 대한 파급효과, 위험 및 기회비용 등을 분석하는 데 집중한다.
- 계획수립 시 테크노베이션 프로젝트에 대한 경영진의 지원과 관심을 유도하고, 이들의 의사결정을 지원할 만한 운영상 이슈, 도전과제, 견인 요소, 위험 완화 요인 등을 주기적으로 공유하는 시스템을 마련한다.
- 계획수립 시 필요자원의 조달 및 배분에 관한 의사결정 활동을 반영하여, 계획의 실현 가능성을 높여야 한다.
- 조직 내 모든 구성원에게 프로젝트 참여 기회를 열어두고, 변화를 일으킬 테크노베이션 프로젝트에 대한 구성원의 공감과 지원을 얻는 데 노력한다.

두꺼운 전략 계획서를 작성하여 구성원에게 배포하는 것은 인소싱 테크노베이션의 필요성을 전파하고 설득하는 데 아무런 도움이 되지 않는다. 이런 문서를 작성하는 데 심혈을 기울이는 팀일수록 장기적으로 프로젝트를 어떻게 운영할 것인지에 관한 질문에 제대로 답하지 못하며, 순간의 곤란한 상황을 모면하는 데 급급한 모습을 보여준다.

테크노베이션 프로젝트를 계획하는 방법은 정해진 바가 없다. 이는 추진해야 할 테크노베이션의 목적과 특성, 그리고 진입 산업과 조직 상황에 따라서 달라지기 때문이다. 하지만 보편적으로 통용되는 접근법은 산업 환경변화에 대응하여 기회를 포착하기 위한 논의가 이루어지는 전략 위원회를 주기적으로 여는 것이다. 이는 시장 및 기술의 변화 속도가 빠른 고속 주기 산업에 초점을 맞춘 프로젝트를 수행할 때 적합하다. 환경변화 경쟁구조의 변화를 꾸준히 관찰하고 관련 정보를 수집하여 분석하는 활동을 정착시키는 것도 좋다. 비교적 변화의 속도가 느린 저속 주기 산업과 관련된 프로젝트는 연중 계획을 수립하는 것이 일반적이다. 하지만 이 경우에도 정기 회의를 통해 전략적 계획의 유효성 및 정합성을 확보하려는 노력이 필요하다.

6. 인소싱 테크노베이션을 지원하는 요소

이상의 내용을 종합하면, 인소싱 테크노베이션 계획수립은 프로젝트를 둘러싼 다양한 내·외부 이슈에 대한 분석이 요구된다. 분석 결과를 활용하여 테크노베이션 실행 계획의 현실성과 효과성을 높이는 데 일차적인 초점을 맞춰야 한다. 인소싱 테크노베이션의 실행에 관해서는 3장에서 심도 있게 살펴보겠지만, 우선은 계획 실행 시 다루어야 할 핵심 영역을 간략히 짚고 넘어가자. 이에 대한 이해는 앞서 말한 계획의 혁신성과 효과성을 높이는 데 도움이 될 것이다. 핵심 요소 영역은 개인, 조직, 정치의 3가지로 구분된다.

1) 개인 요소

기업에는 창의적 조직 사고에 구심점이 되는 인재들이 있다. 인소싱 테크노베이션의 개인 차원 요소에서 창의성은 새로운 아이디어의 발현, 그 이상의 것을 필요로 한다. 즉, 채택·실현 가능한 창의적 조직 사고가 요구되며, 이를 위해서는 전략적 관점에서 조직 내 모든 구성원에게 테크노베이션 관련 내용을 전파하고 이해시켜야 한다. 제록스는 1970년대에 이미 디지털 기술에 관한 수많은 특허를 보유하고 있었다. 그러나 광학·복사 기술을 보유한 핵심 사업부는 자신들에게 생소한 디지털 기술을 채택하길 거부하였고, 그 결과 해당 기술과 관련된 창의적 조직 사고를 촉진할 기회를 놓쳤다. 검증된 방식으로 창의적 조직 사고를 자극하고, 이를 테크노베이션에 집중시켜야 한다. 개인 차원의 창의성을 촉진하는 기법은 다음과 같다.

표 2-1 인소싱 테크노베이션에서 창의성 촉진 기법

위험 감수법	직면 대조법	역량 포트폴리오
• 새로운 시도 장려 • 실험과 실패를 통한 학습	• 질문법을 통한 문제 제기 • 악마의 변호사 선임	• 새로운 역량 개발 • 다기능 활동 촉진

(1) 위험 감수법

기업은 구성원이 스스로 안주하려는 영역 및 조직 경계에서 벗어나 다양한 기회에 노출하도록 만들어 불확실하지만 새로운 아이디어를 고안하도록 이끈다. 혁신과 관련된 가정을 가설로 수립하여 실험으로 검증하는 실험법(Experimentation)이 대중적인 위험 감수법이다. 이외에도 익숙한 업무수행 방식과 시장·산업 가설에 비판적 의문을 제기하는 내적 성찰법(Introspection), 그리고 테크노베이션이 그려낼 다양한 잠재적 성장 경로를 예측하는 시나리오 작성법(Scenario-making)도 창의적 조직 사고를 촉진하는 또

다른 방식이다.

예컨대, 구글 직원들이 업무 시간의 15%를 혁신 프로젝트에 사용할 수 있도록 한 제도적 접근 역시 위험 감수법의 한 방법이다. 성공 여부와는 무관하게 프로젝트를 수행하는 과정에서 조직학습을 촉진하여, 실패 위험이 높더라도 성장 잠재력이 높은 후속 프로젝트를 진행하도록 만들기 때문이다. 유사하게, 구성원이 새로운 시장 기회를 탐색할 수 있도록 효과적인 신사업 운영전략, 국가 정치·제도·문화의 활용 등의 시장 역량 강화훈련을 제공하는 것도 유용하다.

(2) 직면 대조법

창의적 조직 사고를 장려하는 두 번째 방법은 문제에 대한 구성원의 신중한 논의와 접근을 장려하는 직면 대조법이다. 여기에는 논점에 대하여 선의를 갖고 일부러 반대 의견을 표명하는 악마의 변호사(Devil's Advocate), 그리고 '만약'이라는 질문을 계속하여 본질을 일깨우는 가정질문법(What-If Questioning) 등의 기법이 포함된다. 직면 대조법은 개념적 혹은 논리적인 방식으로 이루어진다. 예를 들어, 개념적 직면 대조법은 '만약 기존의 수직 조립법이 아닌 수평 조립법으로 제품을 생산하면 어떨까?'라는 질문으로 모두가 사실로 믿는 가설을 획기적으로 변화시켜 새로운 사고를 끌어내는 것이다.

한편, 논리적 직면 대조법은 잘 알려져 있다. 예를 들어, 사람들은 마감 기한이 임박하면 더욱 창의적으로 문제에 접근하려는 경향을 보인다. 이들은 문제 해결을 위해 당장 필요한 것에 집중하기에 촉박한 마감 기한을 설정하여 혁신성을 자극하는 것이다. 이처럼 조직은 의도적으로 구성원이 혁신의 장애물에 도전하도록 과업 구조를 설계하여 테크노베이션의 기대 성과를 달성할 수 있다. 또 다른 논리적 직면 대조법은 신제품 개발 회의에서 적용해볼 만하다. 혁신적 아이디어를 보유한 구성원이 회의에 참여하여 창의적 사고를 발현하는 의도적 상황을 구현한다. 회의 논점에서 벗어나지 않고 문제의 본질을 깊이 파고들 수 있도록 촉진자(Facilitator)를 선발하여 기존 견해에 대한 비판적 사고를 장려해야 한다.

(3) 역량 포트폴리오

인소싱 테크노베이션에 필요한 창의적 조직 사고를 강화하는 세 번째 접근은 역량 포트폴리오를 활용하는 것이다. 일반적으로 창의성이 높은 구성원은 일상 업무영역에 한정하지 않고 다양한 영역에서 활동한다. 이때 직면 대조법에서는 기보유한 조직역량을 비판적 관점에서 논의하지만, 역량 포트폴리오는 새로운 영역에서 테크노베이션에 필요한 역량을 습득하게 하여 구성원의 혁신성을 확장하도록 유도한다.

대개는 역량 포트폴리오를 통해 개인 간 목표 달성에 필요한 역량을 활발히 교환하겠지만, 그 목표를 명확히 제시하지 않으면 습득해야 할 역량 범위가 모호해져서 불필요한 역량까지 다루려는 문제가 발생하기도 한다. 이 때문에 다기능 팀을 구성하여 역량 포트폴리오를 수행하는 것도 좋다. 여러 부서에서 특화된 전문성을 가진 구성원들을 모아 새로운 혁신 기회를 탐색하는 팀을 구성하는 것이다. 구성원은 팀에서 논의한 다각적 의견 및 관점을 수렴하여 테크노베이션 전략을 수립하고, 이때 얻은 시장 통찰을 각자의 부서로 돌아가 전파하는 역할을 담당한다.

2) 조직요인

인소싱 테크노베이션에 필요한 조직요인은 앞서 살펴본 개인 요소보다 더 중요하다. 뛰어난 역량과 전문적 지식을 갖춘 일부 팀원이 테크노베이션을 훌륭히 이끌기도 하지만, 기업의 핵심 리더들의 적극 참여 및 지원이 뒷받침되지 않는다면 테크노베이션의 성공적 실행과 성과 확산은 이루어질 수 없다. 가능한 많은 주요 이해관계자의 관계 형성 및 협력을 활성화하여 각 사업부가 보유한 역량과 자원을 유기적으로 연결하는 조직 활동이 인소싱 테크노베이션의 성패를 결정한다. 이때는 다차원의 여러 조직요인을 고려해야 하지만, 집중적으로 다루어야 할 요소는 커뮤니케이션, 보상 시스템, 그리고 조직·시장·산업에 대한 가설이다.

(1) 커뮤니케이션

계획 단계에서 본 조직요인은 테크노베이션 성과 제고를 위해 지식 및 정보를 공유하고, 나아가 역량 및 자원을 지원하는 의사소통 채널을 구축하는 데 그 목적이 있다. 시장·기술에 관한 지식과 정보를 공유하기 전에 혁신 기회를 실현하는 데 필요한 역량과 자원을 규명하는 활동이 선행되어야 한다. 3M의 포스트잇은 조직 내 의사소통의 중요성을 보여주는 사례이다. 적절한 사업화 방향을 찾지 못해 난항을 겪고 있던 접착제에 대한 이야기가 조직 내부에서 공유되고 타 부서 직원의 아이디어가 개발부로 전달되지 않았다면, 포스트잇은 시장에 출시되지 못했을지도 모른다.

효과적인 의사소통 채널의 구축은 테크노베이션에 참여한 여러 구성원이 새로운 기회를 탐색하고, 필요자원을 규명하며, 계획된 방향에 따라 프로젝트를 이끌도록 만든다. 예를 들어, 한 팀원은 다원적 관점에서 여러 문제를 조망하고 규명하는 역량을 갖고 있고, 다른 팀원은 해결해야 할 특정 문제에 솔루션을 고안하는 역량을 갖고 있다면, 이들의 의사소통을 활성화하여 주요 직면 문제가 무엇이고 이를 해소할 방법이 무엇인지 효과적으로 정립할 수 있다.

성공적인 인소싱 테크노베이션을 위한 지식 공유는 공식 혹은 비공식 채널로 이루어질 수 있으므로 두 채널을 모두 활용하는 방안을 계획해야 한다. 우선, 공식 채널은 팀원과 주요 이해관계자에게 주간 보고서 혹은 주요 회의 논점을 정리하여 이메일로 공지·보고하는 방식으로 이루어진다. 이러한 정형화된 공식 채널로 효율적인 정보 공유가 가능하다. 그러나 정보 공유에 따른 후속 조치, 즉 공유된 정보에 대한 구성원의 반응 및 대응을 파악하기 어렵다. 이들이 공유된 정보를 활용하여 자신의 혁신 활동을 강화하고 조정하는지를 관찰하려면 다른 채널을 개발해야 한다.

비공식 채널은 테크노베이션 프로젝트와는 무관하게 조직 내 사회적 유대관계를 형성하기 위한 목적이 있다. 이를 위해서 활용하려는 비공식 채널의 본질, 역할, 효과에 대해서 이해해야 한다. 팀원 간 긴밀한 네트워크뿐 아니라 팀 울타리를 넘어서 다른 부서의 구성원들과 풍부한 네트워크를 구축할 수 있는 구조적 장치를 마련하는 것이 좋다. 사내벤처팀과 여러 사업부 간의 유대관계는 단순히 지식·정보의 공유만이 아니라 테크노베이션에서 직면한 문제를 해결하는 데 유용하다. 사내 동아리 활동에 대한 지원은 구성원 간 비공식 채널을 개발하는 데 특히 효과적이다.

정보 공유를 촉진하기 위한 의사소통 채널이 불필요한 정보 과잉 문제를 발생시키지는 않는지 살펴봐야 한다. 적정 수준 이상의 과도한 의사소통은 오히려 테크노베이션에 대한 조직적 초점 및 집중을 저해할 수 있다. 이러한 활발한 의사소통의 부작용을 억제하려면 조직 내·외적 정보 흐름을 관찰하며 정보 과부하로 행동 속도가 감소하는지 살펴봐야 한다. 재차 강조하면, 계획 단계에서 의사소통 채널 구축의 목적은 수립한 계획이 적시에 실행될 수 있도록 적소에 필요 정보를 전달하는 것이다.

(2) 보상 시스템

인소싱 테크노베이션에 참여하는 모든 팀원에게 적절한 보상을 제공하는 공정한 시스템을 설계하는 것도 중요하다. 테크노베이션 활동이 계획대로 수행되기를 바란다면 구성원에게 기대한 행동은 무엇이고, 그 행동을 수행했을 때 어떠한 보상이 주어지는지를 명확히 제시해야 한다. 공정한 보상 시스템을 제대로 설계하지 않으면, 특정 보상을 바라는 팀원에게 다른 보상을 제공할 수 있고, 결국 기대한 행동을 수행하도록 만들 수 없다.

앞서 설명한 대로, 테크노베이션은 구성원의 의식적 및 행동적 변화가 필요하며, 이를 위해서는 해당 변화를 수행한 구성원에게 제공할 수 있는 보상 수준도 명확히 설정해야 한다. 보상 시스템은 인소싱 테크노베이션의 실행에 관해 다룬 3장에서 상세히 알아볼 것이다. 계획 단계에서는 보상 시스템의 중요성을 인식하고, 이를 생산적으로 활용할 기회를 인식하는 것만으로 충분하다. 현실적이고 구체적인 보상 시스템을 마련하지 않은 채 수립한 계획은 테크노베이션이 불러올 조직변화에 대하여 구성원의 공감·지지를 받을 수 없다.

(3) 조직·시장·산업에 대한 가정

테크노베이션 초기에 가정한 조직·시장·산업 관련 가설이 여전히 유효한지 주기적으로 평가하는 활동도 계획해야 한다. 예를 들어, 컴퓨터 하드웨어 산업 환경을 분석한 IBM은 퍼스널 컴퓨터가 메인프레임 컴퓨터를 대체할 수 없다고 결론짓고, 메인프레임 컴퓨터의 성능 향상을 위한 테크노베이션에 집중했다. 당시에는 이러한 산업 가설이 옳았다. 하지만 상당한 시간이 흐르며 시장 구조가 변하는 모습을 보면서도 기존 가설에 대하여 비판적 의문을 제기하지 않았다. 부도 위협에 직면하고서야 IBM은 잘못된 가정을 수정하기에는 너무 늦었다는 점을 깨닫고, 하드웨어 사업을 매각한 후 IT서비스 산업에 집중하기로 했다.

3) 정치 요소

인소싱 테크노베이션의 계획수립은 정치 요소의 영향을 받는다. 일반적으로 정치 요소는 테크노베이션에 따른 변화에서 비롯된다. 이러한 변화는 종종 다른 사업부에 속한 개인들에게 위협으로 인식되곤 한다. 변화의 위협을 지각한 개인들은 조직 내·외부에서 자신의 정치적 영향력을 발휘하여 테크노베이션의 실행을 방해하기도 한다. 따라서 조직구성원들이 테크노베이션 프로젝트를 어떻게 인식하는지에 관한 정보를 수집해야 한다. 그리고 정치적 영향력이 발생한 원인을 파악해야 한다. 이는 조직 내부적으로 발생한 것일 수도 있지만, 외부 환경변화에 따라서 자연적으로 발생했을 수도 있기 때문이다. 어찌 되었건 이러한 정치적 이슈가 인소싱 테크노베이션의 계획 및 실행에 영향을 미친다는 점을 명심해야 한다.

정보는 권력의 원천이다. 성과 창출력이 높고 산업 동향에 적합한 프로젝트에서 습득한 정보는 잠재적으로 새로운 조직 권력으로 작용한다. 이처럼 현재의 기업 권력 구조를 변화시킬 수 있는 테크노베이션에 대응하여 조직 정치 활동이 일어날 수 있다. 이를테면 산업적 파급력이 높고 기업의 경쟁우위를 강화할 테크노베이션을 수행한 사내벤처팀은 조직 내에서 확고한 정치적 영향력을 행사할 수 있다. 이는 다른 사업부의 정치적 영향력이 상대적으로 낮아진다는 점을 의미한다. 이를 위협으로 감지한 사업부의 리더는 변화에 저항하여 조직의 후속 테크노베이션을 방해하려는 의도를 가질 수 있다. 물론, 테크노베이션 관련 정보의 조직 확산을 억제하여 변화에 대한 저항 속도를 늦출 수는 있다. 이러한 접근이 단기적으로는 유효할 수 있겠지만, 기업의 장기적 혁신성 강화에는 부정적일 수 있다.

정치와 권력, 이 2가지 요소를 적절히 활용하여 기업전략을 올바른 방향으로 전환하고 조직의 혁신성에 활력을 불어넣을 수 있다. 정치와 권력을 생산적으로 활용하는 데 능숙한 사내기업가는 조직 내 변화의 필요성에 대하여 강력한 확신과 의지를 갖고 있다. 그리고 기업 성장을 위해

표 2-2 인소싱 테크노베이션의 지원 요소

비 전	자 원
• 사내벤처팀은 명확한 비전, 미션, 목표를 갖고 있는가? • 모든 팀원이 비전, 미션, 목표를 공유하고 있는가? • 모든 팀원이 비전, 미션, 목표를 개발하는 데 참여하였는가? • 비전, 미션, 목표를 현실적으로 달성 가능한가?	• 사내벤처팀이 기보유한 역량은 무엇인가? • 사내벤처팀의 목표 달성에 필요한 역량은 무엇인가? • 조직 내부에서 필요한 자원을 조달할 수 있는가? • 조직 외부에서 필요한 자원을 조달할 수 있는가?
리 더 십	**문 화**
• 경영진은 테크노베이션을 지원하는가? • 사내기업가는 성과 향상에 기여하는가? • 사내기업가는 팀원에게 새로운 아이디어의 생성을 장려하는가? • 사내기업가는 새로운 시도의 실패를 어떻게 다루는가?	• 사내기업가는 팀원이 제안한 아이디어를 개방·공유하는가? • 팀원들이 의사결정 과정에 참여하는가? • 팀원들 간 상호 신뢰수준이 높은가? • 팀원들이 아이디어를 제안하고 공유하는 데 편안함을 느끼는가?

서는 프로덕트·프로세스 혁신이 불러올 급진적 변화를 수용해야 한다는 주장을 설득하고 관철하고자 자신의 정치적 영향력을 생산적으로 활용한다.

7. 인소싱 테크노베이션을 방해하는 요소

우리는 인소싱 테크노베이션으로 성과를 거둔 모범 사례가 된 기업들을 많이 알고 있다. 반면, 이들과 유사한 프로그램을 운영하더라도 그리 만족할 만한 기대 성과를 창출하지 못하는 기업들이 대다수라는 점도 잘 알고 있다. 이러한 기업들의 문제는 무엇일까? 실패 원인 중 하나는 바로 인소싱 테크노베이션을 뒷받침하는 조직체계를 사전에 개발하지 않고, 무작정 산업 내 모범 사례만을 적용했다는 점이다. 혁신을 지원하는 조직체계를 정착시키지 못하면 테크노베이션의 계획 및 실행 활동이 모두 수포가 될 수 있다.

우선, 인소싱 테크노베이션을 둘러싼 몇 가지 오해를 명확히 짚고 넘어가자. 이는 계획수립 시 어떠한 조직체계가 테크노베이션을 지원 혹은 방해할지 판단하는 데 도움이 된다. 조직 전반에 만연한 테크노베이션 관련 오해를 초기에 바로 잡아야만 계획수립 활동을 올바르게 이끌 수 있다. 대중적인 오해는 다음과 같다.

- 혁신의 핵심은 아이디어이다.
- 혁신은 우연한 기회에 발생한다.
- 위대한 아이디어만이 혁신을 성공시킬 수 있다.

가장 보편적인 오해 중 하나는 아이디어가 혁신의 핵심이라는 것이다. 테크노베이션에서도 아이디어는 중요하다. 문제는 그 과정에서 이전과 전혀 다른 것을 제안하지 못하게 하는 것이다. 아직 다듬어지지 않은 참신한 발상을 조롱하는 태도도 문제다. 이러한 현상은 주로 개인이 조직생활을 하면서 암묵적으로 학습하게 되며, 타인의 거절과 거부를 두려워하게 만든다. 기업에는 이미 이전에 제안되거나 혹은 제안된 적조차 없는 훌륭한 아이디어가 무수히 많이 산재해 있다. 위와 같은 상황에서는 개인 차원에 잠재된 아이디어를 조직 차원에서 탐지할 수 없다. 예를 들어, 어떤 관리자는 과거 경험에 근거하여 '그 아이디어는 우리가 5년 전에 시도해봤지만, 제대로 이루어지지 않았어요', '우리는 이제까지 그런 방식으로 일하지 않았어요'라는 핑계로 우수한 아이디어를 검증하기조차 거부한다. 테크노베이션은 모든 팀원이 참신하고 파괴적인 아이디어를 자유롭게 제안하도록 장려하는 조직체계를 요구한다. 계획 단계에서 이러한 체계조성이 강조되는 이유는 이 단계에서 기존과 다른 새로운 기술 및 시장 접근법이 활발히 논의되어야 하기 때문이다. 또한 후속 실행 단계에서 직면할, 이전에 경험해본 적 없는 문제를 새로운 방식으로 풀어낼 해결 역량을 배양할 수 있다.

또 다른 오해는 혁신이 결정적 시점에 대단히 우연한 계기로 이루어진다는 잘못된 믿음이다. 극단적 우연성으로 유레카와 같은 순간이 드물게 일어나기도 한다. 하지만 테크노베이션 자체는 기업 성장에 필요한 변화를 파악하고, 팀원들이 그 변화를 일으킬 혁신에 집중하도록 만들며, 조직이 그 변화에 적응하도록 만드는 중장기적 도전과제이다. 이러한 과제를 성공적으로 수행하려면 우연성에 기댈 것이 아니라 체계성을 갖추는 노력을 해야 한다.

예를 들어, 오늘날 여러 가전제품에서 적용되는 LCD 기술은 최초 개발하고 양산하여 대형화하기까지 30년 이상 걸렸다. 개발 초기에도 LCD 대형화는 가능했지만 고화질 기술력이 부족했다. 화면 크기가 커질수록 잔상이 심했고 해상도가 낮아졌으며 유리 파손율이 높아서 대량생산이 어려웠기에 LCD 기술의 시장 보급과 채택이 지연됐다. 대형화면 생산·품질 문제를 해결하지 못한 패널 제조사들은 소형화면 개발과 판매에 집중했다. 휴대폰, 게임기 및 GPS 장치와 같은 휴대기기에 소형화면을 적용하며 기술을 발전시키고, 물결·잔상 현상 및 해상도 관련 문제를 단계적으로 해결해갔다. 소형화면의 점진적 혁신이 대형화면 생산 문제를 해결한 솔루션으로 작용한 것이다. 이처럼 테크노베이션을 추구하지 않았다면 고화질·대화면 LCD 개발은 애초에 불가능한 것으로 여겨졌을 것이다. 계획은 테크노베이션을 둘러싼 모든 문제에 대한 해답을 일시에 제시하는 경직된 활동이 아니다. 수집한 시장·기술 정보를 분석하고, 다양한 관점 및 의견을 수렴하며, 계획 방향을 조정해야 하는 체계적 활동이다. 그리고 내·외부 환경변화에 따라서 계획 방향과 실행 방법을 진화시키고 변경할 수 있을 정도로 유연성을 갖추어야 한다.

마지막으로, 오직 위대한 아이디어만이 테크노베이션을 성공시킬 수 있다는 오해이다. 주지한 바와 같이, 테크노베이션의 성공 잠재력은 거의 모든 영역에 관한 아이디어의 생산적 결합·조합에 달려 있다. 사소해 보이는 단순한 아이디어가 효과적인 문제 해결 접근법이 된 사례는 무수히 많다. 지대한 시장 파급력을 가진 혁명적 아이디어는 대체로 실현성이 낮고 시장에서 채택되기 어려운 문제를 안고 있다. 작지만 효과적인 여러 아이디어의 체계적 결합을 통해 고수익 잠재력을 지닌 니치마켓을 공략할 수 있다. 테크노베이션 계획을 수립할 때는 팀원의 사소한 생각과 단순한 의견이라도 간과하지 말고 재평가할 수 있는 체계를 어떻게 마련할 것인지 고민해야 한다. 성공적인 테크노베이션에 대한 진실은 다음과 같다.

- 아직 접하지 못한 우수한 아이디어가 조직에 산재해 있다.
- 조직 요인에 대한 체계적 접근이 혁신 성과를 뒷받침한다.
- 사소하고 단순한 아이디어가 혁신의 출발점이 될 수 있다.
- 목표 지향적으로 혁신 기회를 탐색해야 한다.
- 혁신은 인간의 본성과 감정에 대한 이해가 필요하다.
- 균형 잡힌 조직 활동이 기업가적 혁신 활동을 촉진한다.

8. 인소싱 테크노베이션의 계획 요소

앞서 기술수명주기를 도입기, 성장기, 성숙기, 쇠퇴기로 구분한 S-커브에 대해서 살펴봤다. 수명주기에 따라서 인소싱 테크노베이션이 자연스럽게 진화하도록 만들려면 단계별 계획을 수립하고 조정해야 한다. 일련의 S-커브 단계의 경계가 명확히 구분되지는 않지만, 서로 다른 특성을 보이는 단계별로 적합한 인소싱 테크노베이션 계획을 세우는 것이다. 이때 무엇을 고려해야 할지 살펴보자.

1) 도입기

테크노베이션의 효율성을 확보하고자 기초 및 응용연구가 동시 진행되는 도입 단계에는 산업에서 출현하고 있는 새로운 기술 트렌드, 점진적 혹은 급진적 혁신을 면밀하게 검토해야 한다. 계획수립 시 이러한 검토가 제대로 이루어지면 기업에 지속 가능한 경쟁우위를 제공할 기회, 적어도 급변하는 사업 환경 속에서 기업의 마켓 포지션을 유지할 기회를 포착할 수 있다. 또한 추진하려는 프로덕트 혁신 혹은 프로세스 혁신을 지원해야 할 내부 구성원이 누구이고, 이들에게 언제 무슨 지원을 받아야 하는지, 이를 위해 어떠한 의사소통 채널이 필요한지를 계획에 반영해야 한다. 계획 시 테크노베이션과 관련된 외부 이해관계자의 역할과 기능을 명시하는 것도 중요하다. 즉, 혁신 기회를 포착했다면 해당 기회를 실현하는 데 도움이 될 만한 외부자와 관계를 맺고, 이들을 어떻게 활용할지 설계해야 한다.

2) 성장기

성장기에서 테크노베이션 계획은 기능 향상 및 조정을 위한 체계연구에 초점을 두어야 하며, 관리적 생산성과 운영적 효율성을 어떻게 높일 것인지 계획해야 한다. 본 단계에서는 테크노베이션이 산업 표준으로 인정받아 시장 영향력을 발휘할 수 있도록 만들어야 한다. 이를 위해서는 테크노베이션의 규모와 범위를 점차 확장하여 범용성, 적용성, 활용성 및 기능성 등을 강화하고 고객이 채택하도록 만드는 계획이 필요하다. 실패 위험과 불확실성이 높은 프로젝트는 다른 기업에 이관하여 여유 자원을 확보하고, 기술 지배력을 증진할 프로젝트에 자원을 집중할 계획도 수립한다. 성장기에는 후발주자인 패스트팔로워를 견제하는 것도 중요하다. 패스트팔로워가 고객에게 제안하는 새로운 가치를 관찰하며, 이에 따라 변화하는 고객 니즈를 파악해야 한다. 그리고 해당 니즈를 충족시키는 점진적 혁신을 위한 인소싱 테크노베이션 계획도 수립해야 한다.

산업 초기에 광대역 통신 사업자들은 조직 외부에서 산발적으로 출현하는 첨단 통신 기술을 조합하여 통신망 인프라를 구축하는 데 투자했다. 이는 성장기에서 서비스 가격 상승으로 이어졌지만, 시장의 가격탄력성은 계속 높아져만 갔다. 사업자 간 치열한 가격 경쟁에 직면하고야 비로소 이들은 내부적 운영 효율성 및 비용 감소를 위한 테크노베이션에 집중하기 시작했다. 이는 성장기에는 운영 효율성에 초점을 맞춘 테크노베이션 계획이 이루어져야만 다음 단계인 성숙기에서 집중해야 할 프로세스 혁신을 수월하게 진행할 수 있다는 점을 시사한다.

3) 성숙기

S-커브상 기술수명주기가 성숙기로 이동하면서 운영 효율성 확보는 더욱 중요해진다. 이를 위한 프로세스 혁신에 테크노베이션 초점을 맞춰야 한다. 저속으로 지속 성장하는 컴퓨터 하드웨어 산업은 오랫동안 성숙기에 머무르고 있다. 일부 제조사들은 컴퓨터 생산 및 운영 효율성을 확보하여 시장 지배력을 강화하는 데 주력한다. 시장 최초로 중산 유동 단계를 없애고 직접 판매 방식을 도입한 델(Del)의 테크노베이션 전략은 ICT 발전과 함께 산업 표준으로 자리 잡았다.

성숙기에는 지속 가능한 기업 성장을 위한 전사적 차원의 후속 전략을 수립하여 쇠퇴기를 준비할 계획을 마련해야 한다. 변화의 물결 속에서 새로운 혁신 기회를 탐색·포착할 수 있는 정보 채널을 구축하는 것이 바람직하다. 이때는 조직 경계를 넘나들면서 정보 이동을 촉진하는 구성원, 즉 바운더리 스패너(Boundary Spanner)를 적극적으로 활용할 계획을 세우는 것도 좋다.

4) 쇠퇴기

기술수명주기의 마지막 단계인 쇠퇴기에는 잠재적 손실을 회피하기 위한 계획이 필요하다. 기업이 현재의 기술 지배력과 마켓 포지션을 유지하기로 했다면, 조직 시스템을 통합하여 개별 프로젝트 간 시너지 효과를 창출하는 데 테크노베이션 계획의 초점을 맞추는 것이 좋다. 쇠퇴기를 거치면서 운영 관리는 더욱 중요해지고, 특히 비용 통제는 조직 생존을 결정한다. 따라서 재무 및 영업 관리에 심혈을 기울여야 한다. 반도체 산업은 이러한 수명주기의 단계별 특성을 잘 보여준다. 만약 기업이 쇠퇴기에 속한 테크노베이션 프로젝트를 중단·파기하기로 했다면, 노후화된 기술의 폐기 절차를 밟는 동시에 앞서 포착한 새로운 혁신 기회를 실현할 새로운 테크노베이션 계획을 실행해야 한다.

표 2-3 인소싱 테크노베이션의 단계별 주요 특징

분류	도입기	성장기	성숙기	쇠퇴기
혁신 유형	급진적 기술 변화	기술 표준화	점진적 기술 개선	없음
촉진 요인	사용자 니즈·피드백	내부 기술 역량, 비용·품질 향상	비용·품질 향상	없음
경쟁 초점	기술적 성능	시장점유율, 품질 향상	비용 절감	기술 보호, 경쟁 방어
시장 특성	니치마켓	매스마켓	과잉공급시장	대안·인접시장
관리 특성	유연화	확장·조직화	경직화	경직화

Executive Summary

2장에서는 인소싱 테크노베이션에 대한 후속 논의의 기초를 다지고, 관련 활동을 개시하기 위한 계획 방법을 살펴보았다. 우선, 인소싱·아웃소싱 테크노베이션 중에서 특정 상황에 적합한 유형은 무엇인지를 결정하는 몇 가지 기준을 살펴보았다. 그리고 인소싱 테크노베이션의 접근법을 프로덕트 및 프로세스 혁신으로 분류하고, 각각의 특성을 설명했다. 기업 차원의 비전과 미션, 그리고 사업 차원의 목적, 전략 및 전술 측면에서 프로젝트 특성을 고려하여 기술수명주기 단계별 테크노베이션 계획을 어떻게 수립해야 할지 알아봤다. 또한 인소싱 테크노베이션을 지원하는 개인 및 조직요인을 살펴보고 구성원의 상의적 조직 사고를 촉진하는 방법, 그리고 테크노베이션에 따른 변화에 대한 조직 저항을 관리하는 방법 등을 논의했다.

인소싱 테크노베이션을 계획할 때는 다음의 가이드라인을 준수해야 한다. 이는 추진하려는 테크노베이션 유형과는 무관하게 성공적인 프로젝트를 수행하도록 지원하는 조직체계를 개발하는 데 유용하다.

- 조직에서 혁신성이 높은 구성원을 파악하라. 이들을 통해 조직 내·외부에서 산발적으로 출현하는 아이디어를 통합·결합하여 인소싱 테크노베이션의 성장 잠재력을 비약적으로 높일 수 있다. 계획 활동에 다양한 구성원을 참여시켜 다양한 의견 관점을 수렴한다면 더욱 좋다.

- 테크노베이션 실행 과정을 주기적으로 점검할 방법을 계획하라. 일부 전통적인 프로젝트 수행 기법은 종종 혁신 아이디어의 생성과 채택을 저해하기도 한다. 이런 상황이 발생하지 않도록 계획 단계에서 프로젝트 점검 방식 및 주기를 설정하고, 테크노베이션 활동을 저해하는 조직 관행을 파악한다.
- 팀원들이 직면 문제에 새로운 관점을 제안하도록 발상 전환을 장려하라. 테크노베이션 실행 과정에서는 이전에 경험한 적 없는 문제가 끊임없이 발생한다. 이때 기존의 문제 해소 접근법이 유용할 수도 있다. 하지만 단절적이고 이질적인 솔루션이 급진적 패러다임 전환을 일으키기도 한다. 테크노베이션 계획은 이러한 솔루션을 수용할 수 있을 정도로 유연해야 한다.
- 테크노베이션을 수행할 팀원들에게 자신을 가장 화나게 하는 것이 무엇인지 물어봐라. 그 이유가 사소한 것일 수도 있지만, 종종 계획수립 과정에서 혁신적 아이디어의 생성과 적용을 가로막는 장애물일 수도 있다. 이러한 장애물은 사전에 반드시 제거해야 한다.
- 팀원들의 창의적 조직 사고를 강화할 훈련 기회를 제공하고, 테크노베이션 계획 과정에 모두 참여시켜라. 창의성은 개인별 수준 차이가 있다. 그러나 모두 내면에 창의성을 갖고 있다는 사실을 명심하라. 성공적인 테크노베이션을 위해 자신의 혁신성을 극대화할 환경을 제공해야 한다.

아울러 인소싱 테크노베이션을 통해 최대 성과를 달성하려면 계획수립 시 다음 체크리스트를 활용해볼 만하다.

- 초기 계획 단계에서 기업전략과 일치된 방향으로 경쟁우위를 유지·달성할 방법을 검토했는가?
- 계획수립 시 테크노베이션 실행 과정에서 새로운 경쟁우위를 확보할 기회를 식별할 방법을 마련했는가?
- 계획한 테크노베이션은 기업가치를 증대시키는가? 만약 그렇지 않다면, 기업가치를 높일 방안이 있는가?
- 계획한 테크노베이션을 구성원들이 필요하다고 생각하는가? 만약 그렇지 않다면, 이들의 지지를 어떻게 끌어낼 것인가?
- 계획한 테크노베이션의 개별 활동을 이끌어갈 혁신 주동자(Innovation Drivers)는 누구인가? 이들은 계획 과정에 참여했는가?
- 계획은 특정 단계에서 완료할 업무가 무엇이고, 누가 담당해야 하며, 언제까지 완료해야 할지 명확히 보여주는가?
- 계획은 테크노베이션에 따른 변화와 잠재적 실패를 전사적 조직 차원에서 어떻게 다룰 것인지 보여주는가?

계획 단계에서는 인소싱 테크노베이션이 고객에게 어떤 가치를 제안하고 어떻게 전달할 것인지, 이를 통해 기업의 마켓 포지션과 기술 지배력을 어떻게 강화할 것인지 고민해야 한다. 혁신 활동이 내포한 불확실성을 조금이라도 줄이려면, 어떤 기회를 위해 어떤 자원을 얼마나 배분할 것인지 평가하는 체계적 의사결정 프로세스를 적용해야 한다. 계획수립 시 주요 의사결정 사항은 다음과 같다.

- 제품 수요에 대한 전망 및 예측
- 계획한 테크노베이션을 촉진하는 요소
- 계획한 테크노베이션을 방해하는 요소
- 경쟁자의 반응 속도와 대응 강도
- 잠재적 경쟁우위의 확보 및 유지 가능성
- 계획한 테크노베이션이 산업 표준으로 채택될 가능성
- 테크노베이션 상업화를 위해 필요한 비용
- 테크노베이션 상업화를 위해 이용 가능한 자원
- 급진적 후속 테크노베이션으로 연결될 가능성
- 테크노베이션 성과를 견인할 내·외부적 요소
- 손실 발생을 초래할 잠재적 위험요인
- 손실 발생을 경감시킬 잠재적 위험완화요인

CHAPTER 3

인소싱 테크노베이션 실행하기

TECHNOVATION
MANAGEMENT

TECHNOVATION MANAGEMENT

CHAPTER 3

인소싱 테크노베이션 실행하기

3장에서는 계획한 인소싱 테크노베이션의 실행 측면과 관련된 여러 이슈를 점검한다. 계획 과정을 통해 인소싱 테크노베이션의 전략적 토대를 마련했다면, 이제는 그 계획을 실행에 옮길 차례이다. 추구하려는 테크노베이션 속성이 기존 마켓어퍼링의 기능적 발전을 추구하는 점진적 혁신 혹은 시장경쟁구조를 뒤흔들 만한 급진적 혁신 중 무엇일지라도, 이를 성공시키기 위한 계획이 기대 성과를 거두려면 조직 차원의 실행 노력이 필요하다. 테크노베이션 실행의 성공 여부는 경영진과 이해관계자의 전폭적인 지원과 조직구성원의 적극적인 참여에 달려 있다.

인소싱 테크노베이션의 실행 과정은 새로운 가치제안을 내포한 아이디어의 실현 및 이에 관한 운영적 관리 활동으로 이루어져 있다. 그리고 인소싱 테크노베이션이 기업의 지속 가능한 경쟁우위로 작용하도록 조직구조 및 업무체계가 상호 보완성을 띠고 시너지 효과를 발휘할 수 있도록 만들어야 한다. 이를 위해서는 다음 3가지 핵심 질문에 정확히 답변할 수 있어야 한다. 이는 본 장에서 논의할 인소싱 테크노베이션의 실행을 위한 토대이다. 그리고 각 질문에 관한 원칙을 순서대로 살펴보자.

- 테크노베이션 실행 과정 중 시급한 활동은 무엇인가?
- 우선순위가 높은 활동에 필요한 자원·역량은 무엇인가?
- 누가 어떠한 활동을 수행해야 하는가?

1. 인소싱 테크노베이션 실행 원칙

1) 우선순위를 설정하라

인소싱 테크노베이션 실행 시 가장 중요한 활동은 전략적 활동에 우선순위를 설정하는 것이다. 앞선 계획 과정에서 인소싱 테크노베이션의 목적과 전략을 수립했을 것이다. 만약 계획 단계에서 그 목적과 전략에 기초하여 혁신 활동에 우선순위를 정했다면, 실행 단계에서는 우선순위가 높은 활동을 실천하기 위한 구체적이고 현실적인 방법을 모색해야 한다. 어떤 전략적 활동은 다른 활동보다 더 중요할 수도 있고, 어떤 활동은 많은 자원, 시간, 노력이 필요할 수도 있다. 각자 행동 목적을 달성하는 최적 접근법이 다르기 때문에 최선의 결과를 산출하기 위한 최고의 방법이 무엇인지를 찾아야 한다.

예를 들어, 테크노베이션을 통해서 개발한 혁신 제품의 판매량을 극대화하려는 목적을 설정했다고 가정하자. 이 경우, 수요 촉진을 위해 제품 홍보에 주력하거나 진입 가능한 새로운 시장을 개척하는 것이 전략적 활동에 해당한다. 여러 활동 중에서 해당 제품의 판매량 증대라는 목적을 달성하는 데 시급하고 중요한 활동을 규명해야 한다. 즉, 시급성과 중요성의 두 기준에 따라서 지금 당장 수행해야 할 주요 활동은 무엇이며, 나중에 수행해도 될 활동은 무엇이고, 현재 무시해도 될 활동은 무엇인지를 명확히 해야 한다. 이는 테크노베이션의 목적 달성을 위한 효과적·효율적 접근법을 결정하는 데 유용하다.

그리고 우선순위가 높은 혁신 활동이 중단기적으로 기업가치와 다른 핵심사업부에 미칠 영향을 고려해야 한다. 한번 결정한 활동을 고수할 필요는 없다. 향후 변경될 여지를 남겨둬야 한다. 인소싱 테크노베이션은 확고한 조직적 추진력이 뒷받침되어야 실행될 수 있는 것은 맞지만, 수립한 계획을 변화하는 환경 상황에 맞추어 진화시켜야 기대 성과를 거둘 수 있기 때문이다. 전략적 혁신 활동에 우선순위를 설정할 때는 반드시 예상치 못한 시장·기술 변화가 일어날 것을 염두하고, 그 변화에 적합한 활동이 이루어지도록 유연하고 가변적으로 프로젝트를 운영해야 한다. 그러한 변화가 조직 내·외부에서 발생할 수 있다는 점에서 변화의 원천과 속성을 정확히 이해하려는 노력도 요구된다. 만약 테크노베이션의 핵심 인재가 갑자기 퇴사하면 추진력을 잃게 되므로, 이에 대한 대비책을 마련하는 것도 바람직하다.

급변하는 외부 환경에 따라 인소싱 테크노베이션 계획의 전면 수정이 필요할지도 모른다. 이는 환경 오염에 대한 대중 인식과 관련 규제가 강화되어 자동차 생산업체가 테크노베이션 활동을 근본적으로 변경한 사례로 이해할 수 있다. 이러한 환경변화는 HEV(Hybrid Electric Vehicle), PHEV(Plug-in HEV), FCEV(Fuel Cell Electric Vehicle)의 개발에 힘을 실어줬다. 그리고 이와 관련된 테크노베이션에 대한 집중 투자가 결국 급진적 혁신을 불러왔다. 이 기술들이 상용화되려면 많은 시간이 걸릴 것이라는 초기 예측과 달리, 빠른 속도로 진행된 테크노베이션은 전기 자동차의 시장 수요를 촉진했다. 후발 업체들도 빠르게 선발 업체를 추격하면서 산업 전반의 테크노베이션

리드타임이 단축되고 있다. 단일 기업은 자사의 전략적 혁신 활동을 조정하여 이러한 외부 변화에 적절히 대응해야 한다.

산업 차원에서 테크노베이션의 타임프레임(Time Frame)상에 변화가 일어났다면, 기술 도약 전략(Technological Leapfrog Strategy)을 고려해볼 만하다. 이는 현 세대 기술의 채택을 생략하고 차세대 기술이 적용된 테크노베이션을 통해서 타임프레임에 대한 주도권을 확보하는 전략이다. 신흥국에서는 3G·4G 무선통신 기술이 유선통신 기술의 채택을 생략하는 기술 도약 전략이었다. 이들 국가는 광대역 유선통신 인프라 및 시스템을 구축하는 데 막대한 자금을 투자하기보다는 곧바로 3G·4G 무선통신 네트워크를 구축하는 편이 인터넷 보급에 효과적인 접근법이다. 앞선 사례에서, 내연기관과 전기모터를 동력원으로 한 HEV 관련 테크노베이션이 타임프레임상 자사의 경쟁력 강화에는 적합하지 않을 수 있다. 이 경우, HEV나 PHEV를 뛰어넘어 수소연료전지 기반의 FCEV 관련 테크노베이션으로 기술 도약을 추진하는 것이 더 합리적이다.

이처럼 내·외부 변화에 따라서 시급성 및 중요성을 기준으로 필요자원과 역량을 고려하여 테크노베이션 활동에 우선순위를 정하면 여러모로 많은 이점이 있다. 상황적 조건에 맞추어 테크노베이션 목적을 조정하고 전략적 혁신 활동을 개선함으로써 혁신의 불확실성과 리스크를 체계적으로 관리할 수 있다.

2) 필요자원을 파악하라

테크노베이션의 전략적 활동에 우선순위를 결정했다면, 이제 해당 활동을 수행하는 데 필요한 자원을 파악해야 한다. 조직이 보유한 자원은 절대로 무한하지 않다. 따라서 모든 활동에 균형적으로 자원을 배분하기보다는 시급성과 중요성이 높은 활동에 자원을 집중시켜야 한다. 이때 고려해야 할 의사결정 기준은 타이밍, 인적자원, 플랫폼의 3가지 요소이다.

(1) 타이밍

우선순위가 높은 전략적 활동에 필요한 자원을 파악했다면, 해당 자원이 요구 시점에 그 자원을 이용할 수 있도록 자원 가용성(Resource Availability)을 확보해야 한다. 자신이 수행하는 활동이 가장 중요하다고 여기는 팀원은 이에 필요한 자원이 다른 활동에 사용되지 않기를 바랄 것이다. 이는 다른 팀원과 갈등이 발생하는 원인이 된다. 만약 각자 활동 성과를 반드시 달성해야 하는 상황이라면 이 갈등은 더욱 고조된다. 요구 시점에 필요 자원을 활용하지 못한 구성원들은 결국 자신의 활동만을 위해 정치적이고 강압적인 방식으로 자원을 조달할 것이다. 이는 테크노베이션의 성과 창출력을 제한한다.

(2) 인적자원

테크노베이션에 필요한 물리적인 유형 자원은 구매라도 할 수 있지만, 지식 및 역량과 같은 무형 자원은 쉽게 조달하기 어렵다. 이러한 무형 자원의 실체는 인적자원이며, 인적자원의 지식 및 역량 수준은 상당 기간에 걸쳐 축적되기 때문이다. 그러므로 채용 시스템을 통해서 테크노베이션에 필요한 지식과 역량을 가진 인재를 확보해야 한다. 그리고 이들이 팀원으로 최대한 역량을 발휘할 수 있도록 교육훈련을 통한 성장 기회를 제공해야 한다. 피채용자가 테크노베이션 프로젝트를 이해하고 기대 활동 성과를 창출하도록 만들려면 재교육이 필요하다. 이 기간에는 새로운 시장·기술 동향을 파악하도록 하여 프로젝트의 질적 향상을 유도하고, 관련 역량을 습득하도록 기회를 제공하는 것이 좋다. 그 결과, 테크노베이션의 성과 창출에 기여할 인적자원 개발 및 활용 기회를 얻을 수 있다. 채용·교육·훈련은 팀원의 인적 가치를 높이는 중요한 투자 활동이다.

(3) 플랫폼

테크노베이션의 목적 달성에 필요한 자원을 조직할 때 선행되어야 할 활동은 무엇일까? 예상과 달리, 기업 내·외부에 산재한 자원 목록을 작성하는 일은 아니다. 그전에 기업이 보유한 자원을 체계적으로 관리하는 수단으로 자원 플랫폼(Resource Platform)을 구축해야 한다. 자원 플랫폼을 통해서 기술개발, 유통채널, 공급사슬 등에 관한 정보자원을 축적, 공유 및 결합하여 테크노베이션 활동을 보다 생산적으로 이끌 수 있다. 또한 이를 통해 자원 간 보완성을 개발하여 잠재적 시너지 효과도 기대할 수 있다. 자원 플랫폼의 구축 및 활용이 갖는 중요성은 화이자(Pfizer)의 비아그라(Viagra) 사례로 설명할 수 있다. 주지한 바와 같이, 비아그라는 심장질환 치료제 개발 과정에서 나타난 부작용의 상업적 가치를 인지함으로써 제약 역사상 가장 성공적인 의약품으로 알려져 있다. 화이자는 자사의 의약품 관련 전문지식을 관리하는 플랫폼을 활용하여 비아그라를 신속하고 정확하게 시장화할 수 있었고, 구축된 글로벌 유통채널을 통해 세계 전략에 제품을 출시할 수 있었다.

3) 담당자를 선임하라

인소싱 테크노베이션의 초기 실행 단계에서 준수해야 할 세 번째 원칙은 누구에게 무엇을 위임할 것인지 결정하는 것이다. 우선, 테크노베이션 프로젝트를 총괄할 자를 선임하고, 세부 전략적 활동에 관한 권한 및 책임을 팀원들에게 위임하는 것이 바람직하다. 이는 2가지 이점이 있다. 권한을 위임받는 자는 적극적인 혁신 지원자로서 필요한 자원을 시의적절하게 조달하거나 필요역량을 능동적으로 증진하여 자신이 담당하는 활동의 성과를 높이려는 의지를 갖는다. 아울러 프로젝트 총괄자를 통해서 팀원들은 개별 활동에 대한 평가 및 통제를 지속할 수 있다. 이에 대해서는 인소싱 테크노베이션의 평가·통제에 관해 다룬 다음 장에서 상세히 설명한다.

그림 3-1 **인소싱 테크노베이션의 실행 프레임**

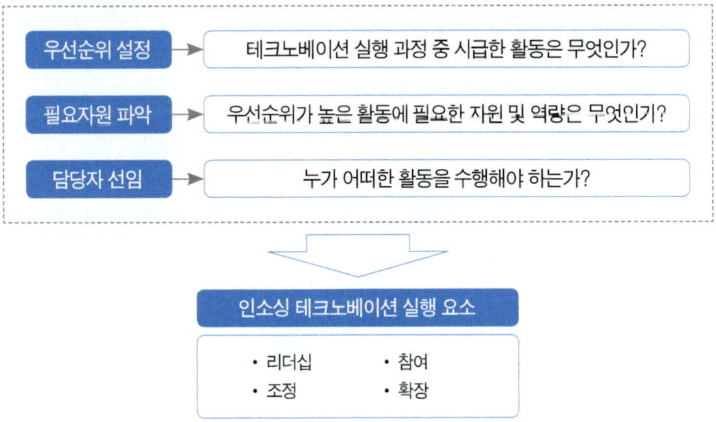

2. 인소싱 테크노베이션 실행을 위한 핵심 요소

앞선 원칙에 근거하여 인소싱 테크노베이션의 실행 기반을 마련했다면 이제 리더십, 참여, 확장, 조정의 4가지 핵심 실행 요소를 다룰 차례이다. 성공적인 테크노베이션을 향한 조직적 실행력을 강화하려면 상호 긴밀하게 연계된 4가지 실행 요소를 세심히 관리해야 한다. 이들 요소는 프로덕트 혁신과 프로세스 혁신 모두에서 중요한 요소이지만, 프로덕트 혁신에서는 참여·확장 요소, 프로세스 혁신에서는 리더십·조정 요소가 상대적으로 더 중요하다. 각 요소와 관련된 주요 활동을 살펴보자.

1) 리더십

리더십(Leadership)은 테크노베이션 실행의 효과성을 결정하는 가장 중요한 요소이다. 이는 테크노베이션에서 중추적 역할을 담당하며 팀원들에게 긍정적 영향을 미치는 소수의 영향력자(Influencer)가 있다. 이들은 급변하

표 3-1 인소싱 테크노베이션의 주요 실행 요소

리더십	참 여
• 혁신에 적합한 환경을 조성하라. • 혁신을 위한 조직체계를 구축하라. • 혁신에 충분한 자원을 투입하라.	• 지식 지향적 문화를 개발하라. • 역량 강화에 주력하라. • 멘토링 시스템을 도입하라.
조 정	**확 장**
• 이해관계자 간 정합성을 높여라. • 성과-보상을 연결하라. • 협력 채널을 개발하라. • 포트폴리오로 관리하라.	• 학습한 지식을 확장하라. • 확보한 역량을 확장하라. • 탐색한 기회를 확장하라.

는 시장 환경에서 변화 양상을 관찰하고 조직이 나아갈 방향을 감지한다. 그리고 팀원들에게 영향력을 행사하여 동기를 부여하고 협력적 활동을 증가시켜 성과를 가시화한다. 인소싱 테크노베이션에서는 이러한 영향력자와 함께 조직적 활동을 생산적인 방향으로 이끌 리더십을 개발하는 것이 무엇보다 중요하다.

선수들의 단독플레이로는 절대로 테크노베이션이라는 게임에서 승리할 수 없다. 각기 다른 역량과 지식을 갖춘 선수들에게 적절한 포지션을 주고, 이들이 단일팀으로 경기장에서 뛰면서 각자의 장점으로 서로를 보완하도록 만들어야 한다. 하지만 서로 다른 역량을 가진 팀원들이 성과 목표를 향해 협력적으로 움직이게 만들려면 리더십이 필요하다. 빌 게이츠(Bill Gates)는 마이크로소프트(Microsoft)의 초기 성장 단계에서 파울 앨런(Paul Allen)처럼 각 분야에서 전문성을 갖춘 인재들로 조직을 구성했다. 빌은 대외 마케팅 활동에 주력하고 파울은 기술개발을 담당했다. 명확한 역할 설정에 기초하여 개별 활동을 통합하고 분야별 협력 활동을 강화한 결과, 마이크로소프트는 급진적으로 성장하기 시작했다.

기대치를 뛰어넘는 엄청난 성과 목표를 달성하면 조직의 리더십에 주목하게 된다. 테크노베이션 실행에서 리더십은 개별 활동에 동기를 부여하고 주어진 업무를 성공적으로 수행하도록 방향을 제시한다. 이때 중요한 점은 한 명의 개인적 리더십이 아닌 팀 전체의 조직적 리더십이 필요하다는 것이다. 사내기업가는 팀원들이 각자 필요한 리더십 역량을 개발할 기회를 제공해야 한다. 테크노베이션을 성공적으로 이끈 사내기업가는 다음과 같은 리더십 특징을 보여준다.

(1) 혁신에 적합한 환경을 조성하라

사내기업가는 테크노베이션 프로젝트뿐 아니라 사내벤처팀, 나아가 기업의 미래 모습을 팀원들에게 명확히 보여줘야 한다. 그리고 그 목표를 달성하려는 팀원들의 모든 활동을 적극적으로 지원해야 한다. 활동을 지원하려고 노력하는 사내기업가는 일관성 있는 언행일치를 통해 팀원들로부터 신뢰를 얻고, 솔선수범하는 자세로 실천적 모범을 보여준다. 이러한 특징은 신뢰성과 공정성이 뒷받침되어야 할 프로세스 혁신에서 특히 중요하다. 활동 지원 환경을 조성하여 사내벤처팀의 혁신성을 촉진했다면, 비로소 개별 활동을 조정하고 통합할 수 있는 여건이 마련된 것이다. 이때는 3가지 원칙을 따르는 것이 좋다.

첫째, 초기 실행 단계에서 팀원들은 종종 분석 무기력증에 빠지게 된다. 앞서 테크노베이션과 관련된 전략적 의사결정에 필요한 대량의 기술, 시장 및 산업 정보를 수집했을 것이다. 여기에는 테크노베이션 결과물에 대한 잠재적 수요, 예상 매출액 등의 시장조사자료는 물론 예상 생산비용, 필요 투자액 등의 추정재무제표도 포함되어 있다. 혁신 활동의 불확실성을 조금이라도 줄여보겠다고 수집한 정보 중 정량적 수치에 전적으로 의존해서는 안 된다. 그렇지 않으면 사내벤처팀의 경영진에게 테크노베이션의 정당성을 입증하고자 정보 분석을 끊임없이 반복하는, 이른바 과잉 분석의 함정에 빠진다. 경영진이 테크노베이션 프로젝트에 대한 신속하고 정확한 투자 결정을 내릴 수 있도록 분석 내용에 대한 종합의견을 제시해야 한다. 완벽한 정답은 없을뿐더러, 이를 위해 완벽한 분석을 수행하기란 불가능에 가깝다. 수집 가능한 정보를 놓고 수립한 테크노베이션 실행 전략에 대한 정성적 평가로 의사결정을 내리는 것이 더 합리적이다.

리더십은 효과적인 권한 위임으로도 발현될 수 있다. 프로젝트 담당자가 팀원들의 개별 활동까지 간섭하려 들면 업무는 진척되지 않는다. 테크노베이션 활동의 세부 사항을 세심히 관리하는 것이 운영 효율성에는 도움이 될지 몰라도 조직의 혁신성 강화에는 아무런 도움이 되지 않는다. 더구나 조직 차원에서 팀원의 개인적 리더십 역량을 개발할 수도 없다. 앞서 강조한 바와 같이, 테크노베이션은 조직적 리더십이 필요하다는 점을 명심하자. 팀원들은 테크노베이션 프로젝트를 통해서 자기 경력 발전을 이끌 성장 기회를 얻고 싶어 한다. 가능한 세부 활동은 팀원들이 각자 책임지도록 권한을 위임하는 한편, 사내기업가는 실행 과정에서 직면할 여러 상황에 적합하도록 팀원들의 개별 활동을 조정·통합하는 데 집중해야 한다. 일단 권한과 책임을 위임했다면, 이에 전폭적인 신뢰와 지지를 제공하는 것이 바람직하다.

마지막으로, 조직은 테크노베이션의 잠재적 실패 리스크를 기꺼이 수용할 것이라는 사실을 표명해야 한다. 팀원의 활동 성과에 대한 평가는 상호 신뢰에 기반해야 한다. 그래야만 팀원들이 경험을 통해 자발적으로 학습하고 실패로부터 교훈을 얻는 여건을 마련할 수 있다. 권한과 책임을 위임받은 팀원들이 경험을 통해 새로운 학습을 진행하는 동안 사내기업가는 테크노베이션을 둘러싼 외부 활동에 집중할 수 있다. 구체적으로, 테크노베이션에 대한 구성원의 이해를 도모하고, 경영진으로부터 투자와 지원을 받아내며, 그 성과를 기업 전체로 전파하는 것이다. 이러한 외부 활동에 관심을 기울이지 않고 내부 활동에만 집중하면 누구도 그 안에서 어떠한 일이 벌어지고 있는지 알지 못한다. 이러한 폐쇄적 활동에 공감하고 지원할 자는 없다.

(2) 혁신을 위한 조직체계를 구축하라

리더십이 필요한 두 번째 이유는 테크노베이션 실행을 지원하는 조직체계를 구축·정비하는 데 있다. 이때는 일상적 업무수행 방식에 관한 표준 운영 절차 지침부터 혁신적 아이디어의 상호 교류와 성과 보상 방식에 이르기까지 광범위한 체계 범위를 다루어야 한다. 조직체계상 상당한 변화가 필요하다면, 앞서 설명한 리스트럭처링(Restructuring) 및 리엔지니어링(Reengineering)을 적용할 수 있다. 조직체계를 정비하면, '테크노베이션 목적을 실현하려면 누가 무엇을 해야 하는가'에 관한 핵심 질문에 대한 답을 추구할 수 있다. 조직체계의 구축·정비가 반드시 범조직적으로 이루어질 필요는 없다. 하지만, 다양한 직무 역할 및 지원 기능을 효과적으로 활용하기 위해 전사적 차원의 조직체계 재설계가 필요하기도 하다.

조직체계를 재설계할 때는 팀원의 개방성과 호기심을 촉진하는 데 초점을 맞추는 것이 좋다. 이 두 요소는 조직 혁신성을 강화하는 촉진제이다. 물론, 개방성과 호기심을 장려하는 조직체계를 구축하는 것은 어려운 과제가 될 수 있다. 단순히 '우리 팀에선 모든 지식과 의견이 공개적으로 공유되길 바란다'라는 공허한 외침은 아무런 효과가 없다. 실제로 지식 공유는 조직의 내부 정치 및 권력에 민감한 영향을 받는다. 단순히 혁신 장려 정책 문서에 적힌 몇 문장을 되짚어 내는 데 그치면 안 된다. 팀원 간 의견 공유가 실제로 이루어지고, 계획·실행에 관한 여러 이슈를 보고하며 논의할 수 있는 개방형 공식 채널을 운영해야 한다. 그리고 프로젝트 담당자인 사내기업가가 팀원의 의견에 반응하는 모습을 보여주는 것이 무엇보다 중요하다.

(3) 혁신에 충분한 자원을 투입하라

테크노베이션의 실행 추진력은 조달·투입 가능한 자원이 충분한지에 달려 있다. 자원은 모든 테크노베이션 유형에서 중요한 요소이지만, 특히 프로덕트 혁신에서 더욱 강조된다. 고객 니즈를 학습하고, 이를 반영한 최소요건제품(Minimum Viable Product)을 개발하여 시장·고객에 관한 가설을 반복 검증하며, 발견된 문제를 수정할 수 있을 정도로 충분한 자금을 확보해야 한다.

일반적으로 테크노베이션의 초기 실행 단계에서는 낮은 체계성으로 인해 운영 차원에서 비효율성이 발생할 수밖에 없다. 이런 운영적 비효율성을 제거하려면 개별 자원을 통합적으로 관리할 수 있는 체계가 필요하다. 이 자원 관리 체계는 사내벤처팀이 확보·개발한 자원을 다른 사업부도 활용할 수 있도록 개방성과 관용성을 갖추어야 한다. 그 결과, 테크노베이션에 대항하려는 내부적 잠재 위협을 기회로 전환할 수 있다. 즉, 끊임없이 변하는 외부 환경에 대응하여 테크노베이션 활동을 조정하는 데 필요한 물리적·심리적 지원을 얻을 수 있다. 이러한 자원 관리 체계를 마련하는 데 관심을 두지 않는다면, 계획된 테크노베이션은 이미 몰락의 길을 향하고 있는 것과 마찬가지다.

이상의 내용을 종합하면, 리더십은 테크노베이션의 목적과 일치된 방향으로 팀원들의 개별 활동을 정렬시킬 때 필요한 핵심 요소이다. 다음 질문에 대한 주기적인 검토를 통해 리더십을 점검할 수 있다.

- 팀원들은 호기심이 많고 개방적인 태도를 보이는가?
- 팀원들은 불합리한 업무 관행을 제거하려고 노력하는가?

- 팀원들은 상대의 의견을 경청하고 반영하는가?
- 팀원들은 조직의 비전과 미션, 그리고 테크노베이션의 목적과 전략을 잘 이해하고 있는가?
- 팀원들은 조직의 현재 상태와 기대 상태의 차이를 인지하고, 그 차이를 줄이기 위한 전략적 활동을 잘 이해하고 있는가?

2) 참여

인소싱 테크노베이션의 두 번째 실행 요소는 참여(Engagement)이다. 핵심 질문은 '테크노베이션에 대한 핵심사업부 및 조직구성원의 적극적 참여를 어떻게 끌어낼 것인가'이다. 설령 테크노베이션의 실행 주체가 사내벤처팀이라 할지라도 다른 사업부에 속한 구성원들의 참여를 배제·차단하면 기대 목표를 달성하는 데 필요한 자원을 조달하기 어렵다. 개방적인 조직체계를 마련하여 구성원들의 참여를 확대해야 한다. 조직 유연성 및 적응성이 이들의 참여 강도를 결정한다. 급변하는 경쟁 환경에 유연하게 적응하지 못한 조직은 도태되기 마련이다. 유연성과 적응성이 높은 조직체계를 구축하려면, 구성원이 자신을 혁신 주체로 인지하도록 만들어야 한다. 구성원들이 혁신 활동에 참여해야 한다고 말하기는 쉽지만, 그러한 참여가 실제 이루어지게 하는 것은 대단히 어려운 일이다. 이와 관련하여 극복해야 할 잠재적 이슈는 타성, 공포, 자만이다.

(1) 타성

테크노베이션은 변화를 수반한다. 그리고 변화를 거부하려는 일부 구성원들은 자신에게 익숙한 기존 방식을 고수하려는 모습을 보인다. 이들의 정치 활동은 타성을 더욱 고착시킨다. 문제는 조직 내부의 정치 세력과 권력 집단에 구성원이 무의식적으로 순종하는 것이다. 리스트럭처링은 조직체계를 개선하면서 조직 내 정치 세력과 권력 집단이 혁신 활동에 미치는 부정적 영향을 줄이는 데 유효하다. 그러한 변화를 수용하는 조직체계를 구성하려 할수록 기성의 정치 세력은 이전보다 더 적극적으로 혁신 활동을 방해하려 들 것이다. 구성원이 과거에 맛본 성공에 대한 타성에 젖어 들수록 지속적인 테크노베이션 활동은 어려워진다. 기업의 지속 가능한 경쟁우위에 관한 미래 지향적 대화를 통해 이들을 설득해야 한다. 이러한 개방적 조직체계는 과거로 돌아가려는 구성원의 타성을 제거하는 데 효과적이다.

(2) 공포

인소싱 테크노베이션이 일으킬 변화가 긍정적인 결과를 낳더라도, 구성원들은 여전히 테크노베이션에 대해 두려움을 느낄 수 있다. 혁신 활동은 언제나 미지의 세계에 대한 탐험과 개척을 수반하며, 이에 따른 변화는 잠재적 상실을 의미하기 때문이다. 이는 조직 내 권력 및 존경의 상실, 무능력에 대한 죄책감으로 나타난다. 팀 내부에서는 테크노베이션 결과물의 잠재적 결함에 대한 두려움, 그 결과물이 경쟁자의 것으로 대체될 수 있다는 두려움이 나타날 수 있다. 이를 관리하지 않으면 팀원 간 갈등과 스트레스가 고조되며, 이를 줄이기 위한 개인의 정치적 행동이 일어난다. 구성원들의 이러한 두려움을 관리해야 한다. 우선, 단기적이지만 구체적 성과를 반복 창출함으로써 두려움을 줄일 수 있다. 단발적이고 사소한 테크노베이션 성과를 구성원들과 공유하여 개인 및 조직 차원의 자신감을 회복시켜야 한다.

(3) 자만

자만은 앞서 설명한 타성과 유사한 특성을 보인다. 타성은 조직체계와 관련된 요소지만, 자만은 테크노베이션 실행 과정 전반에서 광범위하게 부정적인 영향을 미친다. 자만은 현재 상태에 만족하여 변화를 거부하고 현상을 유지하려는 의도가 조직 전반에 만연할 때 나타난다. 이런 조직에서는 '해결하기 어려운 문제는 애초에 건드리지도 마라'라는 말을 자주 들을 수 있다. 그렇기에 자만이 발생한 원인을 찾아서 제거해야 한다. 자만을 해소하는 방법으로는 교육·훈련을 통해 구성원의 전문성을 강화하는 한편, 조기 내·외부로 지식 공유를 촉진하여 새로운 사고를 장려하는 것이다.

종합하면, 인소싱 테크노베이션에 대한 구성원들의 관심과 지지를 끌어내려면 변화 관리(Change Management)가 필요하다. 테크노베이션 실행에 따른 변화를 생산적인 방향으로 관리할 수 있다면, 구성원들이 자신을 변화의 주체로 인식하고 테크노베이션을 지원하도록 만들 수 있다. 다음의 3가지 접근법을 통해서 테크노베이션에 적합한 조직변화를 추구할 수 있다.

① 지식 지향적 문화를 개발하라

사실 조직문화는 정의 자체가 어려울 뿐 아니라 가장 변화시키기 어려운 요소이다. 문화는 예술과 속성이 유사하다. 누군가 문화(예술)를 이해한다면, 다른 이도 그것을 이해할 수 있기 때문이다. 조직 행동학 관점에서 구성원들은 내·외부에서 발생한 일련의 사건을 이해하는 데 일종의 사고 프레임워크를 공유한다. 이 사고 프레임워크가 조직문화를 결정하는 요인이다. 문제는 이 요인을 개발하는 데 상당한 시간이 필요할 뿐 아니라, 일단 개발되면 변화시키기 어렵다는 것이다. 이런 문제에도 불구하고 어떻게 해서든 테크노베이션을 수용하는 조직문화를 정착시켜야 한다. 테크노베이션의 목적은 고객에게 새로운 가치를 제안하는 마켓어퍼링을 개발하여 상업화시키는 것이다. 이를 위해서는 새로운 지식을 추구하는 조직문화를 정착시켜야 한다. 범조직적 변화를 수반하는 인소싱 테크노베이션 실행 단계에서는 산발적 개별 활동을 목적과 일치된 방향으로 통합·조정하고, 합의된 공통 목적에 대한 공감을 일으키며, 전사적 기업 방향을 담은 비전과 비전을 확산시켜야 한다. 이를 위한 지식 지향적 문화는 누구나 쉽게 이해할 수 있도록 단순해야 한다. 복잡한 문화는 설령 지식 공유를 촉진하더라도 정보 과잉을 초래하며, 결국 지식 공유 활동을 분열시킬 수 있다.

② 역량 강화에 주력하라

앞서 인소싱 테크노베이션에 필요한 전문성을 갖춘 인재를 생산적으로 활용하는 교육·훈련의 중요성을 강조했다. 테크노베이션은 기존의 업무수행 방식을 개선하며 자신을 쇄신하는 구성원을 필요로 한다. 새로운 지식을 탐색하고 역량을 발전시키려는 노력을 간과한 채 이미 구식이 되어버린 과거의 지식을 고수하면 결코 쇄신할 수 없다. 교육·훈련 프로그램을 통해 역량 개발의 기회를 제공함으로써 구성원이 각 분야의 전문가로 성장하도록 도움을 줄 수 있다. 이들이 스스로 조직이 무엇을 하며 어디로 나아가고 있는지 이해하고, 이를 위해 자신은 무엇을 해야 하는지 고민하며, 자기 행동을 조정하는 능력을 갖추도록 만드는 열쇠가 교육·훈련에 있다. 구성원의 개별 활동을 조직 목표로 일치시킨 조직은 인적

자원의 잠재적 가치를 활용할 수 있다. 이에 적합한 역량 개발 프로그램의 특성은 다음과 같다.

- 다양한 기회 제공 : 테크노베이션에 참여하는 구성원에게 다차원적인 성장 기회를 제공한다. 이를 통해 조직 창의성 및 혁신성을 촉진하는 지식 지향적 문화를 개발할 수 있다. 테크노베이션에 의한 변화만큼 역동적이고 다채로운 교육·훈련 프로그램을 마련하고 참여시킨다.
- 명확한 책임 부여 : 역량 개발 프로그램을 통해 테크노베이션 참여에 따른 구성원의 책임도 이해시켜야 한다. 활동에 대한 책임을 부여하는 것 자체가 역량 강화에 기여한다. 혁신 활동을 통해 조직의 기대에 부응하려는 구성원은 새로운 지식을 습득하려 할 것이다. 이들이 혁신 활동에 필요한 역량을 개발할 시간과 자원을 충분히 제공하고, 활동을 수행한 자에게는 적절한 보상을 제공한다.
- 관점 변화의 유도 : 특정 정보를 인지·이해하는 관점을 변화시키는 것도 역량 개발 프로그램의 목적 중 하나이다. 이는 새로운 관점에서 경쟁자의 활동 정보를 분석하고 적합한 대응 전략을 개발하는 데 유용하다. 테크노베이션으로 진입하려는 표적시장에서 강력한 영향력을 발휘하는 마켓 플레이어와 자사를 여러 방면에서 비교하는 벤치마킹 활동을 통해 관점 변화를 유도할 수 있다. 산업 평균에 못 미치는 활동을 발견하면, 이를 개선하려는 노력이 결국 역량 개발로 이어진다.

③ 멘토링 시스템을 도입하라

조직과 개인의 정합성·관련성을 높이는 또 다른 접근법이 바로 멘토링이다. 멘토링은 조직과 개인 간 지식 지향적 문화를 구축하고 집단적 조직학습을 강화하는 데 효과적이다. 멘토는 멘티의 활동적 성과 증진에 도움을 주는 가이드 역할을 담당한다. 이를 제도화하여 공식적인 멘토링 시스템을 구축할 수도 있지만, 실제로 조직에서 이루어지는 대다수의 멘토링은 비공식적이다. 주로 인적 네트워크에 기반한 비공식 멘토링은 멘티가 직면한 문제의 해결 방법을 멘토가 알려주는 방식으로 이루어진다. 이는 멘티의 사고 및 행동 방식에 지대한 영향을 미친다. 혁신선도 기업들은 광범위한 영역에서 구성원 간 비공식 멘토링이 하나의 조직문화로 정착된 모습을 보여준다.

선임자-후임자 간 기술·시장 정보나 업무 노하우 등의 지식 이전이 이루어질 때는 강압적이지 않고 자연스러운 양방향 의사소통이 전제되어야 한다. 양방향 의사소통은 인소싱 테크노베이션에서 특히 중요한데, 후임자가 선임자보다 최신의 기술 지식 수준이 더 높을 수 있기 때문이다. 멘토링 시스템을 도입할 때는 단순히 지식의 이전만이 아니라 모범적 행동·태도를 학습할 수 있도록 설계해야 한다. 사람은 관찰과 학습을 통해 타인의 행동 패턴을 습득하기 때문이다. 멘토링 시스템에 구성원들이 적극적으로 참여할수록 인소싱 테크노베이션에 필요한 지식과 정보, 그리고 행동과 사고를 확산시킬 수 있다.

3) 확장

인소싱 테크노베이션의 세 번째 실행 요소는 확장(Extension)이다. 이는 테크노베이션을 통한 구성원들의 새로운 경험이 실체적 행동으로 이어지도록 만드는 것이다. 프로덕트 및 프로세스 혁신 활동의 실행 가능성은 조직의 확장 프로세스가 결정한다. 확장 프로세스가 정상적으로 작동하려면 구성원이 학습한 지식을 미래에도 활용할 수 있도록 만드는 조직 기억(Organizational Memory)이 필요하다. 조직 기억을 통해 지속 가능한 경쟁우위를 확보한 기업이 마이크로소프트(Microsoft)이다. 2000년대 초반 온라인 기반 소프트웨어 산업에 진입하기로 한 마이크로소프트는 이전에 학습한 소프트웨어 산업 지식을 활용하여 공격형 혁신을 단행했다. 산업 분석을 통해 해소되지 않은 고객 문제를 파악하고, 이에 적합한 솔루션을 구현하고자 테크노베이션 실행 전략을 수립했다. 그 결과, 단기간에 온라인 기반 소프트웨어 산업의 주요 마켓 플레이어로 급부상할 수 있었다. LCD 패널의 대형화 문제와 관련된 앞선 사례를 떠올려보자. 이러한 이유로 초기에는 소형 제품만 출시되었다. 대형 제품을 생산하려면 핵심 부품인 대형유리가 필요했다. 이 문제는 LCD 제조업체가 아니라 전통 산업에 속한 유리 가공업체들이 해결했다. 이후 LCD 산업에서는 급진적 후속 혁신이 연쇄적으로 일어났다. 이처럼 확장 프로세스는 테크노베이션 실행에 필요한 시장, 고객, 제품에 대한 이해를 강화한다. 지식, 역량, 기회의 3가지 차원에서 확장 프로세스를 적용해야 한다.

(1) 학습한 지식을 확장하라

재차 강조하지만, 테크노베이션 실행의 성공 여부는 광범위한 지식 확장을 지원하는 조직체계의 구축에 달려 있다. 단순히 지식·정보만을 확장하는 것이 아니라, 이에 따라 테크노베이션에 구성원이 적극적으로 참여하고 프로덕트 및 프로세스 혁신을 지원하도록 해야 한다. 이러한 확장으로 경쟁자가 추격·모방할 여지가 높아질 수 있다. 하지만 이들이 경쟁력을 유지할 가능성은 현저히 낮다. 인소싱 테크노베이션의 기반인 조직의 지식 공유 시스템은 모방하기 어렵기 때문이다. 이러한 시스템이 마련되지 않은 상태에서 이루어진 모방 전략은 '흉내 내기'에 그칠 뿐이다.

새로운 지식만을 추구할 필요는 없다. 테크노베이션이 기존의 모든 역량을 구식으로 만드는 것은 아니기 때문이다. 조직 혁신성을 강화하려면 작지만 다양한 테크노베이션을 반복해야 하는데, 이때 지식 확산은 그러한 소규모 테크노베이션을 일으키는 원동력이 된다. 특정 영역에서 괄목할 만한 성공이 주기적으로 일어나면, 조직 전반에서 유사한 시도들이 연쇄적으로 일어난다. 이런 과정을 통해 충분한 변화의 원동력이 조직 내부에 축적되면, 새로운 경쟁우위를 확보할 잠재력을 가진 니치마켓을 쉽게 발견할 수 있다.

(2) 확보한 역량을 확장하라

조직이 기확보한 역량을 분석하고 테크노베이션에 집중시켜야 한다. 기계·설비 등의 유형자산과 달리, 무형자산인 역량은 경쟁자가 쉽게 모방하기 어렵다. 충분한 자금력을 갖춘 경쟁자가 모방 전략의 일환으로 동일 유형자산을 구매하더라도, 인적자원이 내재한 역량은 단기간에 갖출 수 있는 것이 아니다.

현재 직면한 테크노베이션 관련 문제를 해결하는 데 역량을 집중시켜야 한다. 조직에 산재한 여러 역량을 도식화한 역량 지도(Competence Map) 또는 보유역량과 필요역량을 정의한 역량 인벤토리(Competence Inventory)를 작성하면 큰 도움이 된다. 이는 개별 구성원의 교육·훈련 사항, 자격증, 전문지식 등에 관한 정보를 간단히 정리한 문서이다. 이를 통해 테크노베이션에 참여하여 기대 성과를 거둘 만한 구성원이 누구인지 쉽게 파악할 수 있다. 또는 필요역량을 개발하도록 교육·훈련을 제공하거나, 해당 역량을 보유한 자를 신규 고용하는 방법도 모색할 수 있다. 테크노베이션 실행 과정에서 필요역량을 갖추지 못한 구성원을 배치해선 안 된다.

(3) 탐색한 기회를 확장하라

마지막 활동은 탐색한 혁신 기회를 전사적 차원으로 확장하는 것이다. 테크노베이션은 그 자체만으로 다양한 기회를 내포한다. 예를 들어, 테크노베이션을 통한 기존 제품의 새로운 활용법 개발은 완전히 새로운 시장을 창출하거나 혹은 예상치 못한 새로운 제품 개발로 연결되기도 한다. 이러한 현상을 가리켜 정보 확산(Information Diffusion)이라 한다. 정보 확산은 기존 정보를 기반으로 새로운 접근법을 개발하는 아이디에이션(Ideation) 유형이다.

정보 확산은 조직의 혁신성을 결정하는 요인이다. 정보 확산 수준이 높은 구성원일수록 테크노베이션 실행 과정에서 점차 가시화되는 새로운 기회를 기꺼이 수용하려는 태도를 보이기 때문이다. 앞서 설명한 바운더리 스패너의 활동 강도가 높을수록 정보 확산이 빈번하게 일어난다. 내·외부 정보의 상호작용을 촉진하는 바운더리 스패너는 외부 정보를 조직 내부로 전달하여, 현재 추구하는 기회를 재조명하도록 만들고, 그 결과 테크노베이션의 확장성을 높인다. 이들이 더욱 활발히 경계를 넘나들며 외부 혁신 주체들과 긴밀한 관계를 맺고 정보를 갖고 오도록 지원해야 한다. 항상 고객들과 대화를 나누는 영업사원들이 경계확장 및 지식 이전을 촉진하는 바운더리 스패너이다.

4) 조정

인소싱 테크노베이션의 마지막 실행 요소는 조정(Alignment)이다. 앞서 테크노베이션의 실행력을 높이려면 포괄적·포용적 조직체계를 마련해야 한다고 설명했다. 이러한 체계 구축은 필수조건이지 충분조건은 아니다. 구축한 체계를 구성하는 요인들이 적절히 연결되도록 조정해야 한다. 테크노베이션에 대한 조정 활동을 통해 사내벤처팀은 여러 조직요인이 정합성을 띠도록 만들 수 있고, 구축한 조직체계가 외부 환경에 적합하게 만들 수 있다.

조정 활동은 개인 창의성을 강화하여 조직 혁신성을 증진할 수 있도록 개인-조직 연계성을 개선하는 데 목적이 있다. 가용 자원 한계를 겪는 조직일수록 현재 재무 상황에 비추어 조직 창의성을 촉진할 방법을 설계해야 한다. 이때는 조직체계가 구성원 개인의 창의적 아이디어를 저해하지 않도록 개인-조직 간 연계성을 강화하는 방향으로 조정해야 한다. 구성원들 사이에 '왼손이 한 일을 오른손이 모르게 하라'와 같은 말이 나온다면, 이는 조직-개인 간 체계적 연계 조정이 제대로 작동하지 않는 것이다. 일례로 애플(Apple)은 개인 창의성을 조직 혁신성으로 연계하는 탁월한 조직체계를 갖추고 있다. 예를 들어, 재무팀은 개방형 데이터베이스에 재무 정보를 수시로 업데이트하여, 모든 직원이 쉽게 활용할 수 있도록 한다. 웹 서비스로 제공되는 재무 정보는 관련 지식이 부족한 구성원이라도 쉽게 이해할 수 있도록 가공된다. 테크노베이션에 참여한 구성원들의 업무 활동 및 현황을 신속하고 정확히 파악할 수 있는 플랫폼을 마련하여, 개인-조직 간 연계성을 높여야 한다. 이를 통해 구성원이 창의적 아이디어를 실현하는 데 필요한 자원의 가용성을 확인할 수 있다. 또한 테크노베이션에서 우선순위가 높은 혁신 활동을 수행하는 구성원에게 먼저 자원이 배분될 수 있도록 만들 수 있다.

추진하는 테크노베이션 유형에 따라서 조정 활동의 초점이 달라질 수 있지만, 모든 유형을 관통하는 공통적 초점은 정합성 확보, 성과-보상 연결, 협력 채널 개발의 3가지이다.

(1) 이해관계자 간 정합성을 높여라

인소싱 테크노베이션과 관련된 여러 이해관계자가 서로를 지원할 수 있도록 조정해야 시너지가 발생한다. 이를 위해서는 조직체계를 통해 각자의 활동을 연계하는 것만이 아니라 이들의 상호 협력 및 지원 의도를 높이기 위한 조정이 필요하다. 특히 혁신선도 기업은 조직 내·외부를 횡적·종적으로 연동하는 협력적 조직체계를 통해서 창의적 아이디어를 창출하고 공유하는 상호작용을 촉진하는 데 주력한다. 이를 위한 조정 활동은 다음과 같다.

- 내부 구성원 간 정합성 : 팀원은 팀의 기능적 목적을 달성하기 위해 존재한다. 이들이 해당 목적을 효과·효율적으로 달성하도록 테크노베이션에 필요한 역량 및 지식을 갖춘 팀원들이 일치된 공동 방향으로 나아가도록 조정한다.
- 내부 사업부 간 정합성 : 기업 내 핵심사업부와 사내벤처팀의 인적 및 지적 자원 교류·이전을 방해하는 장애물을 제거하는 데 조정 활동의 초점을 맞춘다. 집단 지성과 조직학습을 통해 인소싱 테크노베이션 실행의 생산성을 개선한다.
- 외부 경쟁자와의 정합성 : 경쟁자의 중요성은 아무리 강조해도 지나치지 않다. 의심할 여지 없이 경쟁자에 대한 감시는 외부 환경과 조직 활동의 정합성을 높이며, 경쟁우위를 확보하는 데 필요한 전략적 테크노베이션 활동을 결정하는 데 큰 도움이 된다. 그렇다고 경쟁자를 모방하는 수준에 그쳐서는 안 되며, 독특하고 차별화된 실행 방안을 마련해야 한다.
- 외부 협력자와의 정합성 : 공급자와 고객은 인소싱 테크노베이션의 실행을 위한 협력 체계에서 빠뜨려서는 안 될 외부 혁신 주체이다. 이들이 제

공하는 창의적 아이디어가 테크노베이션 실행 과정에서 직면한 문제를 해결하는 데 매우 효과적인 솔루션으로 작용한 사례는 무수히 많다. 테크노베이션의 유형에 따라서 이들의 중요성은 달라질 수 있다.

(2) 성과-보상을 연결하라

인소싱 테크노베이션을 통해 조직은 산업 변화의 방향을 주도하는 혁신선도 기업으로 성장할 수 있다. 이를 위해 노력한 모든 구성원에게 만족할 만한 보상을 제공해야 한다. 실제로 성과-보상의 불일치는 여러 조직이 겪는 고질적인 문제이다. 구성원이 특정 목적을 달성하기를 바라는 조직이 전혀 다른 성과를 창출한 자에게 보상하는 현상은 빈번하게 발생한다. 성과-보상의 불일치가 만연하면 테크노베이션 실행에 필요한 구성원들의 참여는 저조할 수밖에 없다. 수립한 전략적 목적을 달성하는 데 적합한 보상은 무엇인지, 그리고 그 보상이 적절한 기대 효과를 낳는지 수시로 평가하여, 성과-보상의 불일치 문제를 해소해야 한다. 이때 다음 체크리스트를 참고할 수 있다.

- 사회성이 다소 낮더라도 혁신성이 높은 직원이 있는가? 이들의 혁신 활동을 지원하고 있는가? 다른 구성원과 잘 어울리지 못한다고 이들의 혁신 활동이 쓸모없다고 생각하는가?
- 실패한 혁신 활동을 어떻게 관리하는가? 문제의 원인과 결과를 분석하고 재발을 방지하기 위한 가이드라인을 개발하는가? 실패를 비난하고 처벌하는가?
- 구성원이 혁신적인 리스크를 감수하도록 무엇을 하는가? 혁신의 불확실성을 수용한 구성원에게 어떠한 보상을 하는가?

구성원이 테크노베이션에 참여하는 이유는 기업이 그것을 원하고 지원하며 보상할 것이라 믿기 때문이다. 혁신 활동에 대한 보상이 중요하다는 점을 알고 있다면, 모든 혁신 활동이 반드시 성공하리란 보장은 어디에도 없다는 사실도 잘 알아야 한다. 테크노베이션 실행이 생산적으로 이루어지려면, 과거에 이룩한 성공을 기준으로 보상해서는 안 된다. 프로덕트 혁신과 프로세스 혁신을 통해 신사업·신제품을 개발하고 신시장을 개척하려는 시도 자체에도 보상해야 한다. 이는 혁신 원동력으로 작용하는 강력한 개인-조직 신뢰를 형성하는 데 도움이 된다. 혁신선도 기업들은 새롭게 출시한 마켓어퍼링 중 일부는 실패할 것이라는 사실을 잘 알고 있다. 그런데도 구성원들이 새로운 아이디어를 탐색하고, 끊임없는 새로운 시도를 장려하는 보상 정책을 운용하고 있다. 소규모의 혁신 활동이 지속되도록 실패하더라도 리스크를 감수한 구성원에게 긍정적인 평가가 이루어져야 한다.

(3) 협력 채널을 개발하라

조직구조는 구성원들이 새로운 생각을 탐색하고 공유하도록 만드는 요소이다. 장기적으로 마켓리더십을 발휘하는 기업들을 살펴보면 혁신적 사고를 장려하는 조직구조를 갖추고 있다는 점을 알 수 있다. 전략은 조직구조를 결정한다. 즉, 전략상 변화가 일어나면 새로운 전략에 부합하는 정보처리 체계가 필요하므로 조직구조의 변화가 요구된다. 이때 조직구조는 2가지 목적, 즉 효율적 소통과 효과적 조정에 따라서 구성된다. 만약 급변하는 외부 환경에 신속히 대응하는 데 소통 및 조정 기능이 제대로 작동하지 않는다면 테크노베이션 실행 과정에서 여러 난관에 부딪힐 것이다. 조직이 충분한 소통 및 조정 역량을 갖추려면 2가지 속성, 즉

구조적 유연성 및 개방성을 높이는 데 초점을 맞춰야 한다. 성숙한 산업에 속한 기업들이 조직 혁신성을 촉진하기 어려운 이유가 바로 구조적 경직성(Structural Rigidity) 때문이다. 성장하는 조직은 필연적으로 구조적 경직성을 겪지만, 이를 자연발생적 현상으로 치부해서는 안 된다.

테크노베이션 전략의 유형 및 강도에 따라서 조직구조를 재설계하여 협력적 혁신을 촉진해야 한다. [표 3-2]와 같이, 테크노베이션 유형(프로덕트 대 프로세스) 및 강도(급진적 대 점진적)는 핵심 조정 요소를 결정한다. 구체적으로, 급진적 혁신은 테크노베이션 실행 과정에서 구성원의 불확실한 사고와 불연속적인 행동을 수반한다. 그런데 조직구조가 이러한 사고 및 행동을 수용하지 못한다면, 급진적 혁신은 결코 기대 성과를 산출하지 못할 것이다. 테크노베이션에 능숙한 기업은 그 유형과 강도에 따라서 혁신 수용력이 높은 구조를 채택하려 한다. 혁신 수용력은 전략적 목적 달성을 위

표 3-2 인소싱 테크노베이션의 핵심 조정 요소

유형	프로덕트 혁신	프로세스 혁신
연속적 혁신	• 분석에 집중된 초기 활동 • 주로 경쟁 상황에 주목하는 바운더리 스패닝 활동으로 개시 • 사업부 간 기능적 협력 필요 • 경쟁재 및 대체제의 개선에 대한 집중적 감시 필요	• 분석에 집중된 초기 활동 • 기능 지향적 관점 필요 • 내부 정보에 근거한 철저한 비용 분석 필요 • 내부 정보에 대한 프로젝트 참여자의 학습 활동 필요
급진적 혁신	• 불명확한 초기 활동 • 생산적 의사소통 채널에 기반한 수평적 조직구조 필요 • 사업부 간 기능적 협력 필요 • 신제품개발을 추진하는 독립적 사업 단위의 조직화 고려	• 불명확한 초기 활동 • 기능 지향적 관점 필요 • 벤치마킹 활동을 통해 시장·산업 트렌드 파악 필요 • 새로운 아이디어를 통한 비용 절감 추구

해 구성원이 현재 및 향후 진입하려는 비즈니스 환경에 관한 정보를 수집하고 분석하며 전파할 수 있는 역량을 일컫는다. 테크노베이션과 관련된 모든 환경 요소는 끊임없이 변하며, 이는 새로운 기회 혹은 위협이 될 수 있다. 따라서 테크노베이션의 유형 및 강도에 따라서 혁신 수용력이 높은 조직구조를 통해 실행 실패 위험을 관리할 수 있다.

테크노베이션에 적합한 조직구조를 살펴보자. 우선, 기능별 구조와 사업별 구조가 있다. 기능별 구조는 개발팀, 개발, 회계, 마케팅 등과 같이 직무 수행에 필요한 기술 지식의 유사성에 따라서 조직을 구성하는 반면, 사업별 구조는 입지, 생산, 고객 등을 기준으로 조직을 구성한다. 혁신선도 기업은 특정 문제를 해소하기 위해 설계된 하이브리드 구조를 취한다. 이들은 테크노베이션이 효과적으로 실행하는 데 적합한 조직구조를 취하는데, 이는 신속한 변화 대응을 위한 단순한 의사소통 채널과 협력 네트워크라는 특징을 갖는다.

비즈니스 스케일이 커질수록 의사소통과 네트워크는 점차 복잡해지지만, 불확실성이 높은 초기 단계에서는 환경변화에 따른 조정이 효과적으로 일어나도록 해야 한다. 한 기업의 공식적 조직구조를 살펴보면, 이들이 추구하는 테크노베이션의 전략적 방향성을 이해할 수 있다. 이를 위해 개별 부서들이 서로 어떠한 관계를 맺고 있는지 알 수 있기 때문이다. 인소싱 테크노베이션의 성공적인 실행은 구성원의 긴밀한 상호작용에 달려 있으며, 이를 위한 초석은 설계된 조직구조에 있다는 점을 간과해서는 안 된다.

(4) 포트폴리오로 관리하라

전사적 차원에서 여러 인소싱 테크노베이션 프로젝트를 포트폴리오로 관리하면 조정 활동을 효과적으로 수행할 수 있다. 초기 단계에서는 앞서 설명한 주요 실행 요소를 테크노베이션 프로젝트의 특성과 일치·조화시키고, 자원을 집중시켜 조직 전체로 테크노베이션을 확대해야 한다. 그리고 밸류체인 프레임을 통해 실행 활동을 지원하는 여러 부서의 연관성을 검토할 수 있다. 이와 동시에 테크노베이션 포트폴리오를 개발하여 여러 프로젝트의 진행 상황을 쉽게 관리할 수 있다. 포트폴리오의 구성요소와 고려사항을 [표 3-3]으로 정리했다. 각 구성요소를 결합하여 테크노베이션 포트폴리오를 구성하고, 이를 근거로 조직 생태적 관점에서 로드맵을 작성한 후 전략적 실행 방향성을 주기적으로 검토한다.

표 3-3 인소싱 테크노베이션 포트폴리오

<table>
<tr><td rowspan="3">기술 불확실성 고</td><td>고</td><td colspan="2">기술 포지션 강화
기술적으로 불확실한 시장의 경쟁적 포지션 확보를 위해 기업의 성장 방향에 관한 포트폴리오 설계</td><td>도약 추구
신기술 개발을 위한 기초연구 수행</td></tr>
<tr><td>중</td><td colspan="2">플랫폼 출시
개별 기술 요소의 개발을 위해 시장에 집중, 제품라인업을 위한 구성원 간 협력 필요</td><td rowspan="2">시장 감시
시장 지향적 관점에서 고객 니즈 파악, 개선을 위한 응용연구 수행</td></tr>
<tr><td>저</td><td>개선 제품 출시
기존 기술 제품의 부분적 기능 향상 추구</td><td></td></tr>
<tr><td></td><td></td><td>저</td><td>중</td><td>고</td></tr>
<tr><td></td><td></td><td colspan="3">시장 불확실성</td></tr>
</table>

Executive Summary

3장에서는 인소싱 테크노베이션의 실행 차원을 살펴보았다. 사내기업가의 '리더십', 주요 구성원의 '참여', 보유 자원 및 역량의 '확장', 조직-개인 간 '조정'을 강화하여 인소싱 테크노베이션을 추진하는 데 필요한 실행력을 확보할 수 있다. 무엇보다 테크노베이션의 성공 잠재력을 높일 수 있도록 각 실행 요소 간 정합성을 확보하고, 부서 및 계층 간 활발한 정보 공유가 일어날 수 있도록 단순한 의사소통 채널과 협력적 네트워크를 개발해야 한다. 인소싱 테크노베이션의 유형과 강도에 따라서 실행 방법, 즉 전술이 달라진다. 전술은 테크노베이션으로 제품 경쟁력을 강화해야 한다. 제품의 경쟁적 속성은 다음과 같다.

- 상대성 : 경쟁자의 것보다 우수한가?
- 호환성 : 기존 제조, 생산, 유통, 판매 인프라와 조화를 이루는가?
- 단순성 : 최종사용자가 혼란을 느끼지 않을 정도로 단순한가?
- 사용성 : 최종사용자가 쉽고 간편하게 사용할 수 있는가?
- 전달성 : 효과적이고 효율적으로 노출할 수 있는가?

이상의 속성에 기초하여 ① 기존 시장에 신제품 출시, ② 신시장에서 기존제품 출시, ③ 신시장에서 신제품 출시의 3가지 전술에 공통으로 적용할 수 있는 관리지침은 다음과 같다.

- 표적시장에서 신제품이 내포한 상대적 우위성을 파악한다.
- 신제품이 표적시장에 미칠 수 있는 파급효과를 정의하고 기존제품에 미칠 영향을 분석한다.
- 기존 유통·판매 방식과 일치하지 않는 신제품의 복잡성을 제거하고 현실성 있는 시장진입 계획을 수립한다.
- 신제품이 내포한 가치를 유형화하여 잠재고객에게 인식시킨다.

인소싱 테크노베이션의 실행 성공은 구성원들이 얼마나 생산적으로 지식을 공유하는지에 달려 있다. 그러한 구성원일수록 테크노베이션에 필요한 새로운 시스템을 구축하고 활용하려는 조직변화에 효과적으로 적응한다. 이러한 활동을 지원할 때 다음 사항을 유념한다.

- 광범위한 프로세스 혁신을 피한다. 테크노베이션 목적과 일치하지 않는 프로세스 혁신은 구성원의 공감을 얻기 어려우며, 결국 방향을 잃게 된다.
- 테크노베이션이 불러올 변화에만 집착하여 구성원에게 지나친 적응 압력을 가하면 강력한 저항에 부딪히게 된다.
- 변화 관리 역량이 높다고 자만하지 말아라. 자만은 구성원의 행동 변화와 부서 간 협력을 세심히 조정하는 데 실패의 원인이 된다.
- 조직 및 업무상 변화에 구성원의 희생을 강요해서는 안 된다. 적절한 동기와 보상을 제공하여 자발적 수행 의지를 독려한다.
- 아직 발생하지도 않은 문제에 대비하고자 부적절한 방식을 선제적으로 적용해서는 안 된다.

- 실행 과정에서 발생하는 문제 대부분은 기술적인 것이 아니라 개인 및 조직과 관련되어 있다는 점을 명심한다.
- 개인-조직 간 생산적 의사소통 채널을 구축하지 않은 채 테크노베이션을 감행해서는 안 된다.

인소싱 테크노베이션이 전사적 경쟁우위의 원천으로 작용할 수 있도록 구성원의 전략적 활동을 조직의 전사적 목표와 일치시켜야 한다. 이를 통해 구성원은 테크노베이션의 목적을 달성하기 위한 실행 접근을 이해할 수 있다. 변화를 포용해야 할 타당한 이유를 개발하고 사내벤처팀의 조직구조를 정비해야 한다. 이러한 조직화 시 다음 체크리스트를 적용할 수 있다.

- 목표 : 사내벤처팀은 명확한 목표를 갖고 있는가? 팀원들이 목표를 개발하는 과정에 참여했는가? 이들이 목표를 공유하고 있는가? 목표는 누구나 쉽게 이해할 정도로 단순한가? 목표를 현실적으로 달성할 수 있는가?
- 개인 : 팀에게 현재 및 향후 필요한 역량은 무엇인가? 팀원들의 역량을 어떻게 증진할 것인가? 이들의 업무 성과를 어떻게 측정할 것인가? 이들의 업무 성과를 높이는 방법은 무엇인가? 이들의 새로운 사고를 촉진할 방법은 무엇인가? 이들의 혁신 활동을 위해 어떠한 실질적 지원을 제공하고 있는가?
- 조직 : 팀원들은 어떻게 지식 정보를 공유하는가? 이들이 주요 의사결정 과정에 참여하고 있는가? 이들은 비효과적이거나 비효율적인 업무 프로세스에 의문을 제기하는가? 이들은 서로를 신뢰하는가? 이들이 협력적

으로 자원을 결합하여 새로운 시도를 하는가? 혁신적 시도의 실패 사례를 어떻게 다루고 있는가? 경영진은 무엇을 지원하는가?

위 질문을 통해 사내기업가는 인소싱 테크노베이션의 실행 추진력을 점검할 수 있다. 테크노베이션을 성공으로 이끌 자격과 역량을 갖춘 리더란 태생적으로 존재하지 않는다. 사내기업가는 조직의 건실한 지원을 토대로 인소싱 테크노베이션의 핵심 실행 요소를 상호 연결하여 현재의 한계를 뛰어넘어야 한다. 그리고 강점을 강화하고 약점을 보완하면서 테크노베이션의 실행 기반인 사내벤처팀의 조직체계를 탄탄히 다져야 한다.

CHAPTER 4

인소싱 테크노베이션 평가·통제하기

TECHNOVATION
MANAGEMENT

TECHNOVATION MANAGEMENT

CHAPTER 4

인소싱 테크노베이션 평가·통제하기

시장에서 확고한 경쟁우위를 확보하고자 인소싱 테크노베이션을 선택하고 무엇을 어떻게 달성하며(계획), 이를 위한 구체적인 업무를 수행했다면(실행), 이제 테크노베이션 프로젝트가 계획대로 실행되었는지 검토(평가)해야 한다. 프로젝트가 계획대로 실행되지 않았다면, 올바른 방향으로 움직이도록 조정(통제)한다. 평가·통제는 전략적 테크노베이션 매니지먼트의 마지막 활동 요소지만, 계획-실행 과정에서 반복적으로 이루어진다. 실례로, 테크노베이션 계획 단계에서 목적, 전략, 전술을 구상할 때 시장 변화와 산업 환경을 '평가'해야 하며, 실행 단계에서 혁신 활동이 수립된 방향대로 수행되도록 '통제'해야 한다.

이처럼 평가·통제를 통해서 인소싱 테크노베이션이 전사적 목표 달성에 기여하는지 확인하고, 만약 그렇지 않다면 목표를 수정하거나 목표 달성을 위한 활동을 조정할 수 있다. 오랜 시간 공들여 설정한 목표는 시간이 지남에 따라 타당성과 적합성이 낮아지고, 더욱이 세심한 노력을 들인 모든 혁신 활동이 자연발생적으로 기대 성과를 창출하는 것도 아니다. 하지만 실제로는 대다수의 테크노베이션에서 충분한 평가·통제가 이루어지지 않는 실정이다. 자세히 살펴보면, 평가·통제가 충분히 이루어지지 않은 사내벤처팀은 테크노베이션 활동에만 집중하며, 이를 통해 전략적 조직 목적을 달성하고 경제적 가치를 창출하는 데 관심을 두지 않는 모습을 보인다. 고객가치를 증진할 혁신적 마켓어퍼링을 개발하더라도 기대한 목표 투자수익 및 마켓 포지션에 도달하는 데 레버리지로 작용하지 못한다면 성공적인 결과라 볼 수 없다.

따라서 인소싱 테크노베이션이 기대 성과를 창출하는지 관찰하고, 성과 창출에 방해가 되는 잘못된 목표 및 행동을 조정해야 한다. 이러한 평가·통제는 테크노베이션 과정에서 지속적이고 반복적으로 이루어져야 한다. 이번 장에서는 인소싱 테크노베이션에 대한 평가·통제의 주요 사항을 살펴본다.

1. 인소싱 테크노베이션에서 평가·통제가 필요한 이유

급변하는 외부 환경에 대응하여 테크노베이션 실행 수준을 평가하고 통제해야 한다. 환경변화로 인해 수립한 테크노베이션 전략의 근간이 되는 시장 및 고객에 관한 가설의 타당성과 적합성이 점차 낮아지기 때문이다. 예를 들어, 경쟁자가 시장 영향력을 강화하고자 저비용 전략으로 제품 가격을 낮추거나 차별화 전략으로 제품 기능을 높이는 전략을 추구하고 있다면, 그 이전에 수립한 자사의 테크노베이션 전략은 더는 유효하지 않게 된다. 이런 상황에서도 실행 방향을 검토 및 조정하는 평가·통제를 하지 않은 채 이전 전략을 유지해서는 안 된다. 또는 변화에 대한 소극적 대응 방안으로 경쟁자의 전략을 모방하기라도 하면 인소싱 테크노베이션에 대한 기존 투자는 결국 매몰 비용으로 전락할 것이다. 최악의 경우, 조직이 경쟁열위에 봉착할 수도 있다.

끊임없이 변하는 경쟁 환경에서 인소싱 테크노베이션의 진화는 인위적으로 이루어져야 한다. 자사에 앞서 변화된 환경에 적합한 테크노베이션으로 경쟁 구조를 바꾸려는 잠재적 경쟁사들이 끊임없이 출현하고 있다. 하지만 이러한 환경변화에 민감하게 반응하고 적응하기란 결코 쉬운 일이 아니다. 주기적이고 반복적으로 환경변화를 감지하고 원인을 규명하며 대응 방안을 모색해야 한다. [그림 4-1]은 인소싱 테크노베이션의 평가·통제 요소들을 보여준다. 이는 우리의 일상적인 생활에서 이루어지는 피드백 프로세스와 유사하다. 상호영향을 미치는 평가·통제 요소들은 복잡한 메커니즘으로 연결되어 있다. 그 메커니즘을 이해할 때 비로소 인소싱 테크노베이션과 관련하여 어떤 변화가 일어나며, 어떤 조정이 필요한지 알 수 있다. 우선, 인소싱 테크노베이션에 대한 평가·통제 활동의

그림 4-1 인소싱 테크노베이션의 평가 · 통제 프로세스

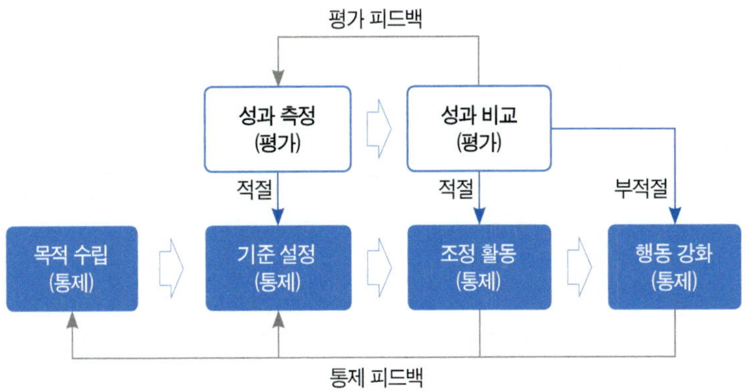

주요 목적인 전사적 성과 목표 관리, 가치 창출 및 포착, 벤치마킹을 순서대로 살펴본다.

1) 전사적 성과 목표 관리

인소싱 테크노베이션에 대한 평가·통제의 주요 목적은 전사적 성과 목표 관리에 있다. 평가·통제 활동을 통해서 테크노베이션 프로젝트가 기업의 주요 관리 대상으로 만들어야 한다. 테크노베이션 프로젝트를 둘러싼 여러 이해관계자의 관심사는 사업 성과 창출에 맞춰져 있다. 이를 위해 사내기업가는 사내벤처팀의 조직 활동을 관리해야 하고, 여러 기능부서로부터 혁신에 대한 지원을 끌어내야 한다. 그리고 테크노베이션이 기업가치(Valuation, 밸류에이션) 증대에 얼마나 기여했는지 경영진이 파악할 수 있도록 한다. 이때는 다양한 정량적 및 정성적 성과 측정 기준을 마련하여 분석이 이루어지도록 평가 프로세스를 설계한다.

2) 가치 창출·포착

평가·통제 시 인소싱 테크노베이션이 기대 가치를 창출했는지 점검해야 한다. 이는 기업가치 증대에 기여한 직접적 가치는 물론 이해관계자와 관련된 간접적 가치를 모두 포함한다. 가치 창출(Value Creation)과 가치 포착(Value Capture)은 인소싱 테크노베이션의 주요 과제이며, 이는 평가·통제 활동에서도 마찬가지다. 이러한 가치 창출 및 포착은 실현 가능한 새로운 테크노베이션을 끊임없이 재생산하려는 조직적 노력의 결과물이다. 제안된 테크노베이션 아이디어가 충분한 가치를 창출하고, 사내벤처팀은 그 가치를 포착하는지 평가·통제해야 한다. 기대한 재무적 성과의 창출 여부만 확인해서는 안 되며, 추진 중인 테크노베이션이 다른 사업부의 성과 창출을 보완하는지도 살펴봐야 한다. 이해관계자를 위한 간접적 가치를 평가·통제하기란 쉬운 일이 아니지만, 테크노베이션이 이들에게 제공하는 가치 수준을 측정하고 증진하는 관리 활동도 병행해야 한다.

3) 벤치마킹

인소싱 테크노베이션에 대한 산업 모범 사례(Best Practices)의 적용 여부도 평가·통제의 주요 대상이다. 조직구성원은 장기간 고착된 행동 양식을 관성적으로 따라 한다. 이는 새로운 혁신 정보를 공유 및 활용하지 못하는 조직 무기력으로 연결될 수 있다. 특히 성공을 경험한 구성원일수록 조직의 성공보다는 자신의 성공에 더 집중하기 때문에, 자신의 성공과 무관한 정보의 공유 및 활용을 배제하는 경향을 보인다. 하지만 전사적 차원에서 테크노베이션의 성과 창출력을 높이려면 산업 내·외부에 존재하는 경쟁자 및 혁신자의 구체적이고 모범적인 성공 요소를 벤치마킹해야 한다. 모범 사례에 관한 정보를 수집하여 달성 가능한 목표를 수립하고, 갭 분석을 통해 필요한 조정 활동을 규명한다면 인소싱 테크노베이션에 대한 귀중한 통찰을 얻을 수 있다. 평가·통제 단계에서는 새롭게 출현한 기술 트렌드를 발견하고, 이를 통해 경쟁 기회를 개발하는 데 초점을 맞춰야 한다.

성공을 경험한 조직일수록 벤치마킹 활동에 어려움을 겪게 마련이다. 과거의 성공은 구성원이 현재 상황에 만족하도록 만든다. 이러한 만족은 '어제의 성공이 곧 내일의 성공'이라는 그릇된 믿음을 낳는다. 이러한 믿음이 그 자체로 문제가 되지는 않지만, 경영진과 이해관계자에게 자만의 모습으로 보일 수 있다. 경쟁자가 현재 무엇을 왜 하고 있는지 수시로 파악하고 모범 사례를 적용함으로써 주요 관계자들에게 테크노베이션의 진정한 가치를 온전히 보여줄 수 있다. 산업 요인에 대한 지속적인 정보 분석은 환경변화로 발생하는 새로운 기회 및 위협이 인소싱 테크노베이션에 어떻게 작용할 것인지에 대하여 심도 있게 이해하도록 만든다.

2. 인소싱 테크노베이션의 평가 활동

인소싱 테크노베이션의 평가 활동을 설계하기에 앞서 다음 3가지 질문에 답해보자.

- 우리의 마켓 포지션은 현재 어디에 있고, 테크노베이션을 통해 도달하려는 마켓 포지션은 어디인가?
- 실행 중인 테크노베이션이 기대 성과를 창출하는 데 긍정적 영향 혹은 부정적 영향을 미칠 수 있는 사건은 무엇인가?
- 현재와 같은 방식·방향으로 나아간다면, 최종 도달할 마켓 포지션은 어디인가?

이들 질문은 현재 상태와 기대 상태의 차이를 분석하는 갭 분석(Gap Analysis)의 출발점이 된다. 갭 분석은 달성하려는 것, 현재 달성한 것, 그리고 달성할 것으로 예상되는 것을 비교한다. 그리고 차이가 존재하는지, 그 차이는 무엇인지, 그 차이는 왜 발생했는지 파악한다. 갭 분석은 인소싱 테크노베이션에서 매우 유용한 기법이다.

인소싱 테크노베이션은 아웃소싱 테크노베이션보다 기대 성과를 창출하는 데 더 많은 시간이 걸린다. 초기에 기대한 성과와 활동 과정에서 실제 달성한 성과 간 어떤 차이가 있는지를 파악하지 않은 채 진행된 인소

표 4-1 갭 분석의 결과

분석 결과	상황적 조건
반드시 해결해야 할 갭	• 경쟁열위를 초래할 수 있는 중대한 실패가 잠재된 경우 • 산업 내 기업의 전략적 포지션이 크게 낮아지는 경우 • 미해결 시 발생할 리스크가 잠재적 해결 비용보다 높은 경우
해결해야 할 필요가 있는 갭	• 산업 내 기업의 전략적 포지션 및 시장점유율이 낮아지는 경우 • 미해결 시 기업 성장이 제한될 수 있는 경우
해결하면 좋은 갭	• 기업의 경쟁적 포지션을 강화하기 위해 해결하면 좋은 경우 • 해결 시 잠재적 이익이 프로젝트 관련 위험·비용보다 높은 경우 • 해결 시 미래 지향적 혁신 활동을 촉진할 수 있는 경우
해결할 필요가 없는 갭	• 경쟁자의 위협 강도가 낮은 경우 • 해결 시 기업의 경쟁적 포지션을 강화할 수 없는 경우 • 해결 시 얻을 잠재적 이익보다 해결 비용이 더 큰 경우

싱 테크노베이션은 점차 목표 성과와 불일치된 경로를 걷게 된다. 이런 상태로 상당한 시간이 흐르면 목표 성과와 실제 성과는 큰 격차가 발생한다. 이 과정에서 임시방편의 처방책은 문제를 악화시킨다. 반면, 사전에 갭 분석으로 발생 가능한 성과 차이를 파악했다면, 테크노베이션이 전략적 목표를 달성하도록 실행상의 작은 변화를 일상적으로 일으킬 수 있다. 만약 초기 수립한 목표가 변화된 환경에 부적합하다면 목표 자체를 조정할 수도 있다. 갭 분석은 다음의 단계적 접근으로 진행된다.

1) 현재 우리는 어디에 있는가?

갭 분석은 수립한 테크노베이션 계획이 제대로 실행되고 있는지 파악하는 것으로 시작한다. 이를 위해서는 미래의 목적지에 도달하려는 경로에서 현재 우리가 어느 지점에 있는지 알아야 한다. 즉, 테크노베이션이 목표를 달성하는 과정에서 현재의 운영 상황을 평가하는 것이다. 인소싱 테크노베이션을 실행하기에 앞서 이를 통해 도달하려는 목적지를 설정했다. 이는 일반적으로 장기적 및 단기적 프레임으로 구성되며, 장기목표는 이를 달성하는 데 즉각적으로 성취해야 할 여러 단기목표를 수반한다. 따라서 장기목표를 달성하는 과정에 비추어 여러 단기목표의 성취 수준을 파악한다. 이러한 현재 상태를 이해하려 할 때 적용할 수 있는 평가기법은 다음과 같다. 각 기법의 분석 초점이 다르기 때문에 가능한 모든 기법을 동시 활용하기를 권장하지만, 상황적 시급성 및 필요에 따라서 단일 기법만 적용할 수도 있다.

- 전략 환경 평가 : 인소싱 테크노베이션에서는 산업의 역동적 변화 방향은 물론 해당 산업에서 활동하는 주요 경쟁자의 전략적 활동도 살펴봐야 한다. 이를 위한 주요 평가기법으로는 산업에 영향을 미치는 주요 사건을 파악하는 이슈 분석(Issue Analysis)과 산업을 구성하는 주요 요인의 영향 강도를 파악하는 5세력 분석(Five-force Analysis)이 있다.
- 외부 환경 평가 : 고객은 테크노베이션의 성과 기준이다. 경쟁자에 대한 이해와 더불어 고객의 가치 변화도 살펴봐야 한다. 밸류체인의 핵심 구성원인 공급자 역시 테크노베이션 실행에서 주요 역할을 담당하는 이해관계자이다. 고객과 공급자와의 네트워크가 정상적으로 작동하는지 평가한다. 만약 이들과의 연결이 단절되었다면, 기존 네트워크를 보완하거나 새로운 네트워크를 구축해야 할지 살펴본다. 조직과 외부 주체의 유기적 결합에 대해서 질적·양적 평가를 모두 수행한다.

• 정보 시스템 평가 : 급변하는 경쟁 환경에 대응하려면 신속한 의사결정 체계가 필요하다. 즉, 올바른 정보가 적절한 시점에 적합한 자에게 전달될 수 있도록 정보 관리 시스템을 구축해야 한다. 우선, 조직은 이러한 시스템을 보유하고 있는지 살펴보고, 해당 시스템을 통해 정보가 활발히 공유되고 있는지 평가한다. 혹시 정보 과잉으로 구성원들이 분석 무기력증에 빠져있는지, 만약 그렇다면 분석 무기력증을 완화하는 방법도 함께 모색한다.
• 조직구조 평가 : 구성원의 과업 프로세스를 결정하는 조직구조가 테크노베이션의 목표 달성에 필요한 혁신성을 강화하는지도 평가한다. 핵심사업부와 신속한 업무 협조가 이루어지도록, 각 사업부의 주요 구성원들이 테크노베이션에 참여하도록 조직구조가 설계되었는지 살펴본다. 협력 부서와의 긴밀한 의사소통을 통해 관련 정보가 사내벤처팀에 신속히 도달할 때 생산적 조직구조를 갖추었다고 볼 수 있다.

인소싱 테크노베이션의 현재 상태와 목표 상태를 비교하는 것만으로는 부족하다. 변화된 상황에 따라서 목표를 수정하는 유연한 접근도 필요하다. 예를 들어, 초기에는 테크노베이션으로 연간 50%의 사업 성장률 목표를 설정했다고 가정해보자. 그런데 이때 표적시장의 성장률을 과소평가했다. 실제로 표적시장은 연간 100% 수준으로 성장한다. 경쟁자는 시장 성장률에 근접한 사업 성장률을 달성하고 있다. 그렇다면 연간 50%의 사업 성장률 목표는 아무런 의미가 없다. 이때는 초기에 수립한 목표치를 상향시켜야 한다.

이와 유사하게, 향후 3년 이내에 표적시장을 지배하는 주요 마켓 플레이어로 성장하겠다는 초기 목표를 설정했다고 가정해보자. 이때는 급변하는 기술로 인해 3년 이내에 표적시장 자체가 사라질 위험도 고려해야 한다. 예상치 못한 변화로 인해 시장의 존속 여부가 위협받는 상황에서 해당 시장을 지배하겠다는 목표는 이제까지 추진한 테크노베이션을 무용지물로 만들 수 있다. 테크노베이션이 소기의 목적을 달성하고 있는지 평가하는 수준에 그쳐서는 안 되며, 상황적 조건에 비추어 목표를 수정할 채비를 갖추어야 한다.

그러려면 실제 성과와 기대 성과의 차이를 어느 정도까지 허용할 것인지 결정해야 한다. 그 차이가 무시해도 될 정도로 작을지도 모른다. 예를 들어, 분기별 20%의 매출 성장 목표를 설정했지만 실제로는 18%밖에 증가하지 않았다. 이를 심각한 차이로 간주하고, 차이를 줄이는 데 필요한 조정 활동을 수행할 것인가? 어떤 목표에서 발생한 성과 차이를 어느 수준까지 수용할 것인지에 대해서 합의해야 한다. 큰 차이가 발생했지만, 파급력이 적어서 무시해도 될 목표 영역이 있을 수 있다. 반면, 작은 차이가 조직 전체에 부정적 영향을 크게 미치는 목표 영역이 있을 수도 있다. 이에 대한 평가로 'Yes or No'의 이분법적 답변을 내리면 안 된다. 복합적 조직 사고력을 기반으로 심도 있는 정성적 분석을 수행해야 한다.

갭 분석은 특별한 기법이 아니며 혁신선도 기업들이 일상적인 의사결정에서 적용하는 여러 분석기법 중 하나이다. 갭 분석과 함께 재무적 수치와 고객, 비즈니스 프로세스, 학습 등 다방면의 지표를 총체적으로 균형성과표(Balanced Scorecard)를 적용하면 훌륭한 통찰을 얻을 수 있다. 균형성과표를 통해 현재 실행 중인 인소싱 테크노베이션이 기업과 고객에게 제공할 가치 목표 수준에 얼마나 근접해 있는지를 점검할 수 있다.

2) 앞으로 어떤 일이 일어날 것인가?

갭 분석의 다음 활동은 테크노베이션 실행 과정에 긍정적이거나 부정적인 영향을 끼칠 수 있는 사건을 평가하는 것이다. 이를 위해서는 테크노베이션에 영향을 미칠 수 있는 환경 요소를 면밀하게 관찰하고, 변화 추세를 추적하며 변화 방향을 예측해야 한다. 초기 수립한 테크노베이션의 전략적 목표는 당시의 내·외부 환경에 대한 평가에 근거한다. 따라서 추진 중인 테크노베이션이 해당 환경에 미칠 영향까지 평가해야 한다. 예를 들어, 향후 불경기가 예상되면 비디오 게임콘솔 산업은 기대치보다 낮은 성장률을 보인다. 대체로 게임콘솔의 잠재 고객들은 경기 상황에 따라서 매우 탄력적인 구매 의사를 갖기 때문에, 경기가 호전되어 재정적 안정성이 확보되기까지 구매를 연기할 가능성이 크다. 경기 변동 및 기술 출현과 같은 외부 환경변화는 테크노베이션의 초기 목적 및 활동 계획에 직접적인 영향을 미친다. 따라서 환경변화를 주시하고, 이에 선제적으로 대응할 수 있도록 실행 활동을 조정해야 한다.

인소싱 테크노베이션이 시장경쟁 판도를 바꿀 만큼 강력한 파급력을 지녔더라도, 그 가치를 정의하고 부여하는 것은 바로 시장이다. 만약 경쟁자가 유사 프로젝트를 완료했다면 자사가 추진 중인 테크노베이션의 근거가 되는 시장 전망도 근본적으로 바꾸어야 한다. 불과 몇 년 전까지만 하더라도 필수품처럼 여겨진 MP3 플레이어가 그러하다. 비약적인 기술 및 생산 발전으로 이전보다 훨씬 저렴하게 고품질·고기능의 재생기기를 개발할 수 있지만, 이에 대한 시장 수요는 거의 없다. 이와 관련하여 고객들은 온라인 스트리밍 서비스에 구매 가치를 두고 있다. 시장 동향과 경쟁 기술을 간과하고 곧 폐기될 기술에 테크노베이션을 주력하면 '돌이킬 수 없는 실수'를 범할 수 있다. 이때 적용할 만한 평가 항목은 다음과 같다.

- 기술 : 새로운 기술이 적용된 특허권을 확보하거나 새로운 제품 및 프로세스에 대한 지식재산권을 확보할 수 있는지 검토한다. 이를 통해 후속 테크노베이션의 효율성을 높일 수 있고, 환경변화에 대한 전략적 대응의 효과성·신속성을 높일 수 있다.
- 고객 : 테크노베이션의 결과물에 대한 고객 만족도를 다차원적 성과 관점에서 검토한다. 출시하려는 마켓어퍼링에 관한 잠재 고객의 반응 및 행동을 검토함으로써 고객의 구매 의사를 확인할 수 있다.
- 전략 : 테크노베이션 및 마켓어퍼링에 대한 시장 평판, 부가가치 창출 여부, 수익 성장 잠재력 등을 검토한다. 이를 통해 기업의 시장·기술 역량이 강화되고 있거나, 적어도 유지되고 있는지를 확인한다.

각 항목의 수준을 포괄적으로 증진할 방법을 모색하여 기업가치에 대한 인소싱 테크노베이션의 잠재적 기여도를 높일 수 있다. 특히, 테크노베이션으로 경쟁자보다 우수한 전략 자원 및 역량을 개발하거나, 경쟁자가 모방하기 어려운 지적 자산을 개발하면 경쟁우위의 지속 가능성을 확보할 수 있다. 이러한 경쟁 토대는 조직의 장기적 생존 및 성장에 필요한 밑거름이 된다.

3) 궁극적으로 도달하려는 목적지는 어디인가?

갭 분석의 마지막 질문은 테크노베이션의 실행 방향을 근본적으로 전환해야 할 필요가 있는지 평가하는 것이다. 인소싱 테크노베이션 진행 과정에서 '우리가 지금처럼 나아간다면, 최종 목적지는 무엇이며, 이는 우리가 계획한 것과 같은가?'를 정기적으로 자문해야 한다. 물론 초기 목표와 현재 상태에 대한 비교만큼 자주 할 필요는 없지만, 이전에 발견하지 못한 새로운 기회가 출현했는지 파악할 수 있도록 정기적인 평가가 필요한 질문이다. 이러한 미래 지향적 자기성찰은 현재의 계획 목표를 개선하는 데 유용하며, 앞서 인지하지 못한 새로운 차원으로 테크노베이션을 이끌 기회를 발견하는 계기가 된다. 단순히 현재 실행 방향이 초기 계획과 일치한다고 해서 인소싱 테크노베이션이 목표 성과를 창출할 것이라 간주해서는 안 된다.

원래 3M은 사포용 연마 모래 채광 사업으로 시작되었다. 고품질 사포를 생산하고자 종이에 모래를 붙이는 접착제를 개발한 결과 3M의 고유 상표인 스카치테이프(Scotch Tape)를 만들 수 있었다. 당시에 누구도 광범위한 산업영역에서 거대한 사업 포트폴리오를 갖춘 현재 3M의 모습을 상상하지 못했을 것이다. 하지만 경영진은 테크노베이션 과정에서 새로운 사업 기회를 포착하고, 그 방향으로 조직이 전략적으로 움직이도록 체계를 정비하며 테크노베이션 활동을 조금씩 조정해 나아갔다. 이러한 작은 변화들이 바로 혁신선도 기업을 움직이는 성장 동력이다. 이들은 기본적으로 앞으로도 시장·산업에 무수히 많은 혁신 기회가 존재할 것이라 가정한다. 이러한 가정에 따라 적합한 기회를 포착하여 실현하고자 신속한 평가 활동을 수행하며 연속적 성과를 창출한다.

새롭게 출현한 혁신 기회를 포착하고 실현하려는 민첩한 조직 행동은 창발성 전략(Emergent Strategy)으로 설명할 수 있다. 창발성 전략은 인소싱 테크노베이션을 수행하는 사내벤처팀에게 특히 중요하다. 애플(Apple)의 경우 아이폰을 출시했을 때 구성원 대부분은 매킨토시가 기업 성장을 견인할 제품군이라고 생각했다. 하지만 결단력 있는 리더의 주도하에 애플 경영진은 내·외부 환경에 대하여 철저하고 비판적인 평가를 단행했고, 그 결과 뜻밖의 거대한 성과 창출 기회를 인식할 수 있었다. 초기 아이폰을 개발한 테크노베이션에서 습득한 기술 역량을 더욱 강화하여 후속 테크노베이션에 적용했다.

테크노베이션이 진행되는 과정에서도 이러한 뜻밖의 기회를 발견해야 한다. 그 기회를 실현하려면 철저한 준비 태세를 갖추어야 한다. 전사적 조직체계가 새로운 시도를 얼마나 뒷받침하며, 구성원들은 얼마나 필사적으로 노력하는지, 이들의 활동에 얼마나 자원을 지원하는지에 따라서 새롭게 출현한 혁신 기회를 조직성장의 디딤돌로 전환할 수 있는 조직역량 수준이 결정된다.

초기 계획에서 벗어난 활동은 잘못된 것으로 여겨지기 쉽다. 하지만 초기 계획과 일치하지 않는다는 이유만으로 더 큰 성과를 달성할 기회를 놓쳐서는 안 된다. 전략은 항상 계획적이고 체계적으로 작동해야만 하는 것도 아니다. 인소싱 테크노베이션의 미래에 대한 평가를 통해 전략적 우회를 결정하는 것도 좋은 방법이다. 혁신선도 기업은 새로운 영역에서 경쟁우위를 확보하고자 창발성 전략을 수행할 유연한 조직체계를 갖추고 있다. 이는 주기적으로 조직의 미래 모습을 평가하고, 구성원의 기회 포착 및 실현을 장려하며, 관련 지식을 축적하여 조직 전체에 빠르게 공유하도록 만든다. 경영진은 기업이 추구할 전사적 비전 및 미션을 설정하고 조직을 움직이도록 지원하는 역할을 담당하지만, 이를 위한 고성과 창출 잠재력을 내포한 혁신 기회를 포착하고 테크노베이션으로 실현하는 활동은 사내기업가의 몫이다.

3. 인소싱 테크노베이션의 통제 활동

앞서 세 질문을 통해 인소싱 테크노베이션에 대한 평가를 완료했다면, 이제 통제를 가할 차례이다. 평가는 통제의 근거를 마련하는 활동이다. 타당한 근거를 마련했다면, 이제 '우리는 무엇을, 언제, 어떻게 조정해야 하는가?'라는 질문에 답해야 한다. 이러한 조정 활동에 관한 의사결정이 통제의 시작점이다.

1) 통제 기법

여러 통제 기법이 있지만, 인소싱 테크노베이션에 유용한 통제 기법은 재무적 통제, 전략적 통제, 제도적 통제의 3가지가 있다. 각 기법은 배타적이지 않고 상호보완적으로 병행할 수 있다. 실제 달성한 재무적 성과가 초기 목표와 큰 차이를 보인다면, 현재 재정 상황에 비추어 초기 목표를 달성하도록 재무적 통제를 적용할 수 있다. 이와 동시에 재무적 성과와 긴밀히 연관된 시장점유율과 같은 전략적 목표에 대해서도 전략적 통

표 4-2 인소싱 테크노베이션의 통제 기법

구분	재무적 통제	전략적 통제	제도적 통제
장점	• 전략적 데이터 활용 • 결과 해석의 용이성	• 정성적 데이터 활용 • 기업-사업 방향 설정 • 높은 환경 적합성	• 정성적 데이터 활용 • 높은 개인-조직 행동 적합성
단점	• 분석 무기력증 증가 • 편협한 내부 관점	• 수치화의 어려움 • 기업 간 상대적 비교 분석의 어려움	• 경영진의 적극적 참여 및 지원 필수

제를 가할 수 있다. 만약 재무적 성과가 목표보다 낮은 원인이 조직체계에 있다면, 제도적 통제를 병행할 수도 있다. 각 기법의 특성을 요약하면 [표 4-2]와 같다.

(1) 재무적 통제

재무적 통제는 초기 예상한 재무 성과와 실제 달성한 재무 성과 간에 발생한 차이를 검토하고 적절한 조절 활동을 수행하는 것이다. 재무적 통제에 집중하면, 매출성장률, 수익성장률, 비용감소율 등에서 구체적인 재무 목표를 갖게 된다. 이들 목표는 분기별 단기목표와 1년 이상의 장기목표로 구성되는데, 인소싱 테크노베이션에서는 주로 단기목표에 초점을 맞추면 된다. 즉, 분기별로 초기 예상한 재무 성과와 실제 발생한 재무 성과를 비교하는 것이다. 만약 유의미한 차이가 발생했다면, 후속 분기에서 재무 성과를 높이기 위한 조정 활동을 계획한다. 예를 들어, 목표 수익을 달성하지 못했다면 운영 효율을 높이고 비용을 절감하여 예상 매출 대비 수익을 높이는 방법을 추구할 수 있다.

재무적 통제는 정략적 차원에서 이루어지기 때문에 비교적 통제 난이도가 쉬운 편이다. 그렇다고 재무적 통제만을 단독으로 적용하는 것은 바람직하지 않다. 정량적 재무 성과는 문제의 결과일 뿐 결코 원인이 될 수 없기 때문이다. 따라서 목표보다 낮은 재무 성과가 무엇에서 비롯되었는지 충분히 설명하지 않는 재무적 통제는 인소싱 테크노베이션에 대한 다면적 성찰 기회를 제공하지 못한다.

(2) 전략적 통제

전략적 통제는 테크노베이션의 전략적 목표의 실제 달성 여부에 따라 적절한 조정 활동을 수행하는 데 초점을 둔다. 이러한 목표에는 마켓 플레이어로 성장, 새로운 마켓어퍼링의 초기 시장 진입, 혁신기업으로 마켓 포지셔닝 등이 포함된다. 재무적 통제와 달리 정성적 기준이 적용되는 전략적 통제의 이슈 사항은 측정이 어렵다는 것이다. 하지만 테크노베이션으로 기업의 장기적 성과 창출 기반을 마련하려면 다른 무엇보다 전략적 통제가 중요하다. 단기적 성과 창출에 집착한 채 매출액 및 수익성 등의 재무적 지표만 강조하다 보면, 정작 장기적 성과 창출에 필요한 연구개발 및 고객관계관리 등 전략적 지표의 중요성은 간과하게 된다. 이에 대한 투자는 테크노베이션의 건전성 및 타당성을 대변하는 중요한 지표이다. 설령 단기적 성과 관점에서 전략적 지표 항목에 지출이 많아 보일지라도, 이에 대한 통제 관리는 지속 가능한 성장 잠재력 확보에 유효하다.

미래의 현금 흐름은 현재의 테크노베이션에서 발현되는 크고 작은 혁신 활동으로 창출된다. 이를 위해 전략적 통제에서도 초기 수립한 전략적 목표와 실제 달성한 성과 간의 차이를 살펴본다. 유의적 차이가 발생했다면, 그 차이를 줄일 수 있는 조정 활동을 수행한다. 이때는 상당한 자원 투입이 필요할 수도 있다. 전략적 통제 과정에서는 예기치 못한 새로운 성장 기회를 발견할 수 있기 때문이다. 따라서 전략적 통제에는 기회 실현을 위한 새로운 혁신 활동의 수립 및 확대를 수반하기도 한다.

(3) 제도적 통제

인소싱 테크노베이션에서는 조직 시스템을 조정하는 제도적 통제도 필요하다. 이는 조직제도를 정비하여 전사적 조직 목표를 달성하도록 혁신성을 강화하는 데 초점을 둔다. 앞서 조직체계 및 문화가 인소싱 테크노베이션의 실행 생산성을 결정하는 메커니즘에 대해서 살펴봤다. 혁신 활동을 지원하는 체계 및 문화가 조직에 정착되는 순간 지식 공유가 촉진되고, 구성원은 테크노베이션을 성공적으로 이끌기 위한 혁신 활동을 자발적으로 수행한다. 이런 조직 시스템은 갭 분석의 대상이 된다. 제도적 통제는 위험을 감수하고 변화를 수용하며 경쟁에 선제적으로 대응하는 조직체계를 구성하도록 도와준다. 그 결과, 구성원이 목표 달성에 기여하는 방식으로 행동하도록 장려하고 창의적 사고를 촉진하여, 테크노베이션의 가치 창출을 행동 동기의 구심점이 되도록 한다.

특정 부문에 대한 제도적 통제는 정량화가 가능하나, 개인 및 조직 심리를 다루어야 하는 만큼 가장 어렵기도 하다. 하지만 기대한 대로 작동하기만 하면 기업 전반에 가장 강력한 파급효과를 미친다. 모든 구성원이 합의한 공동 목표를 추구하도록 이끌 수 있고, 해당 목표를 성취하도록 행동을 조정하며, 상호적 지원 및 협력을 촉진하기 때문이다. 이는 인소싱 테크노베이션을 효과적으로 수행하기 위한 기초이다.

2) 계층별 통제 요소

기대 목표와 실제 성과의 차이를 줄이는 통제 활동은 다음과 같은 방식으로 이루어진다.

- 프로세스 재설계 : 복합 기능적인 테크노베이션 프로세스를 재설계하여 기능별 성과 향상을 추구한다.
- 권한 위임 : 테크노베이션 참여자에게 적절한 권한을 위임하여 주요 의사결정에 대한 책임과 의무를 부여한다.
- 목표-역량 일치 : 보유한 역량이 목표 달성에 적합한지 점검하고, 적합성이 낮으면 새로운 목표를 수립하거나 필요한 역량을 개발한다.

타성에 젖어 변화를 거부하는 경직된 조직은 즉시 해결해야 할 문제를 좀처럼 인식하려 들지 않을뿐더러, 설령 문제를 인식하더라도 이를 회피하려는 모습을 보인다. 따라서 평가·통제 활동이 일부 조직 계층에 국한되어서는 안 되고, 전체 조직 계층에 두루 적용해야 한다. 그래야만 모든 구성원이 평가 과정에서 규명한 목표-실제 성과 간 차이 발생의 심각성을 인지하고, 그 차이를 줄이려면 적합한 변화를 이끌 통제 활동이 필요하다는 점을 느낄 수 있다.

반드시 전체 조직 계층을 대상으로 통제해야 하는 또 다른 이유는 서로 다른 역할과 책무를 지닌 직급별로 수행해야 할 통제 활동이 다르기 때문이다. 여기에서는 이사회, 경영진, 사내벤처팀의 통제 역할을 살펴본다. 각자가 통제 역할을 효과적으로 수행할 수 있도록 상하 계층 간 원활한 의사소통 채널을 운영해야 한다.

(1) 이사회

주주들은 경영진의 경영 관리 활동을 감독할 이사회를 구성한다. 주주의 대리자인 이사회는 주주 이익의 최대화를 위해 기업을 감시할 법적 책임을 갖고 있다. 기업의 비전 및 미션을 설정하는 데 지대한 영향력을 행사하는 이사회는 기업 활동에 대한 막강한 통제권도 갖고 있다. 이들의 통제권은 내·외부 환경에서 어떠한 변화가 나타나며, 이에 대한 조직 대응 방안은 무엇인지, 그 대응 방안은 효과적인지 등을 검토·결정할 수 있는 권한이다. 일반적으로 목표-성과 간의 차이가 무의미할 경우에는 이사회가 개입하지 않는다. 하지만 중대한 차이가 발생할 상황이라면 기존의 전략 방향을 수정하여 신속히 조직 활동을 전환하기 위한 의사결정을 내린다. 특히, 이사회는 다음과 같은 통제 활동을 수행해야 한다.

- 테크노베이션 프로젝트에 대한 투자 및 예산 승인
- 마켓 포지션을 결정할 테크노베이션 포트폴리오 승인
- 자사의 테크노베이션에 대한 경영자의 대응 전략 검토
- 기술 출현에 따른 잠재적 위험 확인
- 혁신 활동을 수행한 구성원에 대한 보상 여부 결정
- 시장·기술 동향에 입각한 전략적 의사결정
- 기업 성장을 위한 테크노베이션 목표 제시
- 지식 공유 활성화를 위한 기술 적용 여부 검토
- 테크노베이션에 대한 재무 분석, 위험 평가 및 시장 예측
- 주요 테크노베이션에 대한 적시 조정 및 지원 활동 요구

(2) 경영진

이사회가 테크노베이션에 대한 통제 방향을 결정했다면, 경영진은 설정된 방향대로 구체적인 통제 활동을 수행하는 역할을 맡고 있다. 경영진은 이사회가 승인한 기업의 비전·미션을 실현하기 위한 전략·전술을 수립하고, 통제 활동을 통해 구성원의 업무 행동 계획을 구체화한다. 이를 통해 이사회에 비전·미션을 추구할 방법을 설명하고, 이사회가 추구해야 할 전략적 성장 방향에 조언을 제공해야 한다. 인소싱 테크노베이션을 위한 경영진의 통제 활동은 다음 질문과 관련되어 있다.

- 추진 중인 테크노베이션은 장기적 기업 성장 방향과 일치하는가?
- 테크노베이션이 현재 및 미래의 기업가치를 어떻게 증진하는가?
- 테크노베이션의 예상된 비용 및 수익은 어느 정도인가? 단기적으로 높은 비용이 예상된다면, 수익 발생 시점까지 견딜 수 있는가?

- 산업 내 기술 발전의 속도는 어떠한가? 이에 어떠한 전략적 행동을 취해야 하는가?
- 테크노베이션으로 산업을 선도할 경쟁적 기술을 확보할 수 있는가?
- 테크노베이션 포트폴리오에서 지원해야 할 것은 무엇이고, 중단해야 할 것은 무엇인가?
- 구성원의 혁신성 강화를 위해 조직체계 및 문화를 어떻게 구축할 것인가? 이들의 혁신적 사고 및 활동을 어떻게 촉진할 것인가?

(3) 사내벤처팀

사내벤처팀은 경영진이 수립한 통제 활동을 수행하는 역할을 담당한다. 언제, 어떻게 통제할 것인지, 즉 통제 활동을 완수하기 위한 시점과 방법을 고려하여 세부 활동 계획을 결정하고 이행한다. 통제 활동의 실체적 이행에 앞서 팀원들은 통제체계를 숙지하고 있어야 한다. 상세한 통제 추진 중인 테크노베이션에 대한 명확한 통제 목적을 부여하고, 이에 관한 활동 및 지원 체계를 마련함으로써 통제체계를 구체화할 수 있다. 통제체계는 인소싱 테크노베이션 전반에 영향을 미치므로 팀원 중 이를 관리할 책임자를 선임해야 한다. 통제 책임자는 사내벤처팀은 물론 핵심사업부의 관리자들과 협력하여 테크노베이션 실행 과정을 평가·통제하는 도구 및 기법을 개발하고 적용하는 역할을 담당한다. 무엇을 개선하기 위해 어떤 평가·통제 도구를 적용해야 하는지 파악하고, 이를 통한 조정 및 개선 활동을 후속 테크노베이션에 적용할 수 있도록 문서화한다.

통제 책임자는 인소싱 테크노베이션의 산출물인 제품·서비스의 품질을 통제하는 데 총력을 기울여야 한다. 혁신선도 기업들은 별도의 품질 통제 담당 부서를 운영한다. 이런 부서에서는 제품·서비스의 계량적 품질 기준을 설정하고 품질 수준을 측정한다. 투입-변형-산출 프로세스 관점에서 산출물의 품질은 투입물 및 변형 과정의 품질로 결정된다. 통제 책임자는 품질 관리부서와 함께 테크노베이션의 품질 적합도를 결정하는 다면적 기준 및 요건을 개발하여, 통제 활동을 더욱 고도화해야 한다. 품질 관리를 위한 통제 원칙은 다음과 같다.

- 불변한 목표를 세워라. 품질 관리는 장기적 접근이 필요하다.
- 새로운 철학적 가치를 품질 관리에 포함해라.
- 인과성이 높은 투입-산출 요인 간 변동성을 제한하라.
- 품질 관리 활동을 지속 가능한 형태로 조직에 정착시켜라.
- 품질 문제는 구성원이 아니라 시스템에서 발생한다.
- 과업 수행 방식에 관한 교육·훈련을 주기적으로 제공하라.
- 새로움에 대한 구성원의 두려움을 제거하라. 문제를 정의하고, 새로운 프로세스를 시도하며, 변화를 장려하라.
- 부서 간 장벽을 허물어라. 다른 부서에 고품질의 산출물을 제공하여 신뢰 기반의 상호 지원 관계를 형성하라.
- 품질 관리 슬로건을 없애라. 구성원을 독려하는 슬로건은 시스템 변화가 수반되지 않는 한 아무런 소용이 없다.
- 정량적 목표 관리는 지양한다. 수치에만 집중하면 강박관념을 일으키고 전략적 행동 방향을 놓치게 된다.
- 구성원의 업무가 최종 결과에 어떠한 기여하는지 이해시킨다.
- 모든 구성원이 변형과 개선을 추구하도록 한다.

4. 인소싱 테크노베이션에 대한 평가·통제 단계

평가·통제 체계를 구축하고 조직에 정착시켜야 한다. 유기적으로 계획 및 실행 활동을 조정하여 영향을 미치는 평가·통제는 인소싱 테크노베이션 전반에서 지속적으로 수행해야 할 활동이다. 우선, 사전 분석으로 평가·통제 활동의 타당성을 확인하는 방법, 계획 및 실행 단계에서 평가·통제가 적용되는 방법, 그리고 사후 분석으로 조직구조에 대한 평가·통제 방법에 대해서 살펴보자.

1) 평가·통제의 타당성 분석하기

평가·통제 활동은 정적으로 이루어져서는 안 된다. 기업, 시장, 산업, 기술, 경제, 규제 등의 영역에서 나타나는 내·외부 환경변화에 따라서 진화해야 하는 역동적인 활동이다. 변화가 발생한 영역에 대하여 평가·통제가 필요한 이슈 사항을 다루고 있는지 판별해야 한다. 즉, 평가·통제의 타당성을 분석하여 무엇을, 왜, 어떻게 조정해야 하는지 파악함으로써 불필요한 낭비를 막을 수 있다. 이를 위해서는 주기적으로 다음 질문을 되물어야 한다.

- 무엇을 측정해야 하는가?
- 어떻게 조정해야 하는가?

우선, 평가·통제의 대상을 정확히 파악할 수 있는 측정 체계를 마련해야 한다. 달성하려는 목표가 명확한 조직은 광범위한 평가·통제 요인에 집중하기보다는 해당 목표와 관련된 소수의 측정 가능한 특정 요인에 초점을 맞춘다. 그리고 해당 요인은 궁극적으로 구성원의 문제 해결에 필요한 창의적 사고 촉발과 관련되어 있다. 측정 체계를 개발할 때는 그 기준점이 되는 목표에 집중해야 한다. 같은 자원이 투입되지만 생산할 잠재적 결과물은 다른 두 개의 프로젝트를 가정해보자. 자원 관점에서 두 프로젝트는 유사성이 높기 때문에 관리 효율성을 위해 포트폴리오상 동일 집단으로 간주할 수 있다. 하지만 결과 관점에서 두 프로젝트는 이질적이기에, 이에 대한 평가·통제는 개별적으로 적용되어야 한다.

평가·통제의 타당성을 분석하여 갭 분석 결과와 함께 사내기업가의 노력한 경험에 근거하여 조정 활동이 이루어진다. 조정 과정에서도 후속 테크노베이션에 필요한 지식을 개발하고 발전시켜 공유하는 지식관리를 적용해야 한다. 지식관리는 엄격한 정책·규정을 적용하기보다는 비형식적이고 자율적으로 운영하는 것이 바람직하다. 물론, 팀에서 평가·통제 프로세스가 반복될 수 있도록 체계화하고, 여기서 생성된 지식 정보가 팀원들에게 활발히 공유되도록 해야 한다.

2) 계획·실행 활동에 대한 평가·통제

앞선 계획 활동에 대한 평가·통제 시 조직 내·외부 환경에 대한 분석을 다시 수행해야 한다. 환경 감시는 누가 산업 구조를 변화시킬 만한 혁신을 수행하고 있는지에 초점을 맞춰야 한다. 테크노베이션 프로젝트에 영향을 미칠 외생 변수를 규명하는 것이다. 거듭 강조하지만, 전략적 테크노베이션 매니지먼트는 시장, 산업, 경제, 법제, 정세 등의 변화에 따른 경쟁자의 잠재적 대응과 유기적으로 결합해야 한다. 현재 상황에서도 앞서 수립한 전사적 비전과 측정 가능한 세부 목표가 여전히 유효한지 측정한다. 필요시 세부 목표가 유의성과 정합성을 갖도록 조정한다.

전략적 정합성은 실행 활동에 대한 평가·통제 시에도 중요한 개념이다. 실행 활동을 지원하는 조직요인 간 정합성이 낮을수록 목표 달성 가능성은 점점 낮아진다. 이들 요소와 목표의 정합성과 실행 활동 중 평가·통제를 통한 정합성을 확보하지 않으면 초기 목표와 실제 성과 간 격차는 더욱 벌어지게 된다. 차이 발생 여부를 평가하는 방법은 각 실행 단계에서 투입된 자원과 산출된 결과를 서로 비교하는 것이다. 차이가 예상보다 크다면 갭 분석으로 그 차이의 본질과 원인이 무엇이고, 이를 줄이려면 어떤 조정이 필요한지를 파악해야 한다.

발생한 차이를 메우는 데 필요한 조정 활동을 효과적으로 수행하려면 조직 시스템 및 업무 프로세스가 테크노베이션 실행 활동을 지원하도록 재정렬시켜야 한다. 3개월 이내에 새로운 제품·서비스를 출시하겠다는 목표를 수립했다면, 해당 목표 달성을 지원하는 자원 요소를 조직에 배치하는 활동이 선행되어야 한다. 이때 테크노베이션 실행에 지나치게 몰입할 경우 발생한 기술적 문제를 해결하는 데 자원을 과도하게 투입하려는 경향을 보인다. 그러나 테크노베이션의 잠재적 실패를 초래하는 다수의 문제는 기술적 사항이 아니라 조직적 사항과 관련되어 있다. 따라서 평가 활동을 통해 조직체계에서 기인한 성과 차이를 규명하고, 통제 활동을 통해서 기대 성과를 달성할 수 있도록 잘못된 조직체계를 신중하게 재설계해야 한다.

이처럼 인소싱 테크노베이션의 도입 근거를 충분히 검증하지 않은 채 전사적 차원에서 '새로움'만 맹목적으로 추구하는 조직일수록 목표-활동을 일치시키는 데 좀처럼 관심을 기울이지 않는다. 실행 단계에서 돌이킬 수 없는 끔찍한 실패를 불러올 수 있는 테크노베이션의 늪에 빠지지 않도록 다음 사항에 평가·활동의 초점을 맞추어야 한다. 무엇보다 마지막 요소가 가장 중요하다.

- 인소싱 테크노베이션을 실행하는 데 필요한 경영진의 지원을 구체적으로 정의한다.
- 목표 달성에 필요한 시장 지식 및 기술 역량을 갖춘 자를 프로젝트에 참여시키고, 이들의 기능적 역할을 상호 연계시킨다.
- 성공 가능성이 높은 목표 달성 시나리오를 구상하고, 이를 실현할 수 있도록 조직 인프라를 점검한다.
- 우연히 발견한 새로운 잠재적 기회를 검토하고, 이에 대한 외부 환경의 영향력과 내부 문화의 적합성을 확인한다.
- 잠재적 위험을 감지할 수 있는 환경 감시 시스템을 구축한다. 인소싱 테크노베이션을 위한 모든 전략적 실행은 반드시 잠재적 위험을 선제적으로 파악하는 조직체계에 기반한다.

3) 조직구조에 대한 평가·통제

인소싱 테크노베이션에 대한 전략적 관리는 조직구조와 평가·통제 활동의 상호 보완성을 유념해야 한다. 조직구조의 목적은 일련의 내부적 의사소통 및 업무 협력 체계가 효과적으로 이루어지도록 만드는 데 있다. 일반적으로 비즈니스 규모가 성장하고 진화하면서 조직구조가 복잡해지는 모습을 보인다. 이때 테크노베이션에 대한 평가·통제가 의사소통 및 업무 협력 체계상의 변화를 요구한다면, 이에 따라 조직구조도 함께 변해야 한다. 사내벤처팀과 같은 신생 조직은 주로 단순한 구조를 취하는데, 이때는 사내기업가에 의사결정이 집중되는 현상이 발생한다. 비즈니스 규모는 커지는데 소수가 의사결정을 장악하고 있다면 다른 구성원의 전문성 개발이 제한될 수밖에 없고 조직 상하 계층에서는 단순한 정보 흐름만 발생한다.

따라서 환경변화에 따른 평가·통제 활동 시 테크노베이션과 조직구조의 적합성을 검토해야 한다. 그리고 발생한 차이에 대하여 구성원의 신속한 행동 반응이 일어날 수 있도록 해야 한다. 이때는 구성원에게 조정 활동을 명확히 전달하고 그 필요성을 정확히 이해시킬 수 있는 조직구조가 필요하다. 그래야만 후속 평가·통제 활동을 효과적으로 수행할 수 있다. 소규모의 사내벤처팀은 팀원 간 정보 공유 및 업무 협력을 촉진할 수 있는 간소화된 조직구조가 적합할 수 있지만, 이러한 조직구조가 전사적 차원에서 혼란을 초래하지는 않는지 판별해야 한다.

조직구조에 대한 평가·통제 활동 시 업무 프로세스의 복잡성을 고려해야 한다. 일반적으로 도입기·성장기의 비즈니스는 기능적 조직구조를 통해 업무 생산성을 높일 수 있다. 이는 개발, 생산, 마케팅, 회계 등의 전문 기능을 개별 전담하는 팀원들로 조직을 구성하는 것이다. 비즈니스 규모가 확장될수록 업무 프로세스가 복잡해진다. 이때 팀원들을 기능 및 역할 기준으로 집단화하여 담당 업무를 배정하면 효율적인 업무 관리가 가능하다. 하지만 이러한 구조는 자신이 담당한 업무에만 집중하도록 만들기 때문에 다른 업무를 수행하는 팀원들 간의 의사소통을 높일 방법을 모색해야 한다. 또한 효율성과 효과성의 상충 작용도 고려해야 한다. 기능별 집단화를 통한 효율적인 업무 관리 시 개인의 업무 효과성 측정이 어려울 수 있다. 이 경우, 평가·통제의 작용 효과를 제한하여 기대 성과-실제 성과의 차이를 메우기 위한 조정 활동을 규명하기 어려울 수 있다.

팀원 간 업무 연결성을 최적화시키는 데 어떠한 조정 활동이 필요한지 파악해보자. 궁극적으로는 팀원들이 장기적으로 혁신 기회를 탐색하고,

단기적으로 업무 효과성을 높일 수 있는 조직구조가 필요하다. 이러한 조직구조는 규모 수준, 집권화 및 분권화 수준, 업무 표준화 수준 등의 기준으로 결정해야 한다.

Executive Summary

이번 장에서는 인소싱 테크노베이션에 대한 평가·통제 활동에 대해서 살펴보았다. 테크노베이션을 실행하는 가운데 목표 달성 여부를 평가하고 필요한 조정 활동을 전개해야 한다. 그리고 유연하고 개방적인 태도로 새롭게 출현한 가치 창출 기회를 모색해야 한다.

우선, 기대 목표와 실제 성과 간 차이를 규명하는 갭 분석을 수행하고, 그 차이를 줄이려면 어떠한 조정 활동이 필요한지 파악해야 한다. 이에 관한 통제 활동을 재무적, 전략적, 제도적 유형으로 구분하여 살펴보았다. 각 유형을 독립적으로 적용하기보다는 복합적으로 동시 활용하여 통제 효과성을 높이는 것이 바람직하다. 경영진의 전폭적인 지원과 관심, 그리고 활발한 정보 공유 및 업무 협력이 가능한 조직구조도 인소싱 테크노베이션에 대한 통제 효과성을 결정한다는 사실도 명심해야 한다. 또한 기업 및 이해관계자가 요구하는 가치를 인소싱 테크노베이션이 창출·포착할 수 있도록 산업 내·외부의 혁신 모범 사례를 벤치마킹하여 평가·통제 효과성을 높일 수 있다. 평가·통제 활동의 수행 주체인 팀원들에 대한 관리도 중요하다. 이를 위한 관리지침은 다음과 같다.

• 다양한 평가·통제 접근법 간 균형을 추구해야 한다. 특정 이슈를 다면적으로 심도 있게 살펴볼 다차원적 기준을 마련해야 한다. 하나의 기준만

배타적으로 사용하면 안 된다. 과거의 기준이 얼마나 중요했는지는 새롭게 출현한 이슈에 전혀 중요하지 않다.

- 평가·통제 활동에 경영진이 적극적으로 참여해야 한다. 이들은 모든 구성원에게 가장 강력한 영향력을 행사하는 바운더리 스패너이다. 특히 주요 이해관계자와 수시로 상호작용하는 경영진에게는 테크노베이션을 통해 서로 다른 집단의 요구를 충족시킬 균형적 접근법에 대한 해답이 있다.
- 어떤 조직이든 기존의 방식을 맹목적으로 추종하려는 타성을 갖고 있다. 기존에 경험하지 못한 새로운 목표를 달성하려면 끊임없는 조직 행동 변화가 일어나야 한다. 이러한 변화가 축적될 때 혁신을 지속시킬 수 있다. 이전에는 알지 못한 더 좋은 방식이 존재한다면, 이를 학습하고 기꺼이 적용해야 한다.
- 목표를 달성하고 성과를 증진할 수 있는 새로운 방법을 모색해야 한다. 성과 목표 달성에 필요한 창의적 조직 사고는 하루아침에 이루어질 수 없다. 이는 일상적이고 연속적으로 이루어져야 한다. 사내벤처팀은 항시 테크노베이션에 집중하고 고민해야 한다.
- 누구나 인소싱 테크노베이션의 목표를 쉽게 이해할 수 있도록 조정해야 한다. 팀원들이 테크노베이션이 어디로 나아가고 있는지 모른다면, 목표에 도달하는 것 자체가 불가능하다.
- 테크노베이션에 대한 피드백을 하나라도 놓쳐서는 안 된다. 이러한 피드백은 현상을 이해하는 데 중요한 단서를 제공한다. 피드백을 점검하는 일이 연례행사처럼 진행되면 안 된다. 팀 내부에서 수시로 피드백을 검토하고, 그 결과를 경영진과 공유해야 한다.

새로운 고객가치를 제안하는 인소싱 테크노베이션은 필연적으로 시행착오를 수반한다. 이때 유의미한 교훈을 학습하지 않으면 효과적인 피드백이 이루어지지 않는다. 혁신을 추구하는 많은 기업이 성과 측정에는 집중하지만, 축적된 지식 정보를 활용하여 잠재적 이슈 사항을 조정하는 일에는 좀처럼 관심을 두지 않는다. 평가·통제 시스템은 정보 수집 및 분석을 토대로 성과 증진을 위한 의사결정 활동에 큰 도움이 된다. 이와 관련된 다음 질문에 충분히 명확한 답변을 내릴 수 있어야 한다.

- 평가·통제 활동이 생산적이고 미래 지향적인가? 잘못에 대한 비난 및 실수에 대한 책망의 수단으로 평가·통제 활동을 하면 그 누구도 인소싱 테크노베이션에 관심을 두지 않을 것이다.
- 평가 활동은 비용-편익 관점에서 이루어졌는가? 재무제표상의 숫자에만 집중하면 인소싱 테크노베이션의 장기적 가치 창출을 위한 단기적 비용 지출이 불가능하다. 장기적 가치 창출이 결여된 테크노베이션은 궁극적으로 치명적 손실을 초래할 수 있다.
- 인소싱 테크노베이션을 위한 혁신적 아이디어가 조직 차원에서 관리되고 있는가? 혁신적 아이디어가 조직에 더 많이 축적되고 공유될수록, 기업은 지속 가능한 성장 전략을 추구할 수 있다.
- 성장 잠재력이 높은 인소싱 테크노베이션 개시에 즉각 투입할 수 있는 적정 자원을 보유하고 있는가? 적시에 충분한 자원을 투자할 수 없는 재정 불능 상태는 인소싱 테크노베이션을 가로막는 장애요인이 된다.
- 팀원은 테크노베이션 성과에 대한 보상에 어떠한 반응을 보이는가? 이들

의 창의적이고 도전적인 혁신 행동을 강화하는 조직 관리 시스템이 필요하다.

CHAPTER 5

아웃소싱 테크노베이션 계획하기

TECHNOVATION
MANAGEMENT

TECHNOVATION MANAGEMENT

CHAPTER **5**

아웃소싱 테크노베이션 계획하기

이제 조직 내부가 아닌 외부에서 테크노베이션 추진력을 확보하는 아웃소싱 테크노베이션에 대해서 살펴보자. 구체적으로 사내벤처팀은 전략적 제휴, 인수·합병, 라이선스-인, 기술 매입과 같은 아웃소싱 테크노베이션 접근법을 활용할 수 있다. 각 유형은 고유한 장단점이 있지만, 계획수립 활동을 통해 각 유형이 내포한 잠재적 문제의 상당 부분을 해소할 수 있다는 점을 명심해야 한다. 본 장에서는 아웃소싱 테크노베이션 매니지먼트에서 수행할 계획수립 방법에 초점을 맞춘다. 인소싱 테크노베이션과는 전혀 다른 접근법인 아웃소싱 테크노베이션을 통해서 기업은 혁신 포트폴리오를 급진적으로 변화시킬 수 있다. 아웃소싱 테크노베이션은 다음 상황에서 진가를 발휘한다.

- 경쟁자가 자사 제품 라인의 시장점유율을 빠르게 잠식하고 있다.
- 산업 경쟁 구조를 변화시킬 새로운 경쟁자가 시장에 진입하려 하거나, 이미 시장에 진입했다.

- 자사의 프로세스 혁신이 경쟁자의 것보다 비생산적이다.
- 기존의 마켓어퍼링은 지속 가능한 경쟁우위를 창출하기 어렵다.

인소싱 테크노베이션을 통해서도 이와 같은 상황을 타개할 수 있다. 하지만 인소싱 테크노베이션은 많은 시간과 자원이 소요될 뿐 아니라 조직 관리와 관련된 전문 역량의 구축 선행이 필요하다. 그러한 시간과 역량이 충분치 않거나 인소싱 테크노베이션으로 조직이 직면한 문제를 해결할 전략적 의도 자체가 없는 경우에는 조직 외부에서 목표 기술 요소를 확보하는 아웃소싱 테크노베이션이 훌륭한 선택이 될 것이다.

대안적으로 사내벤처팀은 목표 기술 요소를 기확보한 외부 조직을 인수·합병하지 않고서도 제휴를 통해 해당 기술을 확보할 수 있다. 둘 이상의 조직이 공동 테크노베이션을 위한 비공식적 협력 제휴를 맺거나 필요 테크노베이션을 수행한 다른 조직과 조인트 벤처를 설립하는 공식적 협력 제휴를 할 수 있다. 이렇게 다양한 아웃소싱 테크노베이션 전략을 통해 기업은 목표 기술에 접근할 수 있고, 이 과정에서 지식 학습을 통한 혁신 역량 강화를 추구할 수 있다. 하지만 아웃소싱 테크노베이션과 관련된 여러 전략적 접근법은 각기 다른 장단점을 갖고 있다. 따라서 인소싱 테크노베이션과 마찬가지로 개별 특성을 이해하고 섬세하게 접근해야 한다.

산업용 소프트웨어 산업의 디즈니라 불리는 오라클(Oracle)은 다양한 아웃소싱 테크노베이션을 통해 전략적 우위를 확보한 사례로 유명하다. 오라클은 사용자가 소프트웨어를 필요로 하는 시점에 온라인으로 적시에 제공하는 수요 기반 서비스(On-demand Service) 개념을 발전시켰다. 이를 기반으로 자사 소프트웨어의 시장 확산을 위해 타 기업과 여러 조인트 벤처를 설립하여 시장 영향력을 강화했다. 이렇게 기반 산업을 확장하는 동시에 적극적인 인수·합병을 전개하여 인접 산업으로 진출하기도 한다. 이러한 아웃소싱 테크노베이션을 통해서 오라클은 소프트웨어 산업에서 확고한 기술적 우위를 유지하고 있다.

이번 장에서는 아웃소싱 테크노베이션의 계획 활동에 대해서 살펴본다. 계획수립의 핵심 성공 요인은 여러 아웃소싱 테크노베이션 접근법의 특성을 정확히 이해하는 것이다. 각 전략적 방법이 내포한 이점과 위험을 파악해야 한다. 아웃소싱 테크노베이션의 계획수립 프로세스는 2장에서 살펴본 인소싱 테크노베이션과 같다. 따라서 본 장에서는 아웃소싱 테크노베이션의 보편적 방법인 전략적 제휴와 인수·합병에 대해서 살펴보고, 관련 계획수립 시 고려해야 할 관리적 이슈를 조명한다.

1. 전략적 제휴

전략적 제휴(Strategic Alliance)는 특정 부문에서 상대적 우위를 가진 둘 이상의 조직이 전략적으로 중요한 공동 목표를 달성하고자 파트너십을 맺는 방식으로 이루어진다. 이러한 파트너십은 다양한 유형을 포괄하며, 각 유형과 관련된 비용 및 책임 수준 역시 상이하다. 전략적 제휴의 비용 및 책임 수준은 인수·합병보다 작은 편이다. 하지만 인수·합병과 달리 감시 비용(Monitoring Costs)이 발생한다. 감시 비용이란, 전략적 제휴의 공동 목표를 달성하기 위해 협력 파트너들이 각자의 의무와 책임을 성실히 수행하는지 확인할 때 발생하는 비용이다. 상호 감시를 통해서 파트너의 이기주의적 행동으로 잠재적 손실이나 부정적 결과가 발생하지 않도록 해야 한다. 따라서 전략적 제휴에서는 거래비용을 상회할 정도로 충분한 이점이 있는지가 중요한 판단 기준이다. 제휴 방식을 선택할 때는 각 방식의 잠재적 비용 대비 수익 수준은 물론 해당 제휴를 통해 누릴 수 있는 학습 효과 등의 기타 요인도 고려해야 한다.

표 5-1 아웃소싱 테크노베이션의 전략적 제휴 유형

유형	지속 기간	전략적 함의	거래비용
조인트 벤처	장기	전략적 사업 활동 수행을 위해 새로운 조직 설립	새로운 조직 내 구성원 간 잠재적 갈등 해소 비용
프랜차이즈	중·장기	개발 기술에 대한 다각적 수익 원천 개발	계약 및 감시 비용
컨소시엄	계약 시 기간 명시	전략 자원의 공유	지식 보호 비용
라이선스	계약 시 기간 명시	신속한 기술 획득	계약 조건 이행 비용
하청	계약 시 기간 명시	비용·위험 감소	품질 통제 비용
비공식 제휴	상호이익 시점까지	참여자 간 기회 공유	없음

대개는 전략적 제휴로 둘 이상의 조직들이 공식 협약을 통해 합작 회사를 설립하는 모습을 떠올린다. 이렇게 새로운 독립 사업체를 설립하는 조인트 벤처는 제휴의 한 유형일 뿐이다. 전략적 제휴의 유형은 공식화 수준, 존속 기간, 지리적 위치와 같은 몇 가지 기준에 따라서 구분된다. 해당 기준에 따른 여러 제휴 유형을 살펴보자.

1) 공식화 수준에 따른 전략적 제휴

공식화 수준에 따라서 제휴 유형을 구분할 수 있다. 공식화 수준이 제휴에 수반된 비용 및 위험 정도를 결정하기 때문이다. 조인트 벤처와 같은 공식적 제휴부터 문서화조차 어려운 비공식적 제휴에 이르기까지 다양한 제휴 유형이 있다. 먼저, 공식적 제휴에 대해서 살펴보자.

이미 예상했겠지만, 공식화 수준이 가장 높은 제휴 유형은 조인트 벤처(Joint Venture)이다. 이는 둘 이상의 조직이 공동 출자하여 제3의 새로운 독립 기업체를 설립하는 것이다. 투자 자본 수준이 다채로운 조인트 벤처에서는 파트너가 테크노베이션 목표를 달성하고자 무엇을 제공하며, 그에 따른 예상 결과는 무엇인지, 조인트 벤처를 어떻게 공동 운영할 것인지에 관하여 상세한 공식 문서 협약이 이루어진다.

기술 프랜차이즈 계약(Technology-franchising Contract)도 강력한 공식적 제휴 방식이다. 기술 요소를 구매하려는 프랜차이지(Franchisee)와 이를 판매하려는 프랜차이저(Franchisor) 간 기술 활용 계약을 체결한다. 계약을 완료한 프랜차이지는 프랜차이저의 브랜드 및 노하우를 상업적으로 활용할 수 있다. 따라서 프랜차이지의 비즈니스 활동 권리, 영역 및 기간 등을 구체화한 공식 계약이 이루어진다. 이 계약 방식은 테크노베이션 영역에서도 빠르게 확대되는 추세이다. 프랜차이저는 프랜차이지의 독점적 기술 활용을 보장하고 성공적 기술 사업화를 위해 전문지식을 제공한다. 계약상 프랜차이지의 상업적 행동 기준을 명시하기도 하는데, 합의한 기준을 충족하지 못한 프랜차이지는 위약금을 지급해야 한다. 프랜차이저에게 초기 납부금과 함께 기술 사용료를 지급하는 조항이 포함될 수 있다. 프랜차이저의 전폭적인 기술지식을 지원받아 다른 어떤 제휴 방식보다 초기 단계에서 높은 성과를 달성할 수 있다. 계약 당사자 간 긴밀한 상호의존성은 프랜차이즈 계약의 핵심 성공 요인으로 작용한다.

조인트 벤처와 프랜차이즈 계약보다는 낮은 공식화 수준을 띤 제휴 방식에는 컨소시엄(Consortia)과 라이선스(Licensing Agreement)가 있다. 파트너 간 서면 협약을 체결하지만, 상호의무의 강도는 조인트 벤처보다 낮은 편이다. 컨소시엄을 통해 기업은 외부 혁신 주체와 함께 테크노베이션을 수행하고 시장 개척에 필요한 자원을 공유할 수 있다. 공동 목표를 달성하기 위한 테크노베이션의 불확실성을 서로 분담함으로써 위험을 분산시키는 것이다.

라이선스는 합의한 금액을 지급하고 외부 혁신 주체로부터 기술 사용 권리나 제품 생산 및 판매 권리를 확보하는 제휴 방식이다. 프랜차이즈 계약과 달리, 테크노베이션의 상업적 활용 권리를 일부 혹은 전체 양도한 외부 혁신 주체는 기술 제품에 대한 통제 권한을 상실한다. 따라서 라이선스 협약 시에는 거래 대상 및 범위를 명확히 기술하고, 이에 대한 양도 권리 및 권한을 상세 기술한다.

공식화 수준이 중간 수준인 제휴 방식에는 외부 혁신 주체의 테크노베이션을 지원하는 하청 계약(Subcontracting)도 있다. 하청 계약을 통해 원청 기업은 테크노베이션 생산성을 높일 수 있지만, 본원적으로 목표 기술 지식을 획득하지는 못하므로 경쟁우위 원천으로 작용하기는 어렵다. 상황적 조건에 따라서 원청 기업과 하청 기업 간 상호의존도가 달라질 수 있다.

비공식적 제휴에서는 문서화할 책임, 의무, 권한 등이 거의 없기 때문에 법적 효력이 거의 없는 양해각서(Memorandum of Understanding), 합의각서(Memorandum of Agreement), 의향서(Letter of Intent) 등의 협약서만 작성하는 것이 일반적이다. 이는 두 기업이 합의한 방식으로 상호 테크노베이션 활동을 지원하는 데 동의하는 방식으로 제휴가 이루어진다. 파트너는 법적 의무가 없지만,

각자가 목표 성과를 달성하도록 서로를 원조한다. 다른 공식적 계약을 보완하기 위한 수단으로 비공식적 협약을 맺기도 한다. 아직 비즈니스 규모가 제한되어 자사의 기술 제품을 상업화할 여력을 갖추지 못했다면, 관련 역량을 보유한 외부 혁신 주체와 비공식적 제휴를 맺는 것도 고려해 볼 만하다. 외부 주체가 해당 기술 제품을 자사 고객들에게 제공한다면 시장 영향력 및 지배력을 확대할 수 있기 때문이다.

이러한 방식의 효과는 구글 안드로이드(Google Android)가 보여준 가파른 성장에서 찾을 수 있다. 오픈소스로 무료 배포되는 안드로이드 코드는 관련 지식만 있다면 누구든 개조·변경하여 상업적으로 활용할 수 있었다. 안드로이드 코드를 수정하며 발전시키는 수많은 전문가 집단이 온라인에서 활동하고 있다. 이러한 비공식적 제휴가 안드로이드 운영체제의 활용성 및 적용성을 증진하였고, 그 결과 높은 시장 영향력 및 지배력을 누릴 수 있었다.

2) 존속 기간에 따른 전략적 제휴

파트너 간 제휴 존속 기간은 제휴 형식을 구분하는 또 다른 기준이다. 제휴 존속 기간과 공식화 수준은 명확하지는 않지만, 일정한 상관성을 갖고 있다. 일반적으로 하청 계약은 서면 협약이 필요하나 조인트 벤처보다 공식화 수준이 낮으며 상대적으로 존속 기간도 짧은 편이다. 물론 서면 협약이 불필요한 비공식 제휴에도 수년 동안 제휴 관계가 유지되기도 한다.

따라서 제휴 존속 기관과 공식화 수준에 대한 몇 가지 유념할 점이 있다. 첫째, 파트너 간 제휴 관계가 공식화될수록 계약상 다루어야 할 요건 사항이 많아진다. 서면상 전략적 제휴에 수반되는 책임 및 이익 공유 방식을 상세 설명하고, 제휴 존속 기간을 명시해야 한다. 둘째, 장기 존속 기간이 필요한 제휴 방식에서는 인내 수준을 고려해야 한다. 제휴 협상 시 장기 테크노베이션 투자를 상회하는 높은 이익을 얻고자 잠재 파트너와 첨예한 대립을 겪을 수 있다. 셋째, 공식화 수준이 낮은 제휴일수록 초기 투자 비용이 기대 수준보다 높으면 쉽게 포기하거나 단념할 가능성이 높다. 비공식화 수준이 높은 제휴일수록 낮은 법적 책임 수준으로 제휴 존속 기간도 짧아져 예상 이익을 창출하기 어려울 수 있다.

하청 계약은 사내벤처팀이 새롭게 진출한 시장에서 전략적 마켓 포지셔닝(Market Positioning)을 추구할 때 유용한 제휴 형태이다. 자사의 테크노베이션 프로세스에서 중추적이지 않은 활동 혹은 혁신성을 유지하기 어려운 일부 테크노베이션 활동을 전문적으로 다루는 외부 기업에 하청을 맡긴다. 테크노베이션의 특정 영역에서 하청을 받은 이들 기업은 관련 기능 활동을 보다 생산적으로 수행할 수 있는 전문성을 갖추어야 한다. 이들이 보유한 규모·범위의 경제를 활용하여 원청 기업은 테크노베이션 전략에서 특정 영역에 관한 전문성을 구축하고 새로운 기술 정보를 획득할 수 있는 이점을 누릴 수 있다.

이때는 다음의 이슈 사항을 고려해야 한다. 우선, 하청 기능을 수행할 적절한 외부 혁신 주체를 탐색할 때는 이들의 전문 역량을 학습하여 장기적으로 내부 시스템을 개선하거나 하청 필요성을 줄일 수 있을지 살펴봐야 한다. 하청 계약을 체결하고 유지하는 데 드는 비용도 고려해야 한다. 정보가 부족한 최초 협상 단계에서는 세부 계약 사항을 세심히 다루기 어려울 수 있다. 따라서 계약 시 존속 기간 동안 여러 상황을 경험하면서 제휴 관계를 발전시킬 유연성을 확보해야 한다. 존속 기간 동안 하청 조직과 공동 과업을 수행하고 활발한 의사소통을 전개하며 발생 가능한 잠재적 갈등 상황을 해결하기 위해 노력해야 한다. 더불어, 하청 계약의 존속 기간이 지나치게 길면 장기적으로 해당 활동을 원청 기업이 내부적으로 수행하기 어려운 상황이 발생할 수 있다. 만약 경쟁자가 해당 활동을 수행할 조직역량을 확보했다면, 원청 기업의 무능력은 경쟁열위로 작용할 수 있으므로 적절한 대응책을 마련해야 한다.

테크노베이션에서 하청 계약의 비중이 점차 증가하는 상황에서 예상된 잠재적 문제를 검토하고 대응 방안을 수립한다면 테크노베이션의 생산성은 더욱 증진될 것이다. 특정 테크노베이션 활동을 하청하는 순간, 이와 관련된 내부 역량을 재구축하는 데 어려움을 겪을 수 있다. 재구축 비용 및 시간이 많이 들기 때문에, 제휴 존속 기간을 짧게 정하는 것이 일반적이다.

3) 지리적 범위에 따른 전략적 제휴

전략적 제휴는 파트너의 지리적 범위를 기준으로 국제 제휴와 국내 제휴로 분류할 수 있다. 국제 제휴는 언어, 문화, 제도 등에서 다양한 이슈를 내포하고 있지만, 새로운 시장을 개척할 기회를 제공한다. 국내 제휴와 마찬가지로 국제 제휴에서도 파트너 간 전략적 정합성, 제휴의 위험 및 보상, 잠재적 시너지 규명이 중요한 고려사항이다.

테크노베이션 성과 극대화를 위해 국내 제휴보다 국제 제휴를 개발해야 하는 이유는 다양하다. 사내벤처팀은 국제 제휴를 통해 핵심 산업 거점이 제공하는 지리적 이점을 활용할 수 있다. 혁신선도 기업은 최신 기술 동향 및 시장 정보에 접근·확보하고자 실리콘밸리와 같은 테크노베이션 거점에 위치한 기업들과 전략적 제휴를 맺는다. 가전제품 영역에서 테크노베이션을 수행하는 다국적 기업은 우리나라 기업들과 제휴를 맺으려 한다. 특정 국가에 생산 거점을 두어 원가를 낮추고자 국제 제휴를 추구하기도 한다.

국내 제휴에서 국제 제휴로의 전환은 다음과 같은 단계로 일어난다. 우선 테크노베이션을 통해 새로운 비즈니스 모델로 국지적 성과를 거둔 이후 전국 단위에서 마켓 포지션을 확보하고자 국내 제휴를 활용할 수 있다. 그리고 조인트 벤처 혹은 라이선스 협약을 통해 부분적인 국제화를 진행한다. 마지막 단계에서는 국제적 인수·합병을 통해 시장 집중화 및 통합화를 일으킨다. 이처럼 지리적 기준으로 전략적 제휴를 수행하려면 다음의 두 질문에 정확히 답해야 한다.

① 해당 제휴가 조직의 시장 및 기술 역량을 높이는가?
② 해당 제휴가 테크노베이션의 가치 창출에 기여하는가?

최근에는 테크노베이션 영역에서 국제 제휴 사례가 급격히 증가하고 있다는 점에서, 이에 대한 동기를 자세히 살펴볼 필요가 있다. 국제 제휴는 다양한 동기가 복합적으로 작용하지만, 이러한 제휴 동기는 일관성을 갖추어야 한다. 국제 제휴는 조직학습 및 비용 절감의 전략적 동기에 근거한다. 우선, 국제 제휴는 본원적으로 파트너로부터 기술, 제품, 시장 등에 관한 지식을 학습하려는 동기가 있다. 국제 제휴를 통한 조직학습(Organizational Learning)의 효과성은 새로운 지식을 학습하려는 조직 의지, 학습한 지식에 대한 이해, 그리고 제휴 관계의 투명성의 3가지 요인으로 결정된다. 학습하려는 지식의 중요성뿐 아니라 복잡성도 고려해야 한다. 학습하려는 지식이 복잡할수록 국제 제휴를 통한 조직학습이 어렵다. 이 경우 기대한 학습 성과를 달성하려면 하청 및 인수·합병을 통해 목표 지식을 완벽히 흡수하는 것이 바람직하다. 협력 파트너가 보유한 다양한 지식이 융합될 때 효과적인 학습이 일어난다. 현상 유지가 아닌 업무 및 생산 방식과 관련된 모범 사례를 적용하는 데 학습 목표를 두어야 한다.

비용 절감은 국제 제휴의 또 다른 동기이다. 원가 절감은 테크노베이션의 성공 잠재력을 높이는 데 기여한다. 해외 시장 개발에 필요한 자원이 부족할 경우, 사내벤처팀은 해당 자원을 보유한 잠재적 파트너와 제휴하여 비용 공유와 위험 분산을 추구할 수 있다. 그리고 각자의 자원 이점을 통합함으로써 새로운 지식을 개발해야 한다. 국제 제휴 시 종종 간과되는 비용 요소가 바로 거래비용(Transaction Costs)이다. 이는 서로 다른 동기와 목적으로 가진 파트너 간 상호 거래 관계를 유지하는 데 필요한 비용이다. 제휴 관계 및 협력 활동이 복잡할수록 거래비용이 증가하며, 이에 따라 잠재적 실패 리스크도 높아진다.

4) 전략적 제휴 시 주요 활동

전략적 제휴 추진 시 주요 활동은 다음과 같다.

- 파트너 적합성 검토하기 : 이는 성공적인 아웃소싱 테크노베이션을 위한 전략적 제휴에서 가장 중요한 활동이다.
- 관계 명확성 확보하기 : 전략적 제휴는 영원한 협력 관계로 발전할 수 없다. 잠재적 갈등 상황을 회피하는 방법을 모색한다.
- 협력 비전 공유하기 : 파트너와 제휴를 통해 달성하려는 공동 및 개별 목표를 구체화하고 공유한다.
- 제휴 시점 설정하기 : 전략적 제휴가 필요한 시점에 신속히 협력 관계를 구축할 방법을 모색한다. 이때는 재무적 및 전략적 이슈가 제휴 협상을

저해할 수 있다.

- 소통 채널 구축하기 : 파트너가 자신의 이익만을 위해 전략적 제휴를 악용하는 기회주의적 행동을 방지하려면 상호 신뢰를 쌓아야 한다. 이를 위해서는 긴밀한 의사소통 채널을 구축해야 한다.
- 지식재산 보호하기 : 전략적 제휴로 인해 자사의 기술 지식이 불법적으로 타인에게 유출되지 않도록 주의해야 한다.
- 비용-편익 분석하기 : 전략적 제휴를 맺고 나서야 초기 비용-편익 분석이 현실적이지 못했다는 점을 깨달았다면 돌이킬 수 없다. 이에 대한 분석은 냉철하게 이루어져야 한다.

전략적 제휴로 아웃소싱 테크노베이션을 추진할 때는 반드시 전략적 제휴 목표를 구체화해야 한다. 파트너 적합성 혹은 비용-편익을 분석하기 이전에 전략적 제휴로 얻을 이점과 혜택이 무엇일지 파악해야 한다. 그래야만 제휴에 따른 비용 및 수익을 추산할 수 있고, 누가 적합한 파트너일지 이해할 수 있다.

제휴로 달성할 공동 성과 목표가 없다면 제휴 관계는 결코 기대한 결과물을 산출하지 못한다. 파트너와 공동 성과 목표를 공유했다면, 이를 달성하기까지는 많은 시간과 노력이 필요할 것이다. 그럴수록 전략적 제휴를 악용하려는 기회주의적 행동 동기가 발생할 여지가 높아진다는 점이 문제이다. 이를 해소하려면 공동 목표 달성을 위해 서로가 적극적으로 행동할 것이라는 믿음, 즉 신뢰 관계를 구축해야 한다. 신뢰는 파트너 간 생산적 의사소통에서 비롯된다. 명확한 공동 성과 목표가 있어도 여전히 갈등 상황이 발생할 수 있지만, 신뢰 관계 구축이 선행되면 갈등 수준을 다소 줄일 수 있다.

전략적 제휴가 경쟁우위 확보에 도움이 된다고 조직 내부적으로 경쟁력 강화 활동에 소홀해서는 안 된다. 목표 기술을 학습하고자 제휴를 맺었다면 해당 기술 지식을 확보한 즉시 제휴를 종료하고 단독으로 기술 지식을 활용할 수 있도록 준비해야 한다. 상호 공유한 기술 지식을 활용할 파트너가 잠재적 경쟁자로 성장하지 못하게 하는 것도 중요하다. 이는 파트너 선정 및 공동 목표 공유의 중요성을 다시금 일깨워준다. 또한, 아웃소싱 테크노베이션을 위한 전략적 제휴에 수반되는 비용-편익을 정확히 측정해야 한다. 이에 대한 충분한 근거를 마련하지 못하면 제휴 효과성에 대한 판단 자체가 어렵다.

파트너와 함께 추구해야 할 질문은 다음과 같다.

- 제휴는 명확한 목표 및 기대 성과를 갖고 있는가?
- 파트너로서 책임은 무엇이고, 수행해야 할 협력적 역할은 무엇인가?
- 파트너와 잠재적 갈등을 해소하기 위해 어떠한 솔루션을 적용할 것인가? 해당 솔루션이 작동하지 않으면 누가 어떤 책임을 질 것인가?
- 파트너에게 어떤 보상을 할 것인가? 제휴 종결 조건은 무엇인가?

2. 인수·합병

기술 확보를 위한 또 다른 아웃소싱 테크노베이션 유형은 인수·합병(Merger & Acquisition)이다. 인수·합병은 단순히 기업 간 결합을 의미하지 않는다. 이는 사업 구조의 영구적 변화를 수반한다. 인수와 합병의 방식은 본질적으로 다르다. 인수는 피인수 기업을 매입하여 자회사 또는 통합 사업부로 운영한다. 이때는 통합 사업부에 대한 전략적 관리가 필요하다. 반면, 합병은 단일 사업의 생존을 위해 둘 이상의 조직이 통합하는 방식이다. 두 조직이 동등한 관계로 결합하는 합병에서는 각자 개별 관리자를 두는 것이 일반적이다. 실무에서는 인수와 합병을 명확히 구분하기가 쉽지 않다. 따라서 본 장에서도 이를 구분하기보다는 인수·합병으로 통합하여 설명한다.

1) 기술 확보를 위한 인수·합병

인수·합병 사례가 가파르게 증가하고 있지만, 이와 관련된 성공사례는 찾아보기 어렵고 대부분 평균 이하의 성과를 거두고 있다. 인수·합병 후에도 피인수 기업의 기업가치는 높아지지만, 인수 기업의 기업가치는 종종 낮아지는 현상도 나타난다. 이는 단적으로 인수·합병이 얼마나 어려운지를 보여준다. 그런데도 인수·합병으로 목표 기술을 확보해야 할까? 인수·합병을 아웃소싱 테크노베이션 전략으로 고려해야만 하는 여러 이점이 있다. 전략적 제휴와 달리 인수·합병은 기술 지식이 손실 혹은 유출될 위험이 낮다. 그리고 규모·범위의 경제로 인해 테크노베이션 비용을 낮출 수 있다. 조직 내부적으로 목표 기술을 개발하기 어려운 문제를 해결하는 효과적인 수단이기도 하다.

인수·합병을 성공적으로 수행한 경영진의 명성 및 업계 평판이 높아지는 것도 인수·합병 결정에 중요한 동기로 작용한다. 이는 대리인 이론(Agency Theory)을 통해 이해할 수 있다. 대리인 이론은 성과가 낮은 경영진일수록 인수·합병을 적극적으로 추진하려는 이유를 설명한다. 기업 소유자와 경영자를 분리할 때 대리인 문제가 발생하는데, 이는 기업 대리인인 경영자가 전체 주주의 이익보다는 사적 이익 추구를 위해 행동하는 것이다. 이들은 비즈니스 규모가 커질수록 더 많은 임금을 받을 수 있다. 이러한 사적 동기에서 비즈니스 규모를 확장하고자 인수·합병이 추진될 수 있다는 점도 유념해야 한다.

2) 인수·합병의 전략적 근거

인수·합병을 통해 다음과 같은 전략적 목표를 추구할 수 있다.

- 신속한 시장 진입
- 테크노베이션의 비용·위험 회피
- 시장 영향력 확보
- 기술·시장 지식 획득

(1) 신속한 시장 진입

테크노베이션의 필수 기술 요소를 보유한 사업체를 인수·합병하면, 인수 기업은 피인수 기업의 기존 고객 기반 및 유통 채널로 대변되는 시장 접근성을 즉각적으로 확보할 수 있다. 인수·합병으로 확보할 목표 기술이 전략적으로 중요하면, 이를 신속히 확보하고 상업화시켜 시장에 진입할 수 있는 역량이 필요하다. 표적시장에 진입하여 고객 인지도 및 충성도를 빠르게 구축하지 않으면 테크노베이션의 시장 확산력은 점차 낮아지기 때문이다. 고객 인지도 및 충성도를 확보하기 위한 시장 접근성은 표적시장에서 퍼스트무버(First Mover)로 시장 지배력을 행사할 원천이 된다. 만약 고객 인지도 및 충성도를 구축할 필요가 없는 시장이라면, 사내벤처팀은 해당 시장에서 활동 중인 비즈니스를 인수·합병함으로써 표적시장 진출을 가로막는 진입 장벽을 뛰어넘을 수 있다.

또한 인수·합병을 통해 패스트팔로워(Fast Follower) 전략을 구사할 수 있다.

패스트팔로워는 표적시장에서 활동 중인 사업체를 인수·합병하여 퍼스트무버의 발자취를 따라 걸으며 시장에 진입할 수 있다. 우리가 퍼스트무버로 오해하고 있는 많은 기업이 이러한 전략으로 퍼스트무버의 선도적 지위를 탈환한 패스트팔로워이다. 특히 인수·합병은 패스트팔로워가 퍼스트무버의 시행착오를 학습하고 시장 개척을 위한 퍼스트무버의 고객개발 활동을 번복하지 않아도 된다. 따라서 관련 비용을 절감함으로써 더욱 신속하고 효과적으로 시장에 진입할 수 있다.

공격형 및 방어형 테크노베이션 전략으로 핵심 고객 세그먼트 중 일부라도 만족시킬 수 있다면 인수·합병을 통해 확보한 시장 접근성의 이점은 비약적으로 높아진다. 특정 고객 세그먼트의 니즈만 충족하는 초기 마켓어퍼링은 인수·합병을 통해 다양한 니즈를 공격적으로 충족하는 형태로 진화하기 때문이다. 만약 시장 영향력 확대가 시급하다면 많은 시간이 소요되는 인소싱 테크노베이션으로 경쟁력을 확보하기보다는 기존 사업체를 인수·합병함으로써 잠재적 고객 기반에 대한 경쟁자의 공격을 신속히 방어하는 편이 효과적이다.

(2) 테크노베이션의 비용·위험 회피

인수·합병은 테크노베이션이 내포한 비용 및 위험을 통제하는 데도 유용하다. 인소싱 테크노베이션은 대량의 자원 투입이 필요하지만, 이러한 자원 투입이 테크노베이션의 상업적 성공을 보장하지는 않는다. 자원은 성공적인 테크노베이션의 필수조건일 뿐 충분조건은 아니다. 만약 테크노베이션의 성공 불확실성이 높다면 인수·합병으로 피인수 기업의 테크노베이션 프로젝트를 흡수하여 많은 자원이 소요되는 인소싱 테크노베이션에 대한 의존도를 낮출 수 있다. 이때 표적시장에서 고객 기반을 확보하는 데 필요한 혁신적 기술을 보유한 사업체를 인수하는 것은 공격형 테크노베이션 전략에 해당한다.

(3) 시장 영향력 확보

인수·합병은 혁신의 진화 방향을 결정할 수 있을 정도로 충분한 시장 영향력을 확보하려는 전략적 동기가 작용한다. 시장 영향력의 확보 여부는 기업이 시장 가격 책정을 결정할 수 있는 능력 수준으로 판별할 수 있다. 시장 영향력이 낮은 기업들은 관련 시장에서 지배적 우위를 확보한 마켓 플레이어가 책정한 가격을 기준점으로 활용한다. 이들 마켓 플레이어의 시장 영향력은 경쟁자뿐 아니라 공급자의 비용-편익 구조에도 영향을 미친다. 당연하게도 공급자는 사업 안정성을 위해 시장에서 지배적 우위를 점한 마켓 플레이어와 협력하려 한다. 따라서 표적시장에서 활동 중인 주요 마켓 플레이어를 인수·합병한다면 해당 시장에서 확고한 영향력을 행사·발휘할 수 있다.

(4) 지식 획득

전략적 제휴와 마찬가지로 사내벤처팀은 표적시장 및 목표 기술에 대한 지식·정보를 획득하고자 인수·합병을 추진할 수 있다. 지식은 테크노베이션에서 활용 가치가 가장 높은 자원이다. 아직 표적시장 및 목표 기술에 대한 구체적인 지식 체계를 확보하지 못했다면 관련 지식을 보유한 사업체를 인수하여 지식 체계를 빠르게 구축할 수 있다. 이러한 전략적 동기에 잠재적 리스크가 없는 것은 아니다. 지식 획득의 열쇠를 쥐고 있는 피인수 기업의 구성원이 인수·합병 전후로 퇴사하면 해당 지식을 온전히 확보하기 어렵다. 이에 대한 관리 방안은 아웃소싱 테크노베이션 실행에 관해 다룬 6장에서 살펴본다.

3) 인수·합병의 유형

인수·합병의 유형은 2가지 기준에 따라서 구분할 수 있다. 다음 [표 5-2]는 해당 유형의 특징을 간략히 보여준다.

- 상호적 및 비상호적 인수·합병
- 수평적 및 수직적 인수·합병

표 5-2 아웃소싱 테크노베이션의 인수 · 합병 유형

유형	목적	결과
상호적 인수·합병	• 새로운 역량 학습 • 경쟁 기반 확보·확대	• 새로운 시장 개발 • 시장역량 증진
비상호적 인수·합병	• 새로운 기술 접근 • 새로운 역량 학습	• 위험 분산 • 새로운 고객 및 공급자 확보
수평적 인수·합병	• 새로운 역량 학습 • 경쟁 기반 확보·확대	• 시장역량 증진 • 비즈니스 규모 확대
수직적 인수·합병	• 새로운 기술 접근 • 경쟁 기반 확보·확대	• 통제 비용 감소 • 품질 향상

(1) 상호적 및 비상호적 인수·합병

인수·합병에서 상호성(Relatedness)은 역량 및 기능 차원에서 인수 기업과 피인수 기업이 어느 정도 상호적 보완성 및 적합성을 가졌는지를 의미한다. 사업 측면에서 유사한 역량 및 기능을 보유한 조직 간 인수·합병은 상호성이 높다. 두 조직이 개별 산업에서 활동할지라도 유사 기능 및 운영 방식을 채택하고 있다면 인수·합병 상호성이 높을 수 있다. 인수·합병 시 반드시 상호성이 높아야 하는 것은 아니다. 하지만 이것이 인수·합병 후 누릴 시너지 효과를 결정한다는 점에서 인수 및 피인수 기업 모두에게 중요하므로 상호성 수준을 검토하는 것이 좋다.

일반적으로 비상호적 인수·합병보다 상호적 인수·합병의 성과가 높은 편이다. 확보하려는 기술 및 사업의 보완성이 높을수록 관련 성과 수준을 결정하는 합병 후 통합(Post-Merger Integration, PMI)이 훨씬 더 수월하기 때문이다. 피인수 기업의 현 경영진이 퇴사할 경우 새로운 경영진으로 교체하기도 쉽다. 이때 제약적 인수(Constrained Acquisition)를 추진하면 테크노베이션에 잠재적 위협이 될 수 있다. 이는 두 기업의 상호성이 높지만, 인수 기업이 당면한 전략적 과제와는 무관한 인수·합병을 무리하게 추진하려는 활동을 일컫는다. 그러면 인수 기업은 미확보 기술에 대한 접근성은 얻을 수 있겠지만 관련 경쟁력을 유지하고 강화하는 데 의도치 않은 자원 낭비가 발생할 수 있다.

(2) 수평적 및 수직적 인수·합병

인수·합병 유형의 두 번째 기준은 수평 및 수직의 방향성이다. 인수 기업과 피인수 기업이 경쟁 관계에 있다면 수평적 인수·합병에 해당한다. 보유역량 간 보완 수준에 초점을 맞춘 상호성 기준과 달리, 수평적 인수·합병은 두 기업이 경쟁하는 산업 자체에 초점을 맞춘다. 피인수 기업이 동일 시장에서 동일 가치의 마켓어퍼링을 제공한다면 인수 기업은 밸류체인 전반에서 중복 활동 및 자원을 제거하여 상당한 비용을 절감할 수 있다. 피인수 기업이 공급자 및 구매자에 해당하면 수직적 인수·합병에 해당한다. 이때는 공급 및 구매 활동을 통합하여 밸류체인 효과성을 높이고 시장 지배력을 확대할 수 있다.

인수·합병의 방향성은 테크노베이션 사업화 과정에 영향을 미치므로 전략적 목적 및 요구에 적합한 유형을 선택해야 한다. 상호성과 마찬가지로 인수·합병의 방향성도 기업의 전략적 목적에 따라서 달라지기 때문이다. 석탄 채광 사업을 인수하려는 정유 회사를 가정해보자. 에너지 자원을 확보하려는 목적이라면 비상호적 및 수평적 인수에 해당한다. 석탄 채광이 에너지 산업에 속하기는 하나 정유와는 다른 역량과 밸류체인이 필요하기 때문이다. 한편, 인수 기업이 석탄 가스화와 관련된 테크노베이션을 진행하고 있다면, 해당 인수는 상호적 및 수직적 인수에 해당한다. 이는 테크노베이션에 필요한 원재료의 원활한 공급을 위한 전략적 의도를 반영한다. 인수·합병을 통해 아웃소싱 테크노베이션을 추구하려면 구매의 근거 및 효과를 자세히 검토해야 한다.

3. 아웃소싱 테크노베이션 계획 시 주요 활동

이제까지 선택 가능한 아웃소싱 테크노베이션 유형으로서 전략적 제휴와 인수·합병에 대해서 살펴보았다. 적용할 유형에 대한 선택은 아웃소싱 테크노베이션의 계획수립에 큰 영향을 미친다. 계획수립 시 사내기업가는 조직의 혁신 목표를 효과적 및 효율적으로 달성하는 데 적합한 테크노베이션 접근법을 섬세하게 설계해야 한다. 인수·합병의 주요 화두인 통합 방법은 다음 장에서 상세히 기술한다. 우선, 아웃소싱 테크노베이션의 계획수립 시 수행해야 할 주요 활동을 알아보자.

1) 유형 적합성 평가하기

외부 기술을 확보하기 위한 아웃소싱 테크노베이션 방식은 테크노베이션 목적을 효과적으로 달성해야 한다. 아웃소싱 테크노베이션 유형은 서로 다른 목적과 장단점을 갖고 있다. 표적시장에 진출한 후 테크노베이션을 통해 높은 시장 지배력을 신속히 발휘하려면 전략적 제휴보다는 인수·합병이 적절하다. 반면, 경쟁 구조를 변화시키는 데 필요한 테크노베이션의 리스크 및 비용을 분산하면 전략적 제휴를 채택하는 것이 바람직하다.

즉, 아웃소싱 테크노베이션 유형을 선택한 후 목적을 다듬으면 안 된다. 먼저 테크노베이션 목적을 구체화한 후 이를 달성하는 데 현실적으로 선택 가능한 유형의 대안을 탐색해야 한다. 여러 대안 중 목적 달성에 적합한 유형을 선택했다면, 그 유형이 전사적 기업가치를 증진하고 고객가치의 창출 및 강화에 기여하는지 검토한다. 그렇지 않다면 아웃소싱 테크노베이션의 산출 결과보다 투입 자원이 더 클 수 있으므로 계획수립을 중단하고 전반적으로 프로젝트를 재검토하는 것이 옳다. 많은 조직이 전략적 제휴 및 인수·합병의 체결 여부에만 몰입한 나머지 실제로 창출할 성과 수준을 간과한다.

2) 다면적 적정성 평가하기

아웃소싱 테크노베이션 계획수립 시 다면적 적정성 평가를 수행해야 한다. 확보하려는 목표 기술의 유효성을 파악하기 위한 적정성 평가 시에는 잠재적 제휴 파트너 및 피인수 기업의 모든 상황을 진단해야 한다. 이들의 내·외부 환경, 기술·마켓 포지션, 기술 포트폴리오 및 역량 인벤토리, 기술 전유성 등에 대하여 평가 항목을 설정한다. 각 항목은 상호 연관성이 높지만, 이에 대한 진단평가에는 상이한 정보 자료가 필요하므로 항목별로 상세히 작성하는 것이 효율적이다. 이에 대한 진단평가와 동시에 추후 체내화·내재화 시 필요한 조정 활동을 파악한다면 더욱 좋다. 적정성 평가는 아웃소싱 테크노베이션 평가·통제에 관해 다루는 7장에서 상세 기술한다. 평가 결과, 선택한 접근법이 기대 성과를 창출하지 못할 것으로 판명됐다면, 아웃소싱 테크노베이션을 중단할 결단력이 필요하다. [그림 5-1]은 적정성 평가에 유용한 의사결정 구조를 보여준다.

그림 5-1 **적정성 평가 프로세스**

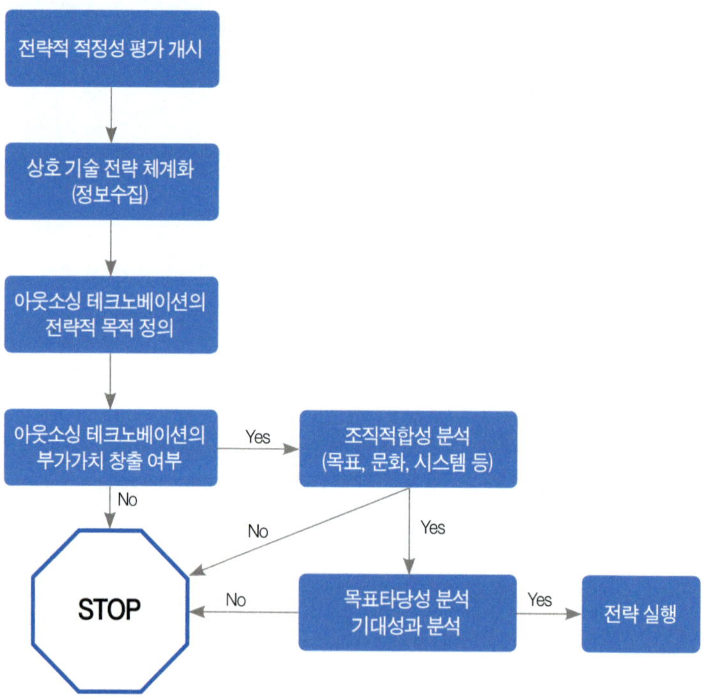

3) 잠재적 실수 제거하기

아웃소싱 테크노베이션에서는 반드시 피해야 할 몇 가지 잠재적 실수가 있다. 전략적 제휴 및 인수·합병 과정에서 조직체계, 구조, 구성원, 정책 등을 통합할 때 다음과 같은 실수를 경계해야 한다.

- 통합 대상인 조직체계를 충분히 조사하지 않는다. 시너지 요인을 규명하는 데만 집중하고, 조직체계 통합 시 발생 가능한 부조화·불일치 가능성을 줄이는 데는 관심을 기울이지 않는다.
- 강력한 시장 영향력을 갖춘 대기업과 전략적 제휴를 맺는 데 집착한다. 이 경우, 상대가 더 큰 이점을 누릴 수 있으므로 자사 입장에서 제휴의 비용-편익 분석이 어렵다.
- 비현실적인 통합 계획을 세운다. 그러면 전략적 제휴 및 인수·합병의 계획 및 실행 단계에서 불필요한 자원 낭비가 발생한다.
- 경영진이 이해관계자의 이익 증진보다는 전략적 제휴 및 인수·합병의 성사 여부에만 집중한다. 사적 이익만 추구하면 아웃소싱 테크노베이션은 장기적으로 기업가치에 부정적 영향을 미친다.
- 제휴 파트너 및 피인수 기업에 '모든 것을 함께 해야 한다'고 강조한다. 유연한 협력 체계를 구축하여 상황적 조건에 따라 협력 활동을 분리하여 운영할 수 있도록 한다.

Executive Summary

이번 장에서는 아웃소싱 테크노베이션 계획수립의 기초를 다졌다. 아웃소싱 테크노베이션은 전략적 제휴와 인수·합병으로 이루어진다. 전략적 제휴 유형은 공식화 수준, 존속 기간, 지리적 범위에 따라서, 인수·합병 유형은 상호성과 방향성에 따라서 구분된다. 선택 가능한 유형과 전사적 기업 목표 및 테크노베이션 목적 간의 적합성을 검토해야 한다. 아웃소싱 테크노베이션의 성공 여부는 선택 가능한 여러 유형에서 발생할 수 있는 전략적 및 관리적 이슈를 이해하고, 이에 대응하는 조정 활동을 포함한 기술 확보 계획에 달려 있다. 사내벤처팀은 계획수립 시 다음 사항을 유념해야 한다.

- 전략적 제휴의 핵심 성공 요인은 파트너와 공동 목표를 수립하고 개별 목표를 공유하는 것이다. 신뢰 관계 형성은 목표 성과를 창출하고 잠재적 갈등을 해소하는 데 효과적이다.
- 외부 혁신 주체로부터 목표 기술을 확보하는 접근법은 다양하다. 모든 접근법을 관통하는 핵심 원칙은 목표-방법을 일치시키고 조화를 추구하는 것이다.
- 외부 혁신 주체들과 지속적 상호작용이 아웃소싱 테크노베이션의 성공 잠재력을 결정한다. 이를 기반으로 최신 기술 동향을 이해하고 잠재적 파트너를 탐색해야 한다.

- 인수·합병으로 목표 기술을 확보하더라도, 그 효과성은 통합 과정에서 결정된다. 두 조직의 상이한 테크노베이션 매니지먼트 체계를 세심하게 통합해야 한다.
- 아웃소싱 테크노베이션에 참여한 외부 혁신 주체는 주도권을 확보하기 위해 노력할 것이다. 이때는 지배구조, 인적자원, 조직문화, 정보관리 등의 주요 권력 요인을 고려해야 한다.
- 외부로부터 확보한 전문지식을 조직 전반에 확산시켜야 한다. 외부 지식을 내재화하고 내부 지식과 융합해야만 가치 높은 후속 테크노베이션을 진행할 수 있다.

계획대로 아웃소싱 테크노베이션을 실행하고, 목표한 방향으로 움직이는지 진단하여 필요시 관련 활동을 조정해야 한다. 이에 6장에서는 아웃소싱 테크노베이션의 실행 전략을, 7장에서는 평가·통제 프로세스를 살펴본다. 실행 및 평가·통제 활동이 원활히 이루어질 수 있도록 계획수립 시 다음의 질문에 적절한 답변을 추구해야 한다.

- 제휴 파트너 혹은 피인수 기업이 보유한 지식자산은 어떠한 가치가 있는가? 해당 지식자산의 경제적 및 전략적 가치를 과대·과소평가하면, 내부 지식자산과 융합하여 누려야 할 시너지 효과를 창출하기 어려워진다. 지식자산이 내포한 가치는 개별적 단위 요소로 구분하기 어렵기 때문에 전체적 단위 요소로 분석해야 한다. 그리고 해당 자산을 확보할 때 누릴 수 있는 잠재적 경제 효과를 파악하고, 자산 확보를 포기할 때는 발생 가능

한 기회비용을 파악한다.

- 계획수립 시 아웃소싱 테크노베이션의 전략적 목적을 충분히 반영하였는가? 전략적 제휴 및 인수·합병을 성공적으로 이끌 계획이 있더라도, 이에 대한 합당한 근거를 제시하지 못하면 이해관계자로부터 필요한 지원을 받기 어렵다. 또한 팀 내부적으로는 아웃소싱 테크노베이션에 대한 목적을 상실한 채 성과 창출과 무관한 조직행동을 일으키도록 만든다.
- 전략적 제휴 및 인수·합병에 대한 기업 내부의 전반적 견해는 어떠한가? 결정된 아웃소싱 테크노베이션 접근법에 대한 우호적 견해가 높을수록 성과 창출력이 높아진다. 기업 내부의 강력한 정치·권력 세력에 의해서 아웃소싱 테크노베이션을 위한 전략적 제휴 및 인수·합병이 실패한 사례가 상당히 많다. 결정 사안으로 가장 큰 이익을 볼 사람은 누구인가? 관련 의사결정 시 사적 이익 추구의 목적이 의도적으로 숨겨지지는 않았는지 확인해야 한다.
- 전략적 제휴 및 인수·합병과 관련된 모범 사례가 있는가? 모범 사례를 근거로 아웃소싱 테크노베이션 계획을 수립해야 한다. 그 목적은 기업가치 증대라는 점을 명심해야 한다. 모범 사례를 규명 및 적용하기 위한 체계도 구축하는 것이 좋다.
- 아웃소싱 테크노베이션을 통해 기술 확보를 시도한 경험이 있는가? 해당 경험으로 학습한 교훈은 무엇이고, 현재 추진하려는 테크노베이션에 어떻게 적용할 것인가? 성공 및 실패의 경험은 테크노베이션의 성공 가능성을 더욱 증진할 수 있다.
- 잠재적 파트너 혹은 피인수 기업은 자사를 어떻게 바라보고 있는가? 아

웃소싱 테크노베이션을 둘러싼 여러 이해관계자는 어떠한가? 기업 평판은 전략적 제휴 및 인수·합병에서 유리한 협상 이점을 누릴 수 있는 레버리지 요인으로 작용한다. 제휴의 경우에는 더욱 그러하다.

CHAPTER 6

아웃소싱 테크노베이션 실행하기

TECHNOVATION
MANAGEMENT

TECHNOVATION MANAGEMENT

CHAPTER 6

아웃소싱 테크노베이션 실행하기

이번 장에서는 아웃소싱 테크노베이션의 실행 전략에 대해서 알아본다. 아웃소싱 테크노베이션을 통해 목표 기술을 확보하겠다는 결정과 함께 관련 계획을 수립했다면, 이제 계획적 실행에 초점을 맞추어야 한다. 새롭게 확보한 기술을 조직 내부로 어떻게 통합할 것인지, 통합 프로세스를 어떻게 촉진할 것인지, 이 과정에서 발생 가능한 잠재적 리스크는 무엇인지, 아웃소싱 테크노베이션의 목적과 방식을 팀원들이 이해하고 있는지 등의 이슈를 다루어야 한다.

앞서 살펴본 바와 같이, 아웃소싱 테크노베이션 방식은 다양하다. 어떠한 방식을 선택하더라도 아웃소싱 테크노베이션은 기업의 조직 및 기술 체계에 다각적 영향을 미친다. 이러한 영향 강도는 확보한 기술을 이해하고 상업적 활용도를 높이는 통합 프로세스가 결정한다. 전략적 제휴 및 인수·합병 방식을 통해 기대한 테크노베이션 성과를 도출하기 힘든 이유는 서로 다른 둘 이상의 조직을 통합하는 것은 굉장히 어렵기 때문이다. 통합의 실패는 확보한 기술의 사업화 방향을 포착하지 못한 채 부적절한 조직구조, 경쟁적 갈등, 모순된 정보시스템을 초래한다. 그 결과, 전략적 제휴 및 인수·합병의 기대 효과인 규모·범위의 경제를 가로막는다. 계획 단계에서 결정한 아웃소싱 테크노베이션 방식에 따라서 통합 프로세스가 달라질 수 있지만, 잠재적 실패를 방지하기 위해 다루어야 할 이슈의 본질은 모두 같다.

즉, 통합은 아웃소싱 테크노베이션의 핵심 실행 활동이다. 통합 과정에서 발생 가능한 잠재적 문제를 해소하고 부정적 결과를 최소화하며, 확보한 기술 지식을 활용하여 전략적 우위를 확보할 방법을 모색해야 한다. 인소싱 테크노베이션에 실행 기반을 제공한 3가지 실행 질문은 아웃소싱 테크노베이션에서도 여전히 유효하다. 해당 질문을 통해 사내기업가는 앞서 살펴본 여러 아웃소싱 테크노베이션 접근법이 공통으로 내포한 이슈 사항을 점검할 수 있다.

① 테크노베이션 실행 과정 중 시급한 활동은 무엇인가?
② 우선순위가 높은 활동에 필요한 자원·역량은 무엇인가?
③ 누가 어떠한 활동을 수행해야 하는가?

이와 함께 사내기업가는 아웃소싱 테크노베이션의 4가지 실행 요소를 점검해야 한다. 이는 통합, 리더십, 수행, 정렬의 실행 요소이며, 요소별 하위 주제를 포함한다. 상호 연관된 이들 요소에 대한 전략적 관리가 아웃소싱 테크노베이션의 핵심 성공 요인으로 작용할 것이다. 앞서 설명한 3가지 실행 질문과 4가지 실행 요소를 순서대로 살펴보자.

1. 아웃소싱 테크노베이션의 실행 질문

사내기업가는 아웃소싱 테크노베이션 실행을 개시하기 전에 다음의 3가지 질문에 대하여 적절히 답해야 한다.

1) 테크노베이션 실행 과정 중 시급한 활동은 무엇인가?

본 질문은 아웃소싱 테크노베이션에서도 장기적으로 수행해야 할 활동과 단기적으로 신속히 수행해야 할 활동이 구분된다는 점을 대변한다. 아웃소싱 테크노베이션을 통해 달성하려는 장기적 성과 과제와 단기적 성과 과제가 있을지라도, 이를 달성하기 위해 필요한 모든 실행 활동을 동시에 수행해서는 안 된다. 각 활동의 중요성과 시급성을 파악하고 단계별로 진행해야 한다. 지금 당장 수행해야 할 활동, 가까운 미래에 수행해야 할 활동, 더 나중에 수행해도 될 활동을 분류해야 한다. 이는 장기적 성과 과제를 달성하기 위해 특히 중요하다. 아웃소싱 테크노베이션을 위한 전략적 제휴 및 인수·합병 체결 단계에서 반드시 점검해야 할 사항은 다음과 같다.

- 목표 기술 및 역량을 확보하기 위한 아웃소싱 테크노베이션이 이해관계자에게 어떠한 영향을 미칠 것인가? 통합이 내부 혼돈을 발생시키더라도 이해관계자에게 한 약속을 지킬 수 있는가?
- 외부에 집중된 아웃소싱 테크노베이션으로 인해 조직의 우선 사항이 어떻게 변할 것인가? 외부 활동을 전개하는 과정에서도 조직의 초점을 유지할 수 있는가?

많은 사내기업가가 목표 기술을 확보하는 데 지나치게 몰두하여 아웃소싱 테크노베이션의 장기적 성과 창출에 필요한 실행 활동의 우선순위를 설정하지 않는다. 밸류체인을 변화시킬 아웃소싱 테크노베이션에서 고객 및 공급자를 포함한 주요 이해관계자와 관련된 문제를 고려하지 않고 시스템적 통합만 추구한다면 외부 기술 확보를 위한 노력은 아무런 가치를 창출하지 못한다.

2) 우선순위가 높은 활동에 필요한 자원·역량은 무엇인가?

두 번째 질문은 관리적 우선순위가 높은 주요 실행 영역에 자원 및 역량을 집중시키는 데 목적이 있다. 선택한 기술 확보 방법이 무엇이든 매우 중요한 질문이다. 이때 고려해야 할 사항으로는 요구되는 지식 공유 및 통합의 수준·속도, 특정 기술 지식 및 역량 자원의 공개·보호의 수준, 협업 플랫폼의 구축 필요성 등이 있다. 무엇보다 인적자원에 대한 전략적 관리 수준을 판단해야 한다. 실제로 인수·합병을 통한 아웃소싱 테크노베이션 과정에서 기술 지식 및 역량 자원을 보유한 인재의 이직 현상이 급격히 높아진다. 이는 확보하려는 전문지식의 유출을 의미하며, 결국 기대 목적을 달성하기 어렵게 만든다. 이러한 아웃소싱 테크노베이션의 잠재적 문제를 해소하는 데 필요한 실행 활동을 규명하는 유용한 기법이 5장에서 설명한 적정성 평가이다. 이에 대해서는 본 장에서 자세히 살펴볼 것이다.

3) 누가 어떤 활동을 수행해야 하는가?

마지막 질문의 핵심은 완수해야 할 테크노베이션 업무는 실행 행동력이 높은 인재에게 위임해야 한다는 것이다. 기업의 테크노베이션 매니저를 전략적 제휴 및 인수·합병에 따른 통합 조직의 관리 책임자로 임명하는 것이 좋다. 실행 업무의 분담 및 권한 위임 시에는 다음의 함정을 경계해야 한다.

- 타협의 함정 : 전략적 제휴 및 인수·합병에 참여한 조직들이 적절히 타협하여 융합하기보다는 단일 조직의 우수한 기술 및 지식 체계, 운영 시스템 등을 적용하는 것이 더 효과적이다.
- 그릇된 신념의 함정 : 아웃소싱 테크노베이션 목적에 집중해야 한다. 확보하려는 기술에 대한 경쟁우위를 확보하여 산업 통제력을 행사하려는 초기 목적이 실행 과정에서 시장점유율 및 규모의 경제와 같은 다른 목적으로 변경되어서는 안 된다. 실행 과정에서 수집한 새로운 정보들 때문에 초기 목적을 잊지 않도록 한다.
- 우수한 시스템의 함정 : 테크노베이션이 작동하는 개별 시스템이 아무리 우수하더라도 시스템 간 상호 연계성이 결여되었다면 기대 성과를 창출할 수 없다. 전사적 관점에서 시스템 구조 및 관계를 객관적으로 평가하고, 시스템 운영 역량을 갖춘 인재를 담당자로 배치한다.
- 통합 회피의 함정 : 전략적 제휴 및 인수·합병 시 둘 이상의 조직을 독립적으로 분리 운영하는 편이 통합 운영보다 효과적이고 모두를 만족시킬 것으로 여겨서는 안 된다. 통합이라는 어려운 과제를 회피하면 비효율적인 운영 정책 및 절차를 낳게 되고, 이는 결국 구성원의 비생산적 테크노베이션 활동으로 연결된다.

아웃소싱 테크노베이션 매니지먼트에 어떤 시스템을 적용하고, 누가 그 시스템을 운영할 것인지에 관한 의사결정이 중요하다. 하지만 이러한 의사결정을 회피하려는 경우가 많다. 예상할 수 있는 잠재적 문제를 해소하려 하지 않으면 추후 문제 해소에 막대한 비용이 소요된다. 그 책임은 결국 테크노베이션 담당자가 지게 될 것이다.

2. 아웃소싱 테크노베이션의 핵심 실행 요소

이제 4가지 핵심 실행 요소인 통합, 리더십, 수행, 정렬에 대해서 살펴보자. 외부 혁신 주체로부터 목표 기술을 확보하는 아웃소싱 테크노베이션 방식에 따라서 실행 요소가 조금 다를 수 있지만, 모든 방식을 관통하는 핵심 실행 요소는 분명히 존재한다. 그리고 각 실행 요소에는 세심히 다루어야 할 몇 가지 세부 이슈들이 있다. 여기에서는 인수·합병 관점에서 핵심 실행 요소를 설명한다. 이는 인수·합병이 아웃소싱 테크노베이션의 보편적 방식이기 때문이다. 한편, 논의한 모든 이슈는 전략적 제휴 방식에도 유효하다는 점을 명심해야 한다.

표 6-1 아웃소싱 테크노베이션의 실행 요소

통 합	리더십
• 적정성 평가를 수행하라 • 조직 간 학습을 촉진하라 • 조직구조·문화를 융합하라	• 활동 정책·절차를 일치시켜라. • 주요 실행 활동의 수행 방법을 개발하라. • 주요 실행 활동을 적정 시점에 개시하라.
수 행	**정 렬**
• 구성원의 변화 대응 역량을 강화하라. • 구성원 간 갈등을 관리하라. • 시너지 극대화를 추구하라.	• 통합과 보상을 연결하라. • 공동 관리 정책을 수립하라. • 핵심 실행 요소 간 정합성을 증진하라.

1) 통합

통합(Integration)은 아웃소싱 테크노베이션의 실행 성과를 보장하는 핵심 요소이다. 둘 이상의 서로 다른 조직이 상호작용하여 테크노베이션 성과를 창출하려면 거의 모든 조직 요인에서 정합성을 높여야 한다. 생산적 통합을 위해서는 표준 업무 시스템 개발이 필요하다. 특히 인수·합병을 주요 방식으로 채택했다면 피인수 기업의 보유 기술 자체가 인수 대상이다. 이때 피인수 기업의 인적자원에 암묵지(Implicit Knowledge)로 저장된 기술을 자연스럽게 흡수할 수 있을 거라고 가정하면 안 된다. 아웃소싱 테크노베이션에서 통합 성공은 상대의 보유 기술을 완벽히 이해하고, 이를 내재화(Internalization)하는 융합 과정에 달려 있다. 훌륭한 통합을 수행한 인수 기업은 다음의 시스템을 운영한다.

- 피인수 기업에 대한 전수 적정성 평가를 시행하여 발생 가능한 모든 잠재적 이슈 및 문제점을 완벽히 파악한다.
- 피인수 기업의 경영진 중 1/3 이상을 새로운 사업부에서 동일 직무·직위에 배치한다.
- 인수·피인수 기업의 구성원이 사회적 자본을 쌓도록 공식적 및 비공식적 교류 행사를 개최한다.
- 내·외부 이해관계자의 니즈를 검토·확인한 후 통합 활동을 전개한다.
- 규모의 경제를 이룰 수 있도록 피인수 기업의 업무 시스템을 인수 기업에 적용한다.
- 3개월 이내에 모든 통합 프로세스를 완료하여 장기적 갈등·혼란을 최소화한다.

다양한 통합 요인을 동시에 다루려면 상당한 노력이 필요하다. 인수-피인수 기업 간 상이한 표준 업무 시스템, 운영 절차, 조직문화와 같은 모든 사항을 다루어야 한다. 조직 규모가 클수록 각 요인에 대한 관리는 더욱 난항을 겪게 된다. 이때는 2가지 동시적 통합 접근을 적용해볼 만하다. 첫 번째 접근은 특정 부문에서 단일 기업의 시스템 및 문화를 지배적으로 적용하는 것이다. 두 번째 접근은 개별 조직의 우수한 시스템 및 문화를 선택적으로 적용하는 방법이다. 후자는 전자보다 복합적이고 다차원적인 접근이 필요하다. 만약 조직 규모 차원에서 인수-피인수 기업 간 차이가 크다면 변화·전환에 수반되는 비용 대비 편익이 작을 수 있다.

중대한 실수는 인수 기업의 시스템 및 문화를 피인수 기업에 강제적으로 적용하는 것이다. 피인수 기업에 인수 기업의 이질적 시스템을 적용한 결과가 무엇일지 고심해야 한다. 합리성이 결여된 이러한 접근은 피인수 기업 구성원의 감정적 대응을 일으켜 자칫 통합 와해를 불러올 수 있다. 세부 통합 활동은 다음과 같다.

(1) 적정성 평가를 수행하라

아웃소싱 테크노베이션에 뛰어난 기업은 통합 활동 시 적정성 평가(Due Diligence)의 중요성을 강조한다. 이는 협약 전 제휴 파트너 및 피인수 기업에 대하여 철저한 다면적 조사를 수반한다. 이때 특정 영역에서 발생할 주요 결과를 평가해야 한다. 평가 대상 영역에는 시장-제품 적합도(Market-Product Fit), 비용성, 생산성, 내부 관리 효율성, 정보 시스템 효과성 등이 포함된다.

채택한 방식과는 무관하게 적정성 평가 시 핵심 활동은 상대 조직의 핵심 구성원을 평가하는 것이다. 협상 단계에서 융합 조직에 기존 구성원을 어떻게 배치할 것인지에 관한 문제가 가장 해결하기 어렵기 때문이다. 테크노베이션의 주요 특성은 인적자원이 보유한 지식 및 역량이 경쟁우위의 원천으로 작용한다는 점이다. 그러므로 협상 단계에서 인적자원의 생산적 통합에 관한 사안을 세심히 다루어야 한다. 피인수 기업의 핵심 구성원이 새로운 조직의 목표 달성에 기여하고 전략적 활동을 수행할 인재라 여길 수 있도록 만들어야 한다. 그 결과, 이질적 조직체계에 거부감을 느끼고 퇴사·이직할 가능성을 줄일 수 있다. 적정성 평가는 이러한 통합 활동의 시작점이다. 이를 통해 피인수 기업의 구성원뿐 아니라 이들에게 익숙한 업무·운영 체계를 통합할 때 발생 가능한 이슈를 규명해야 한다. 이에 대한 고찰을 통해 인적자원 및 시스템의 통합 계획을 효과적으로 수립할 수 있다.

(2) 조직 간 학습을 촉진하라

아웃소싱 테크노베이션의 목적을 달성하려면 조직 간 학습(Inter-organizational Learning)을 통해 지식 공유를 활성화해야 한다. 거듭 강조하지만, 지식 학습 및 공유는 후속 테크노베이션의 성공 잠재력을 극대화하는 전략적 활동이다. 조직 간 학습을 진행할 때는 몇 가지 명심해야 할 점이 있다.

① 기술 소유권자를 명확히 설정하라. 협상 시 상대 기업이 기술 소유권을 요구할 수도 있다. 이 요구가 무엇을 의미하는지 파악하고 진지하게 협상에 임해야 한다. 규모의 힘으로 상대 기업의 혁신적 기술을 강탈하려 하면 안 된다. 해당 기술의 개발 과정에 참여한 상대 기업의 구성원이 불만을 품고 의도적으로 기술을 유출한 사례도 있다.

② 체계적 학습 방식을 개발하라. 기술 지식에 대한 학습은 어떻게 구

성원을 학습 시스템에 참여하도록 만들 것인지에 관한 문제로 귀결된다. 통합 과정에서 단순한 지식 학습 및 공유 체계를 개발하면 아웃소싱 테크노베이션을 효과적으로 수행할 수 있다. 지식 이전 TFT(Knowledge-transfer Task Force Team) 구성, 정기 학습회의 개최, 정보공유 체계 정비, 교육·훈련 제공, 의사소통 채널 구축과 같이 간단하면서도 효과적인 방법들이 있다.

③ 지식 학습 및 공유에 충분한 시간을 제공하라. 이때는 학습할 기술 지식에 대한 평가 기간도 포함된다. 후속 테크노베이션을 위한 지식 재생산이 학습 및 공유의 주요 목적이다. 만약 학습 및 공유가 원활히 이루어지지 않는다면 조정 활동을 수행해야 한다.

④ 상대 기업에 축적된 기술 지식은 이를 이해·활용할 수 있는 자사 구성원에게 신속히 전달한다. 가능하다면 각 기업의 구성원을 매칭시키면 암묵지를 효과적으로 이전시킬 수 있다. 의사소통의 단절은 조직 경계를 뛰어넘어 해소하기 어려운 문제를 발생시킨다.

적정성 평가 시 기업 간 의사결정 정책의 차이점 및 유사점을 분석해야 한다. 해당 분석 내용은 새로운 의사결정 프로세스를 개발할 때 적용한다. 일치된 의사결정 정책을 개발·활용하여 발생 가능한 잠재적 갈등에 효과적으로 대처할 수 있다. 그리고 양 기업의 구성원이 새로운 의사결정 프로세스를 이해하도록 관련 교육 및 지침을 제공해야 한다. 또한 통합 과정 중 기대 목표의 달성 여부를 파악하는 데 적정성 평가를 적용해야 한다. 조직 내·외부에 걸친 광범위한 의사소통을 진행하여 과거 통합 경험에서 학습한 개인적 지식을 수집하고, 현재 추진 중인 전략적 제휴 및 인수·합병에 미칠 수 있는 영향 요인을 파악한다. 이처럼 적정성 평가를 통해 잠재적 문제를 인식하고 해소 방안을 모색하여 통합 실패 리스크를 획기적으로 줄일 수 있다.

(3) 조직구조·문화를 융합하라

아웃소싱 테크노베이션의 통합 과정에서 조직구조·문화를 융합할 때 2가지 요소를 고려해야 한다. 외부적 기술 확보 방법과 양 기업의 조직구조·문화 특성이다. 이에 대해서는 통합이 핵심 관리 주제인 인수·합병으로 살펴보자. 인수·합병 시 주요 고려사항은 기술 보완성 수준이다. 내부 보유 기술과 외부 확보 기술의 보완성이 높다면 각자의 조직역량이 동일 혹은 유사할 여지가 높기 때문에 아웃소싱 테크노베이션의 통합 활동을 보다 수월히 진행할 수 있다. 즉, 기술 보완성 및 역량 유사성이 높다면 조직구조상 융합의 부정적 변화에 따른 영향을 줄일 수 있다. 반대로 관련 보완성 및 유사성이 낮으면 변화의 불확실성이 높아질 수밖에 없다. 이러한 비상호적 인수·합병에서는 리스트럭처링이 필요하다. 이는 목표 기술 확보를 위한 전략적 사업 단위(Strategic Business Unit)의 구축을 의미하며, 새로운 독립적 사업부를 개설하는 만큼 조직구조상 비교적 낮은 융합 수준을 요구한다.

조직통합에 따른 문화 변화는 조직구조보다 광범위한 영향을 미친다. 개별 조직의 문화적 차이가 높을수록 통합 활동은 많은 마찰을 겪게 된다. 통합 시 문화체계는 다음의 4가지 형태 중 하나로 일어난다.

① 개별적 문화체계 : 비상호적 인수·합병의 대상 조직을 기업 내부에 독립적 사업 단위로 편입시킬 때 적용한다. 독립적 문화를 구축해도 무방하므로 융합 수준이 낮다.

② 지배적 문화체계 : 한 기업의 문화를 지배적으로 적용하여 일치된 조직문화를 추구한다. 주로 규모가 더 큰 조직의 문화를 적용한다. 만약 아웃소싱 테크노베이션 목적이 장기적 사업 방향의 전략적 수정이라면, 규모가 작아도 강력한 혁신적 문화를 가진 기업이 문화 융합 시 더 큰 영향력을 발휘하기도 한다. 이 경우, 문화 이전이 효과적으로 이루어지도록 혁신적 문화를 가진 소기업의 구성원을 적절히 배치한다.

③ 새로운 문화체계 : 인수·피인수 기업의 기술 지식 및 역량을 조합하여 새로운 지식 역량을 창출하려는 데 목적을 둔 아웃소싱 테크노베이션에서는 기존과 다른 새로운 문화의 창출이 필요할 수 있다. 주로 유사 조직규모를 가진 기업 간 인수·합병 시 발생한다.

④ 복합적 문화체계 : 규모와 무관하게 각 조직은 하위문화를 갖고 있다. 이 경우 인수 기업은 피인수 기업들이 고유한 조직규범 및 문화를 갖도록 허락한다. 새로운 문화를 창출하는 것보다 문화 융합 수준이 낮은 편이라 주로 상관성이 낮은 전략적 사업 단위로 조직체계를 구분하는 지주 회사 체제에서 나타난다. 복합적 문화체계를 적용하려면 개별 사업 단위 간 협력 활동 및 지식 공유가 활발히 일어날 수 있도록 업무 프로세스 및 운영 시스템을 일치·정렬시키면 좋다.

문화 차이는 개인, 기업, 국가의 3가지 수준에서 발생하며, 순서대로 차이 수준이 높아진다. 즉, 국제 제휴의 문화 융합이 가장 복잡하고 어렵다. 이때는 시스템적 접근과는 다른 접근, 즉 서로 다른 국가에서 활동 중인 조직 간 문화 융합이 효과적으로 일어날 수 있도록 상대적 문화 차이를 이해·수용하려는 노력이 필요하다. 따라서 공동 및 개별 목표 달성을 지원하는 헌신적 태도를 보여 신뢰 관계를 형성해야 한다. 행동 규범을 설정하는 것도 문화 차이를 극복하는 데 효과적이다.

아웃소싱 테크노베이션의 조직구조·문화 융합에서 다루어야 할 관련 이슈가 많다는 점은 분명하다. 이러한 복잡성은 인수·합병보다는 덜 복잡한 전략적 제휴를 선택하도록 만드는 요인이다. 전략적 제휴는 인수·합병보다 조직 차원의 통합 요구 수준이 낮다. 어떠한 방식을 선택하더라도 기술 이전 및 지식 흡수 활동이 원활히 이루어지도록 조직 간 구조적 및 문화적 연계성을 확보해야 한다.

2) 리더십

아웃소싱 테크노베이션의 두 번째 핵심 실행 요소는 리더십이다. 여기서 리더십은 외부 혁신 주체가 보유한 기술 지식 및 혁신 역량을 자사로 이전·흡수하여 내재화하는 능력을 의미한다. 아웃소싱 테크노베이션의 협상 단계에서 CEO와 COO(Chief Operating Officer)는 반드시 참여하는 반면, 종종 CIO(Chief Innovation Officer) 또는 CTO(Chief Technology Officer)는 협상에서 배제되곤 한다. 하지만 CIO/CTO와 같은 기술 전문가의 적극적인 실행 활동은 다양한 리더십 이슈를 해결하는 데 도움이 된다. 리더십은 다음의 활동과 관련되어 있다.

(1) 활동 정책·절차를 일치시켜라

일치된 활동 정책·절차는 아웃소싱 테크노베이션의 성과 창출력 증진에 기여한다. 아웃소싱 테크노베이션으로 인한 조직적 제휴 및 통합에도 불구하고 지식·역량 공유가 이루어지지 않는 이유는 참여자 간 일치된 활동 정책·절차를 수립하지 않은 채 수시로 정책·절차를 타협하고 조율하기 때문이다. 활동 정책·절차를 일치시키려면 리더십이 필요하다. 이는 다음의 몇 가지 능력에 기반한다.

① 외부 학습 능력 : 일반적으로 아웃소싱 테크노베이션에 참여한 구성원은 상호 개방적 학습보다는 자신의 고유한 지식·역량을 보호하는 데 더 집중하는 경향을 보인다. 이에 대응하는 방법은 지식·역량 공유를 담당할 팀원을 적정 규모로 확대하는 것이다.

② 적정 보상 능력 : 통합 프로세스를 개시했다면 참여자에게 일정 수준의 보상을 제공해야 이들의 몰입과 헌신을 얻을 수 있다. 보상 수준은 이들이 아웃소싱 테크노베이션에 얼마나 공헌했는지보다는 예상 가능한 미래에 달성할 조직 목표에 얼마나 기여했는지로 결정해야 한다.

③ 신뢰 강화 능력 : 시간이 지나면서 참여자 간 신뢰 수준이 낮아지는 현상이 나타난다. 신뢰 감소는 불확실한 미래를 개척하려는 긍정적 의지를 약화시키고, 변화를 수반하는 결정을 거부하려는 부정적 의지를 강화한다. 참여자 간 신뢰 수준이 일정하게 유지될 수 있도록 활동 정책·정책상 일관성을 확보하고, 그 이유와 의미를 전달한다.

(2) 주요 실행 활동의 수행 방법을 개발하라

아웃소싱 테크노베이션에선 다른 활동보다 우선해야 할 몇 가지 실행 활동이 있다. 우선, 아웃소싱 테크노베이션과 관련된 모든 활동 차원에서 개인-조직 적합성(Person-Organization Fit)을 높이는 것이다. 기술 집약적 조직의 원동력은 기술 지식을 보유한 개인이다. 따라서 조직-개인 간 관계는 중요한 관리 영역이다. 개인-조직 적합성을 높이기 위한 리더십의 주요 이슈 사항은 다음과 같다.

- 의사소통, 직무, 역할 등과 관련된 개인 간 업무 관계 이슈들
- 세부 계획 실행과 관련된 운영 이슈들
- 전략적 제휴 및 인수·합병과 관련된 갈등 이슈들

아웃소싱 테크노베이션 실행 시 발생 문제의 절반 이상이 개인 간 업무 관계와 관련된 이슈에서 시작된다. 이들 문제는 대부분 불명확한 책임·역할의 설정과 의사소통의 단절·부재에서 기인한다. 통합 조직에서 개별 구성원의 업무 책임 및 역할을 명확히 정의하면 잠재적 시너지를 발휘할 수 있다. 문화적 일치성을 확립했다면 서로 활발히 의사소통하고, 구성원에게 성공 기회를 제공해야 한다. 또한 아웃소싱 테크노베이션에 따른 변화에 반감을 품은 구성원과 조직 간 갈등을 해소할 협의 전략을 세운다면 성과 창출력이 높은 조직 운영 체계를 개발할 수 있다. 아웃소싱 테크노베이션 실행 시 조직 운영 체계상 다음과 같은 문제가 발생할 수 있다.

- 기술, 제품, 프로세스에 대한 이해 결여
- 통합 비용에 대한 과소평가
- 지식 확산을 위한 문서화에 대한 지원 부족
- 모순된 기술 적용
- 예상보다 과도한 오류 수정 활동

리더십은 이러한 문제가 발생하지 않도록 예방하는 데 초점을 두어야 한다. 완벽한 문제 예방은 불가능하기에 현재 또는 가까운 미래에 일어

날 문제를 예측하고, 이를 해결할 수 있는 전략적 접근법을 개발해야 한다. 그러한 문제 해결 접근법은 일관적이고 신뢰할 수 있어야 한다. 따라서 사전에 개발 및 선정 기준을 마련하고, 이에 대하여 이해관계자와 충분한 의사소통을 진행하며, 가능한 한 지속적으로 운영되도록 해야 한다. 문제 해결 접근법의 적용 시점도 고려해야 한다. 리더십을 발휘하여 아웃소싱 테크노베이션 참여자의 주요 관심사 및 참여자 간 관심 차이를 규명하고 지원하는 것도 바람직하다. 아웃소싱 테크노베이션의 성공적 실행을 위한 리더십 활동은 다음과 같다.

- 정의된 목표가 요구하는 성과물을 구체적으로 설명한다.
- 목표 달성을 위해 선택 가능한 방법을 규명하고 평가한다.
- 기술-목표 정합성(Technology-Goal Fit)을 평가한다.
- 여러 기술 요소를 단일 시스템으로 효율적으로 관리할 계획을 세운다.
- 구성원이 성과 창출을 위한 구체적 실행 활동을 검증하도록 한다.
- 모든 실행 과정에 가능한 많은 구성원이 참여하도록 유도한다.
- 확보 기술에 대한 구성원의 활용 및 응용 능력을 평가한다.
- 경쟁열위로 작용할 약점을 보완할 교육·훈련 프로그램을 개발한다.
- 구성원과 변화에 관해 의사소통할 수 있는 채널을 개발한다.
- 새로운 시스템을 적극적으로 반영한 구성원에게 보상을 제공한다.
- 모든 조직요인을 분석하고, 부적합한 조직요인은 재구성한다.

(3) 주요 실행 활동을 적정 시점에 개시하라

주요 실행 활동을 적시에 개시하도록 정확성 및 신속성을 확보하기 위해서는 리더십이 필요하다. 아웃소싱 테크노베이션 참여 기업의 시스템적 결합에 따른 시너지 효과가 창출할 총 경제적 편익의 대다수는 결합 첫해에 발현된다. 이때 수행할 초기 실행 활동에 정확성 및 신속성이 결여되면, 누구도 해당 편익을 누리지 못하고 변화 추진력이 상실된다.

성공적인 통합을 위해서는 주요 실행 활동을 수행할 합리적 기간을 설정하고, 해당 기간에 실행 활동을 완수할 수 있도록 촉진해야 한다. 이는 변화에 대한 구성원의 불안·걱정을 잠식시키는 데 효과적이다. 전략적 제휴보다 인수·합병은 상당한 조직 혼란을 일으킨다. 유능한 구성원은 언제 어디서든 수많은 개인적 성공 기회를 누린다. 이들이 인수·합병에 대한 불안감을 느낀다면 조직을 떠날 이유는 충분하다.

실행 속도를 높이려면 각 실행 활동의 중요성 및 시급성을 고려하는 것이 좋다. 반드시 수행해야 할 실행 활동이 무엇이며(중요성), 언제까지 그 활동을 수행해야 하는지(시급성)에 따라 실행 속도를 조절할 수 있다. 덜 중요하지만 적시에 완료해야 할 활동은 상대적 중요성이 높고, 반대로 더 중요하지만 적시에 완료하지 않아도 될 활동은 상대적 중요성이 낮다. 즉, 지금 해야 할 일과 나중에 해도 될 일을 구분하는 데 리더십을 발휘해야 한다.

표 6-2 중요성 · 시급성에 따른 행동 결정

구분		중요성	
		고	저
시급성	고	즉각적으로 관심을 두고 지금 당장 실시한다.	시간이 허락된다면 다른 사람에게 지원을 요청한다.
	저	반드시 실행해야 하지만 일정을 조정하여 나중에 실행한다.	시간 낭비이므로 실행하지 않아도 된다.

강력한 리더십을 기반으로 실행 이정표(Implementation Milestone)를 개발하면 실행 속도를 더욱 높일 수 있다. 이는 인수·합병뿐 아니라 모든 유형의 전략적 제휴에 적용 가능하다. 실행 이정표는 다음 과정으로 개발된다.

① 아웃소싱 테크노베이션 실행에 필요한 유·무형 자원에 관한 참여 기업 간 차이·특성을 파악한다. 사전에 해당 격차를 보완할 방법을 수립하여 실행 이정표에 반영하면 실행 속도를 더욱 높일 수 있다.
② 아웃소싱 테크노베이션에 대한 지원 방안 및 성과 공유에 관하여 각 참여 기업의 최고 경영진과 논의·협상할 시점을 정한다.
③ 각 참여 기업에서 파견된 주요 관리자로 실행 이정표 개발팀을 구성한다. 이들은 아웃소싱 테크노베이션의 배경·근거, 기대 결과, 예상 시간, 성과 측정 및 보상 방법을 개발하고 소속 기업에 전파해야 할 임무를 갖고 있다.
④ 중간·최종 성과를 측정할 시점 및 방법을 실행 이정표에 포함한다. 이는 초기의 기대 목표와 중간·최종 성과 간 격차를 분석하고, 그 격차를 조정하는 데 효과적이다.
⑤ 참여 기업 간 협력적 실행 활동을 지원할 시점 및 방법을 실행 이정표에 포함한다. 실행 협력에 적극적으로 참여한 구성원을 위한 보상 체계도 반영한다.

3) 수행

아웃소싱 테크노베이션의 세 번째 핵심 실행 요소는 구성원의 실제적 수행(Execution)이다. 통합 조직 구성원들의 공동 목표를 향한 일치된 방향으로 과업을 수행하지 않는다면 기대 성과를 창출하기 어렵다. 다음의 전사적 관리지침을 적용하면 공동 목표 달성을 위한 구성원의 활동 수행을 촉진할 수 있다.

(1) 구성원의 변화 대응 역량을 강화하라

아웃소싱 테크노베이션 과정에서 구성원은 이전에 경험하지 못한 새로운 변화를 겪게 된다. 이는 전사적 전략, 조직체계, 업무수행 방식, 운영 시스템은 물론 구성원의 직위·직무상 변화를 포함한다. 이러한 변화에 적응할 수 있도록 교육·훈련 및 세미나를 제공하여 아웃소싱 테크노베이션으로 인해 앞으로 개인적 업무·직무 및 조직적 정책·문화·규범상 어떤 변화가 일어날지 이해시켜야 한다. 구성원이 스스로 개인적 상황에 맞추어 변화 적응 방법을 모색하도록 도와주는 것이다. 기업이 나아가려는 전략적 방향을 알고 있다면 변화를 수용하기가 더 쉬워지므로 아웃소싱 테크노베이션에 따른 조직 내·외부의 각종 변화가 무엇을 의미하는지 인지시켜야 한다.

이를 위한 접근법 중 교육·훈련을 통한 역량개발이 가장 효과적이다. 단순히 기업의 전략적 방향 및 변화에 관한 정보를 제공하는 것이 아니라, 스스로 변화에 대응·적응할 수 있는 역량을 함양할 수 있는 교육·훈련 프로그램을 설계해야 한다. 예를 들어, 인수·합병 시 통합 조직의 관리 효율성을 위해 새로운 운영 시스템을 도입했다고 가정해보자. 이 경우, 다수의 구성원은 새로운 운영 시스템이 업무 효과성을 저해하는 장애물이라 생각할 것이다. 더욱이 통합 조직에서 필요한 새로운 직무 역량 및 대인 관계를 개발해야 할 상황에서 새로운 운영 시스템에 대한 학습 요구는 큰 부담이 된다. 비현실적 요구에 대한 구성원의 불만은 점점 커질 것이고, 이는 업무 생산성의 하락을 불러온다. 이때는 새로운 운영 시스템에 관한 체계적 교육·훈련을 정기적으로 제공하여 구성원이 스스로 관련 역량을 개발하도록 지원해야 한다. 이는 개인-조직 적합성을 높이고 성취감을 느끼도록 만드는 데도 유효하다.

아웃소싱 테크노베이션에 뛰어난 기량을 보이는 혁신선도 기업은 교육 프로그램을 통해 조직이 직면한 문제 상황을 구성원에게 이해시킨다. 집단 지성을 활용하면 문제 해소를 위한 혁신적 접근법을 보다 수월히 도출할 수 있기 때문이다. 이들 기업은 다음의 5가지 관리 원칙을 준수하며, 구성원의 변화 대응 역량 강화를 위한 장기적 교육을 제공하는 데 집중한다.

- 나중으로 미루지 않고, 초기부터 시작한다.
- 필요시 리스트럭처링을 과감하게 실시한다.
- 조직통합에 자원을 집중한다.
- 결과에 초점을 맞추고 조직 시스템을 통합한다.
- 끊임없이 의사소통한다.

(2) 구성원 간 갈등을 관리하라

통합 조직의 구성원은 새로운 의사소통 채널을 통해 정보를 공유해야 한다. 물리적 공간을 재구성하는 것만으로는 효과적인 의사소통을 기대하기 어렵다. 적시·적소에 필요한 정보가 전달되도록 하려면 협력 업무를 수행하는 구성원의 활동 목적 및 정보 체계를 명확히 설정해야 한다. 통합 조직의 협력 활동 실패 사례에서 학습한 교훈을 확산시켜 문제 재발을 방지한다. 그리고 모범적 협력 활동의 성과 사례를 공표하여 아웃소싱 테크노베이션을 위한 전략적 제휴 및 인수·합병에 대한 긍정적 인식을 확산시켜야 한다. 이는 구성원의 조직적 융합에 도움이 된다.

하지만 융합 과정에서 예기치 못한 갈등이 발생하기도 한다. 융합 활동이 수반하는 변화의 강도가 갈등 관리의 중요성을 결정한다. 빈번하게 발생하는 갈등의 원인 및 솔루션을 [표 6-3]으로 요약하였다. 각 기능 부문에서 활동 중인 관리자로 구성된 PMI(Post-Merger Integration) 팀을 구성하는 것도 갈등 해소에 효과적이다. 설정한 통합 기간에 PMI 팀이 조직변화에 따른 인적자원, 정보기술, 운영 시스템 등과 관련된 문제를 정의하고 해결할 수 있도록 권한을 위임하고 관련 지원을 제공해야 한다.

표 6-3 갈등의 원인 및 솔루션

원 인	솔루션
상이한 우선 사항	장기적 전략과 일치하는 마스터플랜을 작성하라.
상이한 관리 절차	프로젝트 초반에 명확한 역할, 책임, 보고체계를 확립하라.
불공정한 성과 공유	계획 및 활동 결과를 평가할 수 있는 운영위원회를 설립하고, 상호 검토를 수행하라.
불명확한 책임소재	업무 분류 체계 및 담당자에 관한 매트릭스를 개발하라.
과도한 비용	세부 과업 활동 비용을 추정할 수 있는 예산표를 작성하라.
일정 불일치	활동 계획에 관한 통합 일정 관리 시스템을 개발하라.
개인 간 갈등	팀 결속력을 강화하라.

(3) 시너지 극대화를 추구하라

통합 효율성을 추구하여 시너지를 누릴 방법을 모색한다. 아웃소싱 테크노베이션에 투입한 막대한 비용을 조금이라도 상쇄시킬 수 있는 비용 절감 및 경쟁 강화의 시너지 기회를 규명하면 좋다. 이러한 시너지 기회는 아웃소싱 테크노베이션이 내포한 성과 창출 실패 위험을 줄이는 데 도움이 된다. 시너지 효과를 높이려면 다음 사항을 유념해야 한다.

- 전략적 제휴 및 인수·합병은 마치 각자 다른 보트를 몰고 있던 조직들이 기존 보트를 팔고 새로운 보트 한 척을 구매하여 함께 항해하는 것과 같다. 그 보트가 목표 지점까지 순항할 수 있도록 각 조직은 서로 다른 임무 및 역할을 담당하며 서로를 지원해야 한다.
- 경영진은 조직통합의 근거와 미래의 목적지를 선원들에게 명확히 전달한다. 이를 통해 선원들은 아웃소싱 테크노베이션의 성공을 향한 항해법을 수월히 개발할 수 있다.
- 인적자원은 시너지가 발생하는 핵심 영역이다. 모든 구성원이 통합 조직의 전략적 목적, 업무 프로세스, 운영 시스템, 정책·절차, 문화 등을 이해해야 한다. 이를 개인별 실행 활동에 적용하도록 지원한다.
- 아웃소싱 테크노베이션의 실행은 누구에게나 매우 도전적인 과제이다. 이 도전과제를 기꺼이 수행하려는 자를 높이 평가하라.

4) 정렬

마지막 핵심 실행 요소는 통합 조직의 구성원, 업무체계, 운영 시스템, 조직체계, 전략적 목표 간 정합성을 확보하는 정렬(Alignment)이다. 이들 요소의 정렬은 실행 활동이 아웃소싱 테크노베이션 목적과 일치된 방향으로 진행되도록 만든다. 이를 위해서는 조직 실행 활동의 방향을 설정하고 통합 평가 기준에 관한 다음 질문에 답해야 한다.

- 추진 중인 아웃소싱 테크노베이션이 내포한 시너지를 정확히 인지하고 있는가? 이를 실제화하려는 활동 노력을 지원하는가?
- 상이한 운영 시스템에 익숙했던 구성원 간 상호작용이 활발히 이루어지고 있는가? 이들이 새로운 지식을 생산하는가? 이를 위한 역량개발을 지원하는가?
- 통합 조직화 후 구성원 간 상호 신뢰 수준이 높아지고 있는가? 이들이 각자의 활동 성과를 달성하도록 지원하는가?

질문과 관련된 문제 현상을 발견했다면, 그 즉시 솔루션을 마련하는 것이 좋다. 실행 활동의 정렬을 지원하는 3가지 요소에 대하여 자세히 살펴보자.

(1) 통합과 보상을 연결하라

앞서 아웃소싱 테크노베이션의 실행 과정에서 통합 활동을 지원한 구성원에게 적절한 보상을 제공해야 한다는 점을 강조했다. 이는 구성원들이 실행 노력에 따른 결과를 기대하도록 만들어 행동 강화를 일으킨다. 제휴 파트너 및 피인수 기업과 협약을 완료하는 즉시 보상 체계 설계를 개시하여, 참여자가 통합 프로세스를 생산적으로 수행하도록 지원한다. 사전에 충분한 보상 자원을 확보하는 것도 중요하다. 실행 활동에 따른 보상이 기대 수준보다 낮다면 결국 통합 중요성을 낮게 느낄 것이다. 보상 체계를 설계했다면, 이제 기업이 성공적인 외부 기술 확보를 위해 통합 성과를 간절히 바라고 있으며, 이를 위해 상당한 보상 자원을 마련했다는 사실을 전파한다. 그러면 구성원은 통합 프로세스에 적극적으로 참여할 것이다.

모든 통합 활동이 성공적일 수는 없다. 하지만 통합 체계의 세심한 설계와 과감한 실행, 그리고 이를 촉진하는 보상 체계를 갖춤으로써 성공 가능성을 높일 수 있다. 그리고 다양한 이해관계를 조율하여 통합 조직을 단일 시스템으로 운영해야 할 전사적 의지를 강화할 수 있다. 그러려면 현실적이고 구체적인 보상 체계가 필요하다. 아웃소싱 테크노베이션의 목표 달성 및 성과 창출에 기여하지 못한 구성원에게 보상을 제공하면 절대로 기대한 전사적 실행 활동을 발현시킬 수 없다.

(2) 공동 관리 정책을 수립하라

전략적 제휴 시 파트너와 공동 관리 정책을 마련하면 각자의 협력적 실행 활동을 더욱 효과적으로 정렬시킬 수 있다. 공동 관리 정책에서는 다양한 조직 요인을 다루어야 한다. 인적자원 관리만 하더라도 급여, 상여금, 복지, 고용·채용 규정, 정보보안 등의 이슈가 포함된다. 단순히 단일 기업의 사례만을 지배적으로 적용하지 말고 다양한 모범 사례를 수집하고 분석하여 통합 조직의 상황에 적합한 공동 관리 정책을 마련해야 한다. 새롭게 수립된 공동 관리 정책으로 조직구조의 변화가 필요할 수도 있다. 이때는 중장기적으로 구성원이 담당 업무를 효율적 및 효과적으로 수행할 조직체계를 설계해야 한다. 이전까지 서로 다른 체계 및 문화 속에서 활동한 기업들이 인수·합병할 경우에도 조직구조상 견고한 정렬이 이루어지지 않으면 초기에 기대한 효율성·효과성을 누리기 어렵다.

(3) 핵심 실행 요소 간 정합성을 증진하라

다시 한번 강조하면, 아웃소싱 테크노베이션의 실행은 정합성 확보를 위한 통합, 조정, 정렬 등의 활동들로 이루어져 있다. 추진한 아웃소싱 테크노베이션 프로젝트가 실패하는 이유는 대부분 정합성 확보에 실패했기 때문이다. 정합성은 개인 차원, 조직 차원, 전략 차원으로 구분할 수 있다. 우선, 개인 차원의 정합성 이슈는 다음의 형태로 나타난다.

- 구성원의 역량 관리가 잘못된 방식으로 이루어진다.
- 사내 권력 및 정치가 추진력으로 작용한다.
- 변화에 대한 두려움으로 방어적 행동이 만연하다.
- 문화적 충돌 및 갈등에 아무런 문제의식이 없다.
- 상호 정보공유가 분절·단절된다.

아웃소싱 테크노베이션에서 사내 권력 및 정치는 긍정적 효과와 부정적 효과를 모두 지닌다. 사내 권력 및 정치가 테크노베이션의 실행 추진력으로 작용하면 조직 단결, 변화 강화, 집중 지원, 지원 창출 등이 일어난다. 하지만 구성원은 아웃소싱 테크노베이션의 추진 동기 및 기대 결과에 대한 진실성에 의구심을 품게 된다. 이는 조직 불신, 분열, 불화를 조장하고 책임 전가 및 과실 면피를 촉진할 수 있다. 조직 차원의 정합성 이슈는 다음과 같다. 이 때문에 조직 차원의 문제가 발생한다.

- 제휴 파트너 간 거래비용을 과소평가한다.
- 현실적으로 발현되기 어려운 시너지를 기대한다.

정합성 확보 실패가 불러올 전략 차원의 이슈는 다음과 같다.

- 예측 및 기대가 비현실적이다.

- 전략을 성급히 수립한다.
- 경영진의 전사적 목표 초점이 빗나갔다.

표 6-4 테크노베이션에 대한 사내 권력 · 정치의 양면성

긍정적 효과	• 사회적 자원을 창출하고 재무적 자원을 통합할 수 있다. • 공통점이 없는 상이한 집단을 단결시킬 수 있다. • 변화를 촉진하고 강화할 수 있다. • 혁신에 대한 전폭적 지원을 제공할 수 있다. • 갈등 문제에 대한 타협점을 모색할 수 있다. • 여러 의견 주도자를 결집할 수 있다.
부정적 효과	• 테크노베이션 전략에 대한 리더의 능력 및 진실성이 의심된다. • 부서 간 분열·불화를 일으키는 원인이 된다. • 테크노베이션의 기대 목표 및 결과에 대한 의문이 증가한다. • 문제에 대한 책임 전가가 일어난다. • 누군가의 과실을 면책하는 사례가 일어난다. • 조직 내부에 상호불신과 편파가 조장된다.

아웃소싱 테크노베이션의 실행 단계에서 정합성 확보는 인소싱 테크노베이션의 그것보다 훨씬 많은 시간과 노력이 필요하다. 아웃소싱 테크노베이션은 조직 전반에서 상당한 변화를 일으키기 때문이다. 변화 조정을 위한 정합성의 중요성을 정확히 이해하고 이를 증진하려는 노력을 통해 아웃소싱 테크노베이션을 효과적으로 실행할 수 있다. 이제까지 타성에 젖어 있던 구성원일수록 변화된 조직 상황에 적응하려 하지 않을 것이다. 통합 조직에서는 활발한 의사소통을 기반으로 상호 신뢰 및 호혜를 증진해야 한다. 그리고 차이점과 다양성을 인정하는 제도적 접근으로 이들의 안락성을 보전해야 한다.

3. 아웃소싱 테크노베이션에 대한 가치 분석

실행 활동 중 적절한 변화를 통해 아웃소싱 테크노베이션의 성과 창출력을 높일 수 있다. 참여 기업들의 여러 조직 시스템 및 프로세스 통합을 위해서는 현재 완료한 활동과 향후 완료해야 할 활동을 확인하여 불필요한 실행 활동을 획기적으로 줄여야 한다. 이때 가치 분석(Value Analysis)을 적용할 수 있다. 아웃소싱 테크노베이션의 궁극적 목적은 기업가치와 고객가치를 높이는 것이다. 가치 분석은 다음 4단계로 이루어진다.

① 문제가 되는 실행 활동을 정의하기
② 적용할 수 있는 현실적 솔루션을 추론·도출하기
③ 비용 수준, 실현 가능성, 목적 기여도에 근거하여 솔루션을 분석하기
④ 솔루션 적용 후 효과성 측정하기

가치 분석을 적용하려면 다음 질문에 답해야 한다.

- 선택한 전략적 제휴 및 인수·합병에서 가치를 추가할 수 있는 영역이 있는가? 어떠한 가치를 추가할 수 있는가?
- 제휴 파트너 및 피인수 기업은 자사에 어떠한 가치를 제공하는가?
- 전략적 제휴 및 인수·합병에 들어간 비용·자원은 어느 정도인가?
- 더 효율적으로 목표 기술을 확보할 다른 방법이 있는가? 이 방법의 대체 비용은 어느 정도인가?

Executive Summary

이번 장에서는 아웃소싱 테크노베이션의 실행 프로세스를 살펴봤다. 외부 혁신 주체로부터 목표 기술을 확보하기 위한 전략적 제휴 및 인수·합병이 실패하는 이유 중 하나는 통합 조직체계에 대한 이해 부족이다. 철저한 비용-편익 분석 결과를 기반으로 목표 기술을 보유한 기업과 아웃소싱 테크노베이션 협약을 맺을 것이다. 이후 공동 성과 창출을 향한 활동 노력에는 인간의 심리적 및 조직적 요인이 작용한다는 점을 명심해야 한다. 아웃소싱 테크노베이션 시행 전 다음의 3가지 질문을 추구해야 한다.

① 테크노베이션 실행 과정 중 시급한 활동은 무엇인가?
② 우선순위가 높은 활동에 필요한 자원·역량은 무엇인가?
③ 누가 어떠한 활동을 수행해야 하는가?

본문에서 기술한 지침을 활용하여 질문에 대한 답을 내렸다면, 아웃소싱 테크노베이션의 실행 활동을 촉진하기 위한 통합, 리더십, 수행, 정렬의 4가지 핵심 실행 요소를 개인·조직·정책 차원에서 세심히 다루어야 한다. 이들 요소와 관련하여 사내기업가는 경영진과 함께 다음의 활동을 진행해야 한다.

- 추진하려는 아웃소싱 테크노베이션의 개별 목적을 조화시켜라. 서로 다른 조직의 통합은 경영진의 사적 이익 추구가 아니라 장기적 성장 및 성과를 촉진하는 데 목적을 두어야 한다.
- 현재 및 후속 테크노베이션에 기여할 잠재적 파트너를 탐색하라. 이들이 자사의 테크노베이션 포트폴리오를 보완할 기술 역량을 지니고 있는지, 이들의 조직 시스템이 자사의 것과 얼마나 조화를 이룰 수 있는지 판별하라.
- 자사와 상대 기업이 특정 영역에서 혁신 역량을 보유하고 있다면, 각 영역에 대한 활동 및 성과 책임을 명확히 설정하고 분담하라. 이는 잠재적 갈등 상황을 사전적으로 예방하는 데 효과적이다.
- 아웃소싱 테크노베이션의 통합 활동에 기여한 구성원을 위한 보상 체계를 설계하라. 통합은 자연발생적이지 않다. 이를 의도적으로 지원해야만 통합 활동을 성공시킬 수 있다.
- 통합 조직에서 아웃소싱 테크노베이션의 목적 달성에 필요한 정보, 지식, 자원이 활발히 공유되도록 조직정책을 정비하라. 구성원의 개별 활동을 일치된 방향으로 이끄는 가장 효과적인 방법은 각 조직의 모범 사례를 적용하는 것이다.
- 상대 기업의 구성원을 대우하라. 이들이 조직을 떠나면 아웃소싱 테크노베이션의 핵심 성공 요인인 이들의 암묵지를 통합 조직으로 이전하고 흡수할 수 없다.
- 상대 기업에 기대·예상을 뛰어넘는 공동 성과를 제시한다. 여력이 된다면 상대에게 더 많은 것을 주어라. 이는 장기적 성과 창출에 필요한 상호 신뢰를 구축하는 데 도움이 된다.

- 모든 상황에서 유연성을 발휘하라. 모든 아웃소싱 테크노베이션 유형의 주요 특징은 역동성과 변동성이 높다는 것이다. 실행 과정에서 발생한 예기치 못한 갈등, 대립, 불화에 유연히 대응하면 효과적인 문제 해결의 실마리를 발견할 수 있다. 이는 새롭게 포착한 혁신 기회를 협력적으로 실현하는 데 도움이 된다.

아웃소싱 테크노베이션의 실패를 불러오는 보편적 원인을 정리하면 다음과 같다. 본 장은 변화 강도가 높은 인수·합병에 주요 초점을 맞추었지만, 전략적 제휴에서도 실패 원인은 거의 같다.

- 비현실적인 기대 및 전망
- 성급한 전략 수립
- 미숙한 전략 이행
- 정보 전달·공유의 단절
- 잘못된 인재 관리로 인한 역량 손실
- 실행 추진력으로 작용한 사내 권력 및 정치
- 비현실적 시너지 효과의 기대
- 문화적 충돌·갈등에 대한 이해 부족
- 전환·거래비용에 대한 과소평가
- 변화에 대한 구성원의 방어 행동
- 경영진의 분산된 초점

본 장에서 제시한 3가지 핵심 실행 질문과 4가지 핵심 실행 요소에 대하여 이해했다면, 이제 채택한 아웃소싱 테크노베이션이 내포한 시너지를 규명한다. 이를 극대화하려는 전략적 활동은 주요 이해관계자를 안심·만족시킨다. 아웃소싱 테크노베이션의 생산적 실행을 위한 관리 역량의 개발은 쉬운 일이 아니다. 본문에서 기술한 실행 프로세스는 누구에게나 어려운 과제일 것이다. 다음 질문은 이러한 과제 수행에 나침반이 될 것이다. 마지막 질문이 가장 중요하다.

- 어떠한 실행 활동을 언제부터 언제까지 수행해야 하는가?
- 예상된 변화 상황을 변동시킬 요인은 무엇인가?
- 확보한 기술을 내재화할 계획은 무엇인가?
- 주요 참여자의 역할과 책임은 무엇인가?
- 전략적 제휴 및 인수·합병 내부 전문가를 어떻게 육성하고 있는가?
- 실행 활동을 지원할 자원을 충분히 확보하고 적절히 투입하고 있는가?
- 어떠한 문제 해결 체계를 개발하였는가?

CHAPTER 7

아웃소싱 테크노베이션 평가·통제하기

TECHNOVATION
MANAGEMENT

TECHNOVATION MANAGEMENT

CHAPTER 7

아웃소싱 테크노베이션 평가·통제하기

테크노베이션에 초점을 맞춘 사내기업가는 달성하려는 목표를 설정하고(계획), 이를 실현할 구체적 활동을 수행하며(실행), 초기 설정한 목표대로 프로젝트가 움직이는지 검토(평가·통제)해야 한다. 아웃소싱 테크노베이션은 목표 달성 과정에서 성과 창출을 방해하는 여러 난관이 숨어 있다. 이러한 문제에도 불구하고 아웃소싱 테크노베이션을 통해 외부 혁신 주체로부터 목표 기술을 확보하려는 전략적 활동이 꾸준히 증가하고 있다. 경쟁우위 원천인 기술 지식 및 역량의 중요성이 높아지는 가운데, 아웃소싱 테크노베이션이 다각적 테크노베이션 포트폴리오를 구축·보호하는 데 효과적이기 때문이다.

그러나 앞장에서 설명한 함정으로 인해 아웃소싱 테크노베이션이 실패한 사례도 많다. 이러한 실패의 함정에 빠지지 않으려면 평가·통제 체계를 올바르게 구축하고 적용해야 한다. 평가·통제 체계의 구축은 단독적이고 임시적인 활동이 아니라, 전사적 차원에서 끊임없이 반복해야 하는 근본적 관리 활동이다. 아웃소싱 테크노베이션을 계획 및 실행하는 사내벤처팀은 반드시 각 단계에서 어떻게 평가·활동을 수행할 것인지 심도 있게 고민해야 한다.

평가·통제 활동은 계획 및 실행에 대한 조정을 수반하는 만큼 다른 활동에 비해서 파급력이 높기 때문에 지속 수행해야 한다. 실제로 혁신선도 기업들은 평가·통제 활동을 연일 시행하며, 해당 결과를 기반으로 조직행동 및 성과를 분석하고 전략적 목표에 반영한다. 이들이 평가·통제에 집중하는 이유는 경영환경변화에 따른 전략적 방향 이탈 및 목표 상실, 새로운 기회 포착 실패 등의 실수를 신속하게 판별하고 교정하기 위함이다. 아웃소싱 테크노베이션의 성과 목표를 달성하려는 과정에서 평가·통제는 더욱 중요하다. 신제품 개발, 정보처리, 조직 시스템 등 경영관리 전반에서 혁신을 통한 생산성 증진이 강조되면서 각 영역에 필요한 기술 지식·역량을 신속히 확보·구축하기 위한 수단으로 아웃소싱 테크노베이션이 활발히 진행되기 때문이다. 대다수의 전략적 제휴 및 인수·합병 사례가 외부 혁신 주체의 특정 기술 지식·역량을 흡수하려는 동기에 근거한다.

외부 기술을 확보·활용하려는 전략적 혁신 사례의 증가가 성공을 대변하는 것은 아니다. 앞서 강조했듯이, 전략적 제휴 및 인수·합병의 성공 사례는 찾아보기 어렵고, 대체로 목표 성과를 거두는 데 실패한다. 이런 상황에서 아웃소싱 테크노베이션의 성공률을 높일 수 있는 열쇠가 바로 평가·통제 체계의 개발 및 적용이다. 아웃소싱 테크노베이션의 계획·실행 과정에 우수한 평가·통제 체계를 도입하지 않으면, 적어도 과거보다 더 나은 성과를 창출하기 어렵다. 이를 위한 핵심 질문은 다음과 같다.

- 우리의 마켓 포지션은 현재 어디에 있고, 테크노베이션을 통해 도달하려는 마켓 포지션은 어디인가?
- 실행 중인 테크노베이션이 기대 성과를 창출하는 데 긍정적 영향 혹은 부정적 영향을 미칠 수 있는 사건은 무엇인가?
- 현재와 같은 방식·방향으로 나아간다면, 최종 도달할 마켓 포지션은 어디인가?

평가·통제는 아웃소싱 테크노베이션의 계획 및 실행 프로세스에서 지속 수행해야 한다. 위 질문을 통해 평가·통제에 대한 초점과 집중을 유지할 수 있다. 아웃소싱 테크노베이션의 5가지 평가·통제 영역을 설명한 후 각 질문에 대해서 살펴보자.

1. 아웃소싱 테크노베이션의 평가·통제 영역

아웃소싱 테크노베이션에서 평가·활동은 독립적이고 개별적인 활동이 아니라 다양한 기능적 조직 활동과 긴밀히 연관되어 있다는 점을 명심해야 한다. 외부 혁신 주체로부터 확보한 기술을 적용·활용하여 목표 성과를 달성하려면 복합적인 평가·통제 프로세스를 통해 여러 조직 기능을 조정 및 정렬해야 한다. 그렇지 않으면 통합 조직 내 부서 간 지식 공유를 가로막는 장벽이 생기고, 아웃소싱 테크노베이션을 사내 정치 및 권력의 방편으로 악용하려는 기회주의가 만연한다. 그 결과, 회의를 느낀 핵심 인재는 물론 새롭게 채용한 유능한 인재는 성과 창출에 충분히 기여하지 못한 채 기업을 떠날 것이다. 아웃소싱 테크노베이션에 대한 평가·활동 체계에서 집중해야 할 5가지의 분석영역은 다음과 같다.

- 제휴 및 인수·합병 역량 평가
- 협상 전 적정성 평가
- 협약 사항에 대한 평가·통제
- 통합 과정에 대한 평가·통제
- 평가·통제의 지속 및 반복

1) 제휴 및 인수·합병 역량 평가

전략적 제휴 및 인수·합병 시 아웃소싱 테크노베이션의 성과를 결정하는 조직역량에 대해서 평가해야 한다. 먼저, 선택한 아웃소싱 테크노베이션 방식을 검토한다. 대체로 전략적 제휴 및 인수·합병의 주요 목표를 사업 확장에 맞추는데, 두 방식에서 요구하는 역량 구성이 서로 다른 점을 명심해야 한다. 따라서 제휴 파트너 및 피인수 기업에 대한 적정성 평가를 수행하기 전에 전략적 제휴 혹은 인수·합병 중에서 적합한 방식을 결정했다면 목표 달성에 필요한 조직역량의 보유 여부를 평가해야 한다. [표 7-1]은 역량 평가 시 검토해야 할 전략적 제휴와 인수·합병의 특징 차

표 7-1 전략적 제휴와 인수 · 합병의 역량 평가 차이

기준	전략적 제휴	인수·합병
자원 활용	소수의 독점적 자원 활용	다수의 독점적 자원 활용
시너지	다른 수준의 시너지 효과가 순차적으로 발생함	같은 수준의 시너지 효과가 동시에 발생함
경쟁 강도	낮은 경쟁 강도	높은 경쟁 강도
시장 불확실성	시장 불확실성이 매우 낮거나 혹은 매우 높음(극단적)	규모·범위의 경제로 인해 시장 불확실성이 감소함

이를 보여준다.

아웃소싱 테크노베이션 방식을 결정했다면, 이제 그 유형을 선택해야 한다. 앞서 전략적 제휴 및 인수·합병의 다양한 유형을 살펴봤다. 이때는 적정성 평가로 도출한 분석정보를 기초로 계획 단계에서 설정한 성과 목표를 달성하는 데 적합한 유형을 선택한다.

2) 협상 전 적정성 평가

아웃소싱 테크노베이션의 계획 및 실행 활동에서 강조했듯이, 외부 기술의 확보가 내포한 변화 및 통합 관련 이슈를 적정성 평가를 통해 철저히 평가·통제해야 한다. 평가·통제는 테크노베이션 과정에서 주기적이고 반복적으로 수행해야 하는 전략적 기본 활동이다. 따라서 아웃소싱 테크노베이션의 초기 단계부터 평가·통제 활동을 수행해야 한다. 적정성 평가를 올바르게 수행하려면 편향을 발생시키지 않는 합리적인 방식으로 자료를 수집해야 한다. 수집해야 할 데이터에는 제휴 파트너 및 피인수 기업에 관한 정보도 포함된다. 해당 정보는 중요한 평가·통제 대상이며, 사내기업가가 추구하는 아웃소싱 테크노베이션을 뒷받침하는 합리적 근거로 작용한다. 제휴 파트너 및 피인수 기업에 관하여 수집한 정보가 의사결정에 활용되지 않으면 테크노베이션 과정에서 통합상 중대한 문제가 발생하고 잠재적 기회를 손실할 여지가 높다.

체크리스트 기법을 적용하면 잠재적 제휴 파트너 및 피인수 기업에 대하여 철저한 적정성 평가를 수행할 수 있다. 이 기법은 기술 확보 후 PMI 과정에서 계획·실행상의 진행 상황을 점검하는 데도 유용하다. 앞서 반복 설명한 적정성 평가는 아웃소싱 테크노베이션의 성공 잠재력을 결정하는 중요한 활동이므로, 본 장에서 체크리스트 기반 적정성 평가법을 자세히 살펴보자. 상대 기업의 무엇을 평가해야 하고, 어떤 기준을 적용하여 체크리스트를 개발할 것인지 살펴보자.

(1) 평가 대상은 무엇인가

제휴 파트너 혹은 피인수 기업에 대한 적정성 평가는 매우 광범위한 관련 요인에 대한 자료 수집 및 분석을 요구한다. 여기에는 재무적 및 기술적 성과뿐만 아니라 상대 기업의 사업경력, 재정 상황, 인적자원, 보유자원, 조직구조, 생산·업무 체계, 경쟁적 마켓 포지션, 산업 평판 등이 포함된다. 여러 조직 요인들을 동시 조망할 수 있는 거시적 접근이 이루어지면 아웃소싱 테크노베이션의 시너지를 누릴 수 있다. 이들 요인에 대한 적정성 평가 시 다음의 비재무적 성과 요소도 함께 고려해야 한다.

- 가치 창출력 : 상대 기업이 보유한 기술 자산의 가치를 검토한다. 이는 해당 기술의 경쟁력, 수익성, 트렌드, 밸류에이션 기여도 등과 관련된다. 이는 통합 조직의 가치 창출력을 대변한다.
- 기술 포트폴리오 : 상대 기업이 운영하던 테크노베이션 프로젝트를 인수·합병 후에도 유지 및 활용 가능한지 평가한다. 이때는 자사의 기술 포트폴리오 관점에서 접근한다.
- 자원 융합 : 상대 기업이 축적한 지식체계, 운영경험, 팀워크, 테크노베이션 프로세스 등과 관련된 무형 자원이 자사의 조직 시스템과 융합할 수 있는지 파악한다.
- 실행 역량 : 상대 기업의 테크노베이션 실행 역량을 검토한다. 프로젝트 관리 체계, 아이디어 창출 역량, 지식 생산 시스템 등의 관리 요소를 포함한다. 이는 조직적 테크노베이션 실행 역량을 강화한다.

적정성 평가는 아웃소싱 테크노베이션의 실행 활동을 지원한다. 평가 결과로 더욱더 체계적이고 구체적인 기술 확보 전략을 수립할 수 있기 때문이다. 평가의 노력은 산업 평균 이상의 기업 성장률이라는 성과로 되돌아온다. 따라서 초기 계획한 일정에 따라 적정성 평가를 주기적으로 수행하는 것이 바람직하다. 다음 몇 가지 원칙을 준수하면 잠재적 제휴 파트너 및 피인수 기업에 대한 적정성 평가 정확성을 높일 수 있다.

- 객관성을 유지한다. 확보 가능한 기술이 대단히 매력적일 경우에는 특정 제휴 및 인수·합병 건에 심취해버리는 상황이 발생할 수 있다. 장밋빛 안경을 끼고 적정성 평가를 수행하면 추후 치명적인 결함을 겪게 된다. 수많은 제휴 및 인수·합병이 실패하는 이유가 바로 근거 없는 자만심이 정확한 평가를 불가능하게 만들기 때문이다.
- 적정성 평가 결과에 대하여 비판적 시각을 유지한다. 경제 전망, 환경 분석, 위험 평가에서 이루어지는 객관적 수치는 대부분 주관적 견해에 근거한다. 비판적 사고에 기반한 건전한 냉소주의가 발생 가능한 잠재적 문제를 해결하는 데 큰 도움이 된다.
- 제휴 및 인수·합병과 관련된 전략적 활동의 전후 사정을 파악한다. 업무 효율성을 강화하고자 조직 시스템을 통합하려 한다면, 시스템 간 호환성 및 연계성에 대한 적정성 평가가 이루어져야 한다. 조직 요인 간 호환성 및 연계성이 낮으면 잠재적 편익을 기대하기 어렵고 관련 비용이 추가되는 문제를 겪게 된다.
- 평가 속도와 정보 유출 위험 간 균형을 유지한다. 기밀정보 유출 및 기업 주가 변동의 이유로 적정성 평가를 성급히 진행하면 평가 정확성이 낮아진다. 이는 추진하려는 테크노베이션에 아무런 도움이 되지 않는다. 선택

한 방식 및 유형에 따라서 필요한 균형 강도가 다르다.

(2) 평가 기준은 무엇인가

체크리스트 기반 적정성 평가법을 적용하면 발생 가능한 잠재적 문제를 체계적으로 검토할 수 있다. 적정성 평가를 위해 개발해야 할 체크리스트는 다음 특성을 내포해야 한다.

- 목적 명확성
- 벤치마킹
- 경쟁 이해
- 전략 특성
- 연속성

적정성 평가를 위한 체크리스트는 제휴 파트너 및 피인수 기업의 대외적 재무제표 공시정보는 물론 서류에는 드러나지 않은 잠재적 비용 위험에 관한 정성적 정보를 파악하는 데 목적이 있다. 바로 '이 방식을 왜 고려해야 하는가'에 관한 질문에 답하는 것이다. 체크리스트로 모든 상황 정보를 파악할 수는 없지만, 아웃소싱 테크노베이션의 근거를 검토·제안하기에는 충분히 효과적이다. 채택한 방식의 목적에 합리적 근거를 제시하지 못하면 이해관계자에 대한 설득은 물론 상대 기업과의 협약 자체가 어렵다.

상대 기업의 기술 평가 시 기술 자체뿐 아니라 해당 기술과 관련된 물리적 자산, 점유 및 확장 가능성, 유지보수 방법, 운영체계, 권리성, 계약상 의무, 잠재적 이슈 등에 관한 상세 점검항목을 개발·평가한다. 이들 항목은 인수·합병으로 경영권을 확보하려 할 때도 중요한 평가 대상이다. 점검해야 할 체크리스트 항목이 구체적이고 상세할수록 참여 기업의 경영진에게 아웃소싱 테크노베이션의 목적을 명확히 이해시킬 수 있다. 특정한 전략적 목적을 추구한다면 잠재적 제휴 파트너 및 피인수 기업이 그러한 목적 달성에 유효한지 살펴봐야 한다. 예를 들어, 생산 시스템 강화가 전략적 목적인데 상대 기업이 관련된 기술적 우위를 갖추고 있지 않다면 다른 대안적 기업을 고려해야 한다.

통합 조직에 적용할 운영 시스템을 개발하는 것은 중요하고도 민감한 사안이다. 이때 자사의 시스템이 타사의 것보다 우수하다고 단정해서는 안 된다. 적정성 평가 체크리스트를 개발할 때는 상대 기업의 시스템을 산업 내 우수 시스템과 비교하며 벤치마킹할 요소를 규명해야 한다. 단일 조직의 운영 시스템에 전적으로 의존하기보다는 모든 참여 조직의 상이한 시스템을 융합·진화시켜 통합 조직에 최적화시키는 것이 가장 이상적이기 때문이다. 아웃소싱 테크노베이션의 목적 달성 여부를 측정하기 위한 주요 기준을 제공하는 벤치마킹을 간과하면 조직의 통합은 물론 기술의 통합이 어려워진다. 적정성 평가 시 벤치마킹이 이루어졌다면 통합 조직에 구축된 운영 시스템 및 업무 프로세스가 성과 목표 달성에 기여할 수 있다.

채택한 아웃소싱 테크노베이션 방식이 현재 기업이 직면한 경쟁환경과 얼마나 부합하는지도 적정성 평가 체크리스트에 반영한다. 테크노베이션의 전략적 목적이 외부 기술을 확보하여 제품라인을 강화하기 위한 것이라면, 경쟁환경은 물론 시장 출시된 자사 및 경쟁 제품 간 상호성도 이해해야 한다. 전략적 제휴 및 인수·합병의 협약 성사에만 심취하여, 마켓 포지션과 밸류에이션을 증진하기 위한 전략적 목표에는 무관심한 경우가 많다. 실제로 제휴 및 인수·합병 시 2/3는 기대 시너지를 창출하지 못하고, 이들 중 절반이 5년 이내에 관련 사업부를 매각하는 것으로 나타났다. 이는 체크리스트 작성 시 아웃소싱 테크노베이션으로 변화될 내·외부 전략환경에 대한 점검항목을 반영해야 함을 방증한다.

이때는 법적 및 제도적 이슈에 대한 평가도 병행한다. 특허법과 독과점 방지법은 중요하지만, 종종 간과되는 법적 이슈이다. HP-컴팩 합병에 따른 독과점 이슈의 경우, 자국에서는 아무런 문제가 없었지만 유럽에서는 합병을 지연시킬 만큼 뜨거운 논쟁거리였다. 제도적 이슈 역시 중요하다. 미국·유럽에는 피인수 기업이 생산과정에서 배출한 유해 물질에 대한 처리 책임을 인수 기업에 부담한다. 이러한 법적 및 제도적 비용이 인수를 통해 얻는 편익보다 더 높을 수 있다는 점을 명심해야 한다.

전략적 제휴 및 인수·합병의 경험과 노하우가 풍부한 기업들은 적정성 평가 시 상황에 따라서 체크리스트를 자유롭게 변형하여 활용한다. 대표적으로 정형적 체크리스트가 아닌 비정형적 체크리스트를 활용하여 평가 유연성을 확보하는 것이다. 그렇다고 해서 경직된 정형식 체크리스트의 유용성이 낮다는 의미는 아니다. 주지할 점은 아웃소싱 테크노베이션의 전략적 특성을 고려하여 체크리스트 기준을 설정해야 한다는 것이다. 잠재적 시장파괴자, 주요 진입 장애물 등의 전략적 이슈를 초반에 정의하면 테크노베이션 실행력을 높일 수 있다.

아웃소싱 테크노베이션을 위한 외부 혁신 주체와의 협약이 완료된 후에도 체크리스트 기반 적정성 평가 결과는 사내기업가가 수립할 운영계획의 토대가 된다. 평가 정보는 경영진에게 통합 조직의 강·약점 및 사업 성장을 이끌 잠재적 시너지 원천에 대한 이해를 제공한다. 통합 조직의 최적 운영 시스템 구축을 향한 진실한 노력을 모든 참여 구성원들에게 피력하고, 상대 구성원들이 적정성 평가의 목적 및 방식을 정확히 인지하도록 만든다. 그러면 적어도 인수 기업에 부당한 대우를 당했다는 오해를 피할 수 있고, 이전보다 더 훌륭한 조직에서 일하고 있다는 자부심을 느끼도록 할 수 있다.

[그림 7-1]은 적정성 평가 시 주요 활동 단계를 보여준다. 잠재적 문제 현상과 관련된 타당한 질문과 합리적 답변을 마련했다면, PMI 활동을 더욱 수월히 진행할 수 있다. 아웃소싱 테크노베이션에서 체크리스트 기반 적정성 평가는 주요 의사결정 시 현재 활동 방향이 의도한 대로 진행되고 있는지 판단하고, 그렇지 않다면 그 이유를 알려준다. 그리고 실행 활동 중에는 해당 정보를 활용하여 문제 상황을 사전 예방하는 데 효과적이다. 적정성 평가가 완료되면 평가 과정에서 간과한 주요 이슈 사항을 파악하고 점검한다. 그리고 앞선 평가에서 간과한 원인을 학습한다. 이는 후속 테크노베이션 활동 수준을 높이는 데 도움이 된다. 성공 요인을 강화하고 실패 요인을 제거할 수 있도록 평가 활동을 발전시키기 때문이다.

3) 협약 사항에 대한 평가·통제

채택한 아웃소싱 테크노베이션의 목적과 방식, 그리고 잠재적 제휴 파트너 및 피인수 기업에 대한 적정성 평가를 완료했다면, 이제 이들과의 협상에 대한 평가·통제가 이루어져야 한다. 협상은 상이한 목표 및 동기를 가진 주체들 간 상호 이해를 증진하는 데 목적이 있다.

우선, 상대 기업이 전략적 제휴 및 인수·합병에 참여한 이유를 평가해야 한다. 이때는 각 주체의 상대적 협상 지위(Negotiating Position)에 대한 이해가 핵심 성공 요인이다. 협상 지위는 각 주체가 ① 협약을 통해 얻으려는 결과 및 성과, ② 특정 협상 사안에 대한 상대적 중요성, ③ 해당 사안에 미

그림 7-1 PMI 적정성 평가 프로세스

적정성 평가 준비

주요 가치 원천과 잠재적 문제를 정의하라.
어디에서 잠재적 시너지 효과가 나타나는가?

↓

통제 계획 수립

실행 전담 팀을 구성하라.
신속하게 주의를 기울여야 하는 영역은 무엇인가?
어떠한 커뮤니케이션 기법을 사용할 것인가?
통합을 시작한 후 첫 번째 주요 기간은 언제인가?

↓

통제 계획 실행

신속하게 시작하라.
업무가 계획대로 실천되고 있는가?
구성원들이 변화를 받아들이고 있는가?
이해관계자들의 반응은 무엇인가?
예상치 못한 일이 출현하고 있는가?

↓

통합 실행 강화

시너지를 창출하라.
시스템이 어떻게 작동하고 있는가?
적절한 의사결정이 실시되고 있는가?

↓

평가·통제 적용

분석하고 조정하라.
계획대로 움직였는가?
다루지 않은 이슈는 무엇인가?
목표한 성과를 달성한 활동은 무엇인가?
학습한 지식은 무엇인가?

↓

통합 유지

교훈을 학습하고 공유하라.
후속 테크노베이션에서 기대 성과를 창출할 수 있는가?

칠 수 있는 영향력 수준의 3가지 요인으로 결정된다. 이를 기준으로 협상 시 주요 계약 항목을 면밀하게 검토함으로써 교섭·타협이 가능한 항목 및 불가능한 항목이 무엇인지 선별할 수 있다. 그 결과, 최선의 협상 전략을 수립할 수 있다. 상대의 전략적 목적과 주요 교섭 이슈를 규명했다면, 이제 조직 간 협력 활동의 준거점을 결정하기 위한 평가를 수행해야 한다. 이는 조직적 통합 활동 수준을 결정하는 데 도움이 된다. 다음 질문은 협상 시 다루어야 할 주요 항목과 관련되어 있다.

- 본 협약에서 자사 및 상대의 가치 창출 영역은 무엇인가?
- 상대 기업이 본 협약을 통해 달성하려는 장·단기적 목표는 무엇인가?
- 본 협약이 각자의 목표 달성에 무엇을 기여하는가?
- 누가 무엇을 갖고 있는가? 각자 보유한 지식 및 기술 자산이 가치 창출에 어떻게 기여하는가?
- 협약 후 통합 조직의 지배구조를 어떻게 구성할 것인가?
- 기대보다 협약 성과가 낮다면, 이를 어떻게 종료할 것인가?

마지막 질문은 전략적 제휴에만 해당한다. 인수·합병에서는 피인수 기업을 매각하는 것이 유일한 선택지이기 때문이다. 위 질문에 기반한 평가 결과는 전략적 제휴의 기간을 연장하거나 협력을 강화할 근거로 활용된다. 협상 시 평가 항목으로는 상대 기업의 사업 유형, 기술 보호 의무, 기술 지식의 독점적 활용 가능 여부, 상호 지원 체계, 재무 및 운영 측면에서 파트너의 제휴 역량 및 경험 수준, 공동 성과의 배분 방법, 파트너십에 대한 참여 수준 등이 있다.

4) 통합 활동에 대한 평가·통제

적정성 평가 후 협상이 완료되면 본격적으로 통합 프로세스를 시작한다. 네 번째 평가·통제의 대상인 통합 프로세스는 아웃소싱 테크노베이션의 성공 여부를 결정한다. 앞장에서 강조했듯이, 대다수의 아웃소싱 테크노베이션 사례가 실패한 원인은 통합과 관련되어 있다. 통합 프로세스에 대한 평가에서 점검해야 할 이슈는 다음과 같다. 이들 이슈를 다루려면 상세 정보가 필요하다.

- 합의한 공동 목표 및 성과 측정 기준의 마련
- 명확한 의사결정 체계와 적합한 지배구조의 구축
- 구체적 통합 계획의 수립 및 계획 이행에 대한 평가
- 세심한 주의 및 접근이 필요한 활동 영역의 정의

각 이슈와 관련하여 적용 가능한 여러 대안을 총체적으로 평가하는 것이 좋다. 상황적 변화에 따라서 추적 방법 및 평가 기준을 다각화하는 것도 바람직하다. 평가 방법은 필요시 쉽게 변경할 수 있을 정도로 유연해야 한다.

통합 과정에서 통제권 및 의결권 관련 문제가 발생하면, 해당 문제가 협상 단계에서 합의한 사항과 관련이 있는지 평가해야 한다. 지분율 조정, 재정적 의무, 투자책임, 관리구조, 이사회 선임권, 통제권 설정 등의 필요한 세부 사항을 모두 다루었는지 점검한다. 만약 협상 과정에서 이들 사항을 충분히 다루지 않았다면, 통합 활동이 난항을 겪게 된다.

아웃소싱 테크노베이션에서 각각 어떤 활동을 관리하고 통제할 것인지, 즉 참여 조직의 역할 분담이 적절히 이루어졌는지도 평가한다. 기대

한 통합 수준에 도달하는 데 필요한 협력 계획도 검토한다. 이는 후속 아웃소싱 테크노베이션의 통합 과정에 대한 평가 기준을 개발하는 데 도움이 된다. 본 장의 후반부에서 평가 기준 개발에 관해서 상술할 것이다. 중요한 점은 정량적 기준과 정성적 기준의 균형적 조합이 통합 과정에 대한 평가 정확성을 높인다는 것이다. 이때는 다음 영역의 호환성에 평가 초점을 맞추어야 한다. 제안된 영역은 모두 통합 실패 위험이 높으므로 심층 분석이 요구된다.

- 재무 관리 체계
- 비즈니스 응용 소프트웨어
- 운영 네트워크
- 기술 시스템

벤치마킹을 통해 영역별 모범 사례를 규명하여 통합 조직에 적용할 수 있다. 재조정이 필요한 통합 조직의 시스템 운영 방식을 판별하고 모범 사례의 운영 방식을 분석하여 최적 방식을 설계한다. 앞장에서 설명한 공동 목표 달성을 지원하는 보상 체계의 개발, 효과적인 공동 정책 수립, 조직문화·구조상 적합성 구축의 조정 활동을 병행하면, 통합 조직의 최적 운영 방식을 효과적으로 재설계할 수 있다.

5) 평가·통제의 지속 및 반복

이제까지 살펴본 평가·통제 활동은 아웃소싱 테크노베이션의 성공 잠재력을 높이기 위한 사전·사후적 활동으로 이루어져야 한다. 즉, 아웃소싱 테크노베이션과 관련된 통합 프로세스가 완료된 후에도 평가·통제 활동을 지속해야 한다. 분명히 수정·보완이 필요한 활동 요소를 발견하게 될 것이다. 아웃소싱 테크노베이션에서도 인소싱 테크노베이션의 평가·통제와 관련된 핵심 질문을 적용할 수 있다.

- 우리의 마켓 포지션은 현재 어디에 있고, 테크노베이션을 통해 도달하려는 마켓 포지션은 어디인가?
- 실행 중인 테크노베이션이 기대 성과를 창출하는 데 긍정적 영향 혹은 부정적 영향을 미칠 수 있는 사건은 무엇인가?
- 현재와 같은 방식·방향으로 나아간다면, 최종 도달할 마켓 포지션은 어디인가?

(1) 현재 우리는 어디에 있는가

아웃소싱 테크노베이션의 실행 활동에 대한 평가의 첫 번째 질문은 테크노베이션을 통해 도달하려는 목적지와 현재 위치를 비교하는 것이다. 이를 위해서는 외부 기술 확보를 위한 계획수립 시 장·단기적으로 구체적이고 현실적인 목표를 설정해야 한다. 장·단기 목표 대비 현재 상황에 대한 정기 점검을 통해 목표 달성 시점을 예측할 수 있다.

유념할 점은 제휴 파트너 및 피인수 기업의 조직 특성이 현상 평가에 영향을 미친다는 것이다. 기업마다 고유한 운영 시스템 및 업무 프로세스를 갖고 있으며, 아웃소싱 테크노베이션에 대한 목적 및 동기가 상이하기 때문이다. 효과적인 평가를 위해서는 조직요인에 대한 조정이 선행되어야 한다. 예를 들어, 특정 제휴에서 성과 배분을 위한 성과 평가 기준을 수립할 때 합의하기 어려울 수 있다. 이 경우 기업 간 제휴의 상호성을 강화하면 평가 기준을 더 수월히 개발할 수 있다. 제휴의 협력 활동이 구체적이고 세부적일수록 미세한 비용·편익까지 측정할 수 있다. 마찬가지로 인수·합병에서는 인수·피인수 기업 간 기술 이전 가격에 관하여 첨예한 논쟁이 벌어진다면, 앞선 접근법을 적용해볼 만하다.

아웃소싱 테크노베이션의 현재 진행 상황에 대한 평가 체계를 갖추지 못하면 향후 성과 창출력을 높일 귀중한 기회를 상실하게 된다. 비즈니스 밸류체인상 고객사와 인수·합병을 진행한다면, 이는 상향적 통합으로 밸류에이션을 증대하는 데 목적이 있다. 이때는 비용-편익에 초점을 맞춘 평가 체계, 즉 고객사를 합병함으로써 누릴 편익이 통합 비용을 상회하는지 분석해야 한다. 반면, 밸류체인상 공급사와 인수·합병을 진행한다면 공급제의 적시 납품, 조달 안정, 품질 향상, 가격 인하 수준을 평가한다. 이를 통해 고객가치를 증대할 수 있다면 통합 비용을 상회하는 초과 이익을 누릴 수 있다. 운영 시스템상 기대한 효율 개선 및 품질 향상이 발생하지 않으면, 기업 간 조직 요인에 대한 평가가 충분히 이루어지지 않았을 여지가 높다.

(2) 앞으로 어떤 일이 일어날 것인가

두 번째 질문은 추진 중인 아웃소싱 테크노베이션에 특정한 영향을 미칠 미래 사건을 평가하는 것으로, 현재 진행 중인 환경변화가 내포한 기회·위협요인을 신속하게 평가한다. 아웃소싱 테크노베이션에 투입한 비용을 상회하는 초과 이익을 누리려면 초기 단계에서 검증하지 못한 잠재적 기회·위협요인을 전면적으로 재검토해야 한다. 성과 창출을 지원 혹은 방해하는 내·외부 요인을 파악하지 못하면 추후 상당한 기회비용이 발생할 것이다.

이때 1장에서 설명한 내·외부 환경 분석을 적용해볼 만하다. 동시에,

확보 기술의 향후 경쟁력에 관한 평가도 수행하면 좋다. 확보 기술과 관련된 초기 가설이 환경변화에도 여전히 유효한지 판별하고, 필요시 가설을 조정한다. 종종 간과하는 잠재적 위협 중 하나가 바로 경쟁적 인수·합병(Competitive Merger & Acquisition)이다. 한 기업이 인수·합병을 추진하면 경쟁자들이 공평한 경쟁 체제를 조성하고자 유사 인수·합병을 진행하는 것이다. 이러한 경쟁 심화는 산업 전반에서 지식재산의 소유권 변경을 과도하게 일으키고, 그 결과 예상치 못한 산업 불확실성이 가중된다.

미래에 대한 평가는 시계열 관점이 요구된다. 즉, 아웃소싱 테크노베이션의 통합 프로세스가 초기 계획과 비교하여 현재 어떻게 진행되었는지에 대한 추적이 필요하다. 통합 후 상당한 시간이 지났는데도 통합 과정에서 기대하지 않은 새로운 기회가 출현하여 긍정적 성과로 연결될 수 있기 때문이다. 이런 현상은 조직의 다른 영역으로 확대되어 다발적으로 출현할 가능성이 높다. 외부 환경에 대한 평가와 함께 조직 내부에서 예상치 못한 혁신 기회가 출현하는지, 그 기회가 내포한 잠재적 이점은 무엇인지를 평가하는 것도 바람직하다.

(3) 도달하려는 목적지는 어디인가

마지막 질문은 아웃소싱 테크노베이션을 통해 전사적 전략 방향의 근본적 변화와 관련되어 있다. 현재와 같이 나아가면 최종 목적지는 어디인지, 그 목적지가 기대한 결과와 일치하는지를 정기적으로 점검해야 한다. 물론, 전사적 전략 방향에 대한 평가는 기대-목표-실제 성과에 대한 갭 분석만큼 수시로 수행할 필요는 없다. 하지만 현재 추진하는 테크노베이션이 장기적 성공에 기여하지 않는다면, 이에 대한 근본적이고 본질적인 의문을 품고 테크노베이션의 전략적 방향을 수정해야 한다. 그 과정에서 성과 창출력이 높은 새로운 혁신 기회를 발견할 수 있다. 초기 계획과는 다른 방향으로 나아가는 테크노베이션 프로젝트가 무엇이고, 그 원인을 정기적으로 검토함으로써 질적 및 양적으로 우수한 성과를 창출할 수 있다. 이러한 접근법이 조직 혁신성을 촉진하는 도약의 발판으로 작용한다는 사실을 명심하자.

설령 자사가 혁신선도 기업일지라도 급변하는 기술 환경 속에서 전사적 전략 방향에 대한 점검은 여전히 중요하다. 혁신선도 기업은 잠재적 경쟁자에게 모방·공격의 대상이다. 오랫동안 성공을 거듭해온 기업일수록 성공의 타성(Inertia of Success)이라 불리는 자기만족 현상이 강하게 나타난다. 이런 조직일수록 과거에 성취한 성공사례에 도취한 나머지 앞으로도 성공할 것이라는 잘못된 믿음이 만연하다. 외향적 기술혁신 활동을 통해 구성원의 혁신 초점을 외부로 향하도록 만드는 아웃소싱 테크노베이션은 성공의 타성을 억제하는 데 효과적이다. 전략적 제휴 및 인수·합병 과정에서 자사의 구성원은 상대의 혁신성에 자극, 영감, 통찰을 얻을 수 있기 때문이다.

전사적 전략 방향에 대한 점검은 아웃소싱 테크노베이션이 내포한 불확실성을 줄이는 데 도움이 된다. 평가·통제 단계에서 불확실성을 다루려면 다음의 영역에 초점을 맞춰야 한다.

① 가치 창출 : 새로운 아이디어·프로세스의 구상 혹은 모범사례의 적용

- 혁신성 및 경쟁력 강화에 필요한 역량을 확보하였는가?
- 창출된 가치는 조직에 어떤 기여를 제공했는가?

② 통합 : 업무 프로세스, 조직문화, 팀워크 및 조직구조의 정렬

- 조직 생산성 및 업무 효율성이 확보되었는가?
- 시장 영향력 및 산업 주도권이 강화되었는가?
- 잠재적 실패를 예고 및 경고하는 징후는 무엇인가?

③ 기회·위협 : 경쟁력을 강화할 새로운 혁신 기회의 포착

- 경쟁자의 시장 영향력이 어떻게 변했는가?
- 산업 패러다임의 변화가 일어났는가?

아웃소싱 테크노베이션에서 전사적 전략 방향을 점검할 때는 조직의 마켓 포지션 증진 여부도 검토해야 한다. 점검할 사항으로는 프로덕트·프로세스 혁신 수준, 조직 혁신성 수준, 모범사례 적용 여부 등이 포함될 수 있다. 외부 혁신 주체로부터 확보한 기술을 활용하여 기업의 밸류에이션을 높이려면 조직 내부에서도 일정 수준의 인소싱 테크노베이션이 꾸준히 일어나야 한다. 기술 동향에 뒤처지면 확보한 기술로 무엇을 해야 할지 알 수 없기 때문이다. 참여 기업이 보유 및 축적한 기술 지식을 단일 시스템으로 통합하여 역량 강화 및 수익 개선을 추구할 때 비로소 아웃소싱 테크노베이션의 부가가치를 극대화할 수 있다.

아울러 '무엇을, 언제, 어떻게, 왜 통합할 것인가'에 대한 고찰도 필요하다. 아웃소싱 테크노베이션 방식이 무엇이든 이질적 조직 간의 적합성 확보를 결정하는 통합 활동이 최종 성과를 결정한다. 잘못된 통합은 아웃소싱 테크노베이션에 비효율성을 가중하고 이로 인해 잠재적 혁신 기회를 놓칠 수 있다. 평가·통제 단계에서는 참여 기업의 핵심 부서에서 선발한 관리자로 구성된 PMI팀을 구성하여 다양한 통합 이슈를 점검하고 조정해야 한다.

2. 평가 측정 기준법 적용하기

평가·통제 활동을 수행하려면 앞서 논의한 다양한 이슈들을 정확히 측정할 수 있는 기준이 필요하다. 앞서 설명한 적정성 평가, 협약 평가 및 전략 방향 평가 등에서 생성된 정보에 평가 측정 기준을 적용하면 관련 활동을 순조롭게 수행할 수 있다. 인소싱 테크노베이션보다 아웃소싱 테크노베이션의 평가 측정 기준을 개발하기가 더 까다롭다. 조직 내부 요소만을 다루는 인소싱 테크노베이션과 달리, 아웃소싱 테크노베이션에서는 조직 내·외부 요소를 조정해야 하는 만큼 조직 경계를 넘나들며 여러 정보를 수집해야 하기 때문이다.

보편적인 평가 측정법은 상호 비교가 가능한 재무 기준을 적용하는 정량적 측정법이다. 손익계산서, 대차대조표, 현금흐름과 같이 비교적 손쉽게 확보할 수 있는 재무 정보를 활용한다. 재무 정보는 경영 상황에 따라서 기업마다 다른 기준을 적용할 수 있다는 점을 유념해야 한다. 참여 기업들이 서로 다른 재고 가치 평가법을 적용한다고 가정해보자. 이때 관련 재무 정보를 조정하지 않고 그대로 활용한다면 잘못된 평가 결과를 산출하게 된다.

정량적 수치화가 어려운 평가 영역을 측정하려면 다른 방법을 적용해야 한다. 다각적인 측정법의 개발 및 활용은 후속 설명할 갭 분석에서도 중요하다. 만약 정성적 평가가 필요하다면 리커트 척도(Likert Scale) 측정법을 적용하면 좋다. 이는 정량화가 어려운 정성적 지표에 대한 구성원의 개인적 의견 표시를 통해서, 제시된 질문 및 진술에 대한 응답자의 긍정 및 부정 강도를 파악할 수 있다. 아웃소싱 테크노베이션의 동기 및 목적의 명확성, 전략적 기대 성과의 창출 여부, 테크노베이션 프로세스의 적합성 및 합목적성, 상대 기업이 보유한 자원 및 역량의 우수성, 통합 조직의 업무 프로세스 및 문화적 특성 등의 여러 정성적 평가 영역에 리커트 척도를 적용할 수 있다. 예를 들어, 자사 및 상대 조직 간 핵심 가치의 일치 여부에 관한 문항을 개발하고 구성원의 주관적 의견을 1(매우 부정)부터 7(매우 긍정) 사이의 숫자로 표시하도록 한다. 관련 의견을 종합하면 아웃소싱 테크노베이션에 따른 통합 활동의 성공 가능성을 측정할 수 있다. 리커트 척도는 정성적 정보를 비교 가능한 정량적 정보로 변환할 수 있기 때문에 앞서 설명한 적정성 평가 시 적용해볼 만하다. 아웃소싱 테크노베이션의 목적 달성 수준 및 학습에 필요한 정보의 적시 생산 등에 관한 정성적 평가에 활용해도 좋다.

선정한 아웃소싱 테크노베이션 방식에 대한 철저한 평가는 그 중요성을 아무리 강조해도 지나치지 않다. 평가 활동에는 큰 비용이 들어간다. 하지만 평가 비용보다 평가를 제대로 수행하지 않을 때 치러야 할 잠재적 손실이 훨씬 더 크다.

3. 갭 분석 수행하기

정량적 및 정성적 평가 정보를 수집했다면, 이제 갭 분석(Gap Analysis)을 수행할 수 있다. 인소싱 테크노베이션과 마찬가지로 갭 분석은 외부 혁신 주체로부터 목표 기술을 확보하기 위한 전략적 제휴 및 인수·합병 후 기대 목표-실제 성과의 차이를 조정하는 데 효과적인 평가·통제 기법이다. 초기에 기대한 목표와 실제 달성한 성과 간에는 언제나 격차가 발생하기 마련이고, 그 격차는 전략적 테크노베이션 매니지먼트에서 중대한 문제를 일으킨다. 갭 분석은 그 격차를 규명하고 메우는 데 목적이 있다. 목표-성과 간의 격차를 최소화하기 위한 조정은 2가지 방식으로 이루어진다. 하나는 현재 실행 활동을 유지한 채 요구된 기대 목표를 변경하는 것이고, 다른 하나는 현재 실행 활동을 변경하여 기대 목표를 달성하는 것이다.

본 장에서는 갭 분석의 초점을 인수·합병보다 조정 가능성이 높은 전략적 제휴에 맞춘다. 전략적 제휴는 인수·합병보다 자원 및 역량의 변경이 비교적 쉽고, 목표 달성이 어려울 경우 계약 자체를 무효로 할 여지가 있기 때문이다. 특히 전략적 제휴에서 갭 분석은 적합성을 판별하는 데 유용하다. 적합성 판별을 위한 갭 분석은 재무, 전략, 운영, 조직의 4가지 주요 영역에서 격차를 해소하는 데 적용할 수 있다. 해당 영역과 관련된 주요 이슈 사항을 살펴보자.

1) 재무 적합성

재무 적합성은 초기에 기대한 재무적 성과 목표와 실제 발생한 재무적 성과 결과 간의 차이를 의미한다. 그 차이가 작을수록 적합성이 높다. 재무 적합성을 판별할 때는 아웃소싱 테크노베이션 활동과 관련된 정량적 지표를 이용한다. 일반적으로 매출수익률, 투자수익률, 자산수익률, 현금흐름, 순현재가치 등의 지표가 있다.

이때는 테크노베이션을 통해 조직의 업무 효율성이 증진되었는지 살펴봐야 한다. 구체적으로 중복비용이 제거되었는지, 거래비용이 감소하였는지, 전략적 제휴로 수익이 증대하였는지, 기대수익 대비 생산비용이 개선되었는지 등을 평가해야 한다. 개별 항목별로 달성하려는 재무적 목표를 설정한 후 목표 대비 달성 성과를 측정하는 것이 바람직하다.

2) 전략 적합성

아웃소싱 테크노베이션을 위한 전략적 제휴 시에는 반드시 전략 적합성, 즉 제휴 파트너 간 전략적 목표를 어느 정도 일치시킬 수 있는지 판단해야 한다. 갭 분석을 통해 이러한 전략 적합성을 증진하기 위해 조정이 필요한 영역을 규명할 수 있다. 재무 적합성과 마찬가지로 전략 적합성은 전략적 제휴의 성공·실패 여부를 판단하는 기준이 될 수 있지만, 이러한 접근은 문제 해결에 도움이 되지 않는다.

이때는 신기술 개발, 공동지식체계 구축, 프로세스 개선, 마켓어퍼링의 기능·품질 향상 등의 주요 항목과 관련된 공동 목표를 수립하는 것이 좋다. 그리고 각 기대 목표와 실제 성과의 차이를 분석한다. 예를 들어, 전략적 제휴가 신제품 개발에 목적을 두고 있다면 해당 목표 달성 여부는 출시제품 수, 시장점유율, 특허권 등의 세부 성과 항목으로 측정할 수 있다. 전략 적합성에 대한 갭 분석에서는 조직이 추구하려는 전략적 목표를 정확히 반영하는 일련의 측정 기준을 선정하는 데 사내기업가의 창의적 접근이 필요하다.

3) 운영 적합성

운영 적합성은 기대 운영 성과와 실제 운영 성과의 차이를 의미한다. 이에 대한 갭 분석은 영업·생산 활동의 결합으로 발생한 운영 효율 수준에 대한 정보를 제공한다. 특히, 아웃소싱 테크노베이션을 위한 전략적 제휴에서는 규모의 경제 여부, 투입물·산출물 품질 향상 등과 같은 측정 기준을 설정할 수 있다. 이들 기준은 테크노베이션 프로젝트의 재무성과가 기대 수준보다 낮은 이유를 규명하고, 미래에 발생 가능한 운영 이슈를 판별하는 데 도움이 된다. 아울러, 지속적인 평가가 요구되는 원가관리, 재고관리 및 자원 조달관리와 같은 운영 영역에서도 측정 기준을 마련하면 좋다.

조정 활동 최적화 수준은 아웃소싱 테크노베이션에서 종종 간과되는 운영 적합성 항목이다. 특히, 인수·합병 시 두 조직의 개별적 운영 시스템의 호환성을 최적화시키는 데 조정 노력이 많이 들 수 있다. 이 문제를 본원적으로 해결하지 않으면 후속 테크노베이션에서 같은 문제를 경험하게 될 것이다. 호환할 수 없는 경우, 피인수 기업의 재매각이라는 최악의 상황에 직면할 수도 있다. 이처럼 운영 적합성에 관한 갭 분석 시 조정 활동의 최적화 이슈를 다루지 않으면 잠재적으로 높은 대가를 치를 수 있다.

4) 업무 적합성

기대 업무 활동과 실제 업무 활동 간의 차이를 의미하는 업무 적합성은 다양한 조직 이슈와 관련되어 있다. 의사결정이 적시에 이루어졌는지, 적절한 정보를 수집하고 공유하는지, 구성원의 역할 정의가 명확한지, 경영진이 적극적으로 혁신 활동에 관여하고 있는지, 여러 테크노베이션 프로젝트를 평가하고 있는지, 공정한 성과 측정 기준이 마련되었는지, 산업 모범사례를 채택하고 활용하는지 등의 업무적 이슈를 다루어야 한다. 갭 분석을 통해 업무 적합성을 확보하려면 다음의 몇 가지 활동을 선행해야 한다.

- 조직구성원 간 신뢰를 구축해야 한다.
- 정량적 평가 기준 이외에도 정성적 기준도 함께 적용한다.
- 업무 평가는 구성원의 혁신성을 촉진할 정도로 유연해야 한다.

- 업무 평가는 프로젝트와 관련된 잠재 리스크를 체계적으로 관리할 수 있을 정도로 엄격해야 한다.
- 모든 구성원이 새로운 기회를 탐색하며, 경영진은 기회 추구 활동에 대한 책임을 져야 한다.

4. 테크노베이션 트렌드 예측하기

갭 분석을 수행할 때 사내벤처팀은 아웃소싱 테크노베이션과 관련하여 발생 가능한 미래 사건을 인지해야 한다. 기술·시장의 변화가 프로젝트 성과에 지대한 영향을 미치기 때문이다. 급변하는 경영환경에서 미래를 정확히 예측하기란 쉽지 않지만, 변화의 방향을 읽어내는 건 가능하다. 확보한 기술이 앞으로 어떻게 변화될 것인지를 이해할 수 있는 예측 기법을 적용할 수 있기 때문이다. 우선, 미래에 대한 통찰을 얻을 수 있는 3가지 정보 수집·분석 접근법을 살펴보자.

① 패턴 접근법(Pattern Analysis) : 미래가 과거 및 현재의 논리적 연장선에 있다는 가정에 기초한다. 합리적 수준에서 예측할 수 있는 방식으로 과거 사건의 패턴을 분석하여 미래 사건의 발생 징후를 발견하는 데 목적이 있다. 발생 가능한 미래 사건을 탐색할 때 상이한 과거 패턴을 적용하여 너무 먼 미래를 유추하면 안 된다.

② 주체 접근법(Actor Analysis) : 자기결정 모형에 기초하여 이해관계자의 의사 및 행동이 미래 방향을 결정한다는 가정에서 출발한다. 변화에 영향을 미칠 수 있는 여러 산업·시장 주체를 선별할 때 특정 집단을

과소평가 혹은 과대평가해서는 안 된다. 또한, 환경변화로 인해 새롭게 출현한 잠재 경쟁자의 영향도 고려해야 한다.

③ 직관 접근법(Intuition Analysis) : 미래를 결정하는 영향 요소에 대한 직감에 기반한다. 미래를 결정하는 사건, 행동, 사회, 제도에는 특정한 규칙이 없기 때문에 합리적 분석법들은 미래를 예측하는 데 적절치 않다고 본다. 대신, 관련 분야에 전문성이 높은 구성원들의 직관적 사고에 근거한 의견 공유를 통해 효과적인 미래 예측이 가능하다고 본다.

정보 수집 및 분석과 관련된 3가지 접근법은 각기 다른 장단점을 고려하여 복합 적용하는 것이 바람직하다. 이를 통해 도출된 결론은 사내벤처팀이 추구하려는 새로운 기술, 제품, 프로세스는 물론 지식 창출 및 공유의 방법 및 수준을 결정한다. 미래를 향해 움직이는 사내벤처팀에게 중요한 것은 자료를 수집하고, 이를 활용 가능한 정보로 전환하여, 정보로부터 유의미한 지식을 학습하는 활동이다. 그리고 학습한 지식이 조직의 경쟁우위로 이어지도록 만들어야 한다. 미래를 예측할 수 있는 조직 능력은 기업의 경쟁력을 강화한다.

따라서 미래 변화를 더 정확히 이해할 수 있도록 다양한 추정법들을 적용해야 한다. 외부에서 일어나는 테크노베이션 트렌드에 대한 통찰을 활용하여 사내벤처팀이 추구하는 테크노베이션을 상세히 그려볼 수 있다. 여러 추정법의 전제는 다음과 같다. 첫째, 미래를 정확하게 예측하는 기법은 존재하지 않는다. 예측은 단지 추측일 뿐이다. 예측의 목적은 합리적 의사결정을 위한 통찰을 얻는 데 있다. 진행되는 미래 방향을 끊임없이 감시하면서 전략적 조직 목표의 달성 여부를 파악해야 한다. 둘째, 모든 예측은 완벽하지 않다. 각 추정법은 단점이 있기 때문에 수집한 정보에 대해서는 기술적 해석만이 가능하다. 하지만 미래 예측을 통해 조직은 올바른 전략적 방향을 모색할 수 있다. 이것이 테크노베이션 트렌드를 분석해야 하는 이유이다.

5가지 미래 예측 추정법을 자세히 살펴보자. 해당 기법은 앞서 제시한 3가지 정보 수집·분석 접근법에 기반한다. 사내기업가가 인소싱·아웃소싱 테크노베이션 중 어떤 전략을 선택하든지 개발하려는 마켓어퍼링에 관한 통찰은 테크노베이션 매니지먼트의 성공을 이끄는 핵심 열쇠이다.

1) 트렌드 추정법

트렌드 추정법은 수학적 추정 접근법으로 구성된다. 회귀분석 및 가중평균처럼 과거 데이터를 기반으로 트렌드 사이클을 분석한다. 이러한 기법들도 각기 장단점이 있고, 복잡한 수학적 모형이 더 정확한 예측 결과를 산출하는 것도 아니다. 하지만 최근에는 빅데이터를 활용한 컴퓨팅 모델을 통해 다양한 예측기법을 동시 활용함으로써 더 정교한 예측이 가능하다. 본 추정법의 기본 가정은 과거 데이터가 미래를 예측하는 데 가장 효과적인 정보를 제공한다는 것이다. 따라서 과거 데이터의 이용 가능성이 미래 예측 가능성을 결정한다. 동일 데이터를 분석하더라도 상이한 예측 결과가 산출되는 이유는 사용자마다 분석에 활용한 결정 변수, 추정 접근법, 데이터 해석 등이 다르기 때문이다. 트렌드 추정법은 단기적 예측에 대한 정확도가 높은 편이지만, 예측 기간이 길어질수록 정확도가 낮아지는 단점도 있다. 아울러, 수학적 추정 접근법은 현상과 관련된 정량적 데이터를 활용하기에 객관성이 높지만, 이보다 더 중요할 수 있는 전문가의 직관적 및 주관적 정보가 개입할 여지가 낮다.

2) 델파이 추정법

전문가 집단의 주관적 의견과 판단을 활용하는 델파이 추정법은 미래 예측에 사용되는 대표적인 정성적 추정법이다. 정성적 추정법에서는 현상에 대한 다각적 관점을 가진 전문가 집단이 미래 예측을 위한 일련의 토론 과정을 거쳐 합의된 의견을 도출할 수 있다. 델파이 추정법은 다수의 전문가가 익명으로 의견을 게재하고, 각자의 의견을 자유롭게 공유한다. 합의가 도출되기 전까지 반복 시행하면서 의견 차이를 점차 좁혀간다. 이러한 방식은 토론 과정에 참여한 개인의 사회적 영향력 및 직급과 같은 정치적 요소의 개입을 배제하므로 1:1 대면 논의 방식보다 정확도가 높은 장점이 있다. 한편, 의견의 정량화가 어려운 단점을 보완하고자 투표 및 설문과 같은 정량적 방법을 함께 적용하기도 한다.

3) 시뮬레이션 추정법

미래 예측 기술이 발전하면서 시뮬레이션 추정법을 통해 미래에 발생할 수 있는 잠재적 사건을 예측하려는 경우도 많다. 시뮬레이션은 사건의 발생 가능성을 결정하는 요소들을 규명하고, 요소들의 영향 관계를 체계적으로 모형화하는 방식으로 이루어진다. 예를 들어, 비행 시뮬레이션을 설계할 때 기계적 접근법과 수학적 접근법을 동시 적용한다. 기계적 방식은 시뮬레이터 자체이며, 수학적 방식은 시뮬레이터와 상호작용하는 환경적 조건에서 사건의 발생 가능성을 수학적으로 계산한다. 이러한 시뮬레이션 추정법을 활용한 분석 결과는 기계 결함, 운행자 실수, 환경 변화 등의 여러 결정요소가 어떻게 사건 발생의 원인이 되고, 어떻게 사건이 전개되며, 어떻게 사건에 대처해야 하는지 보여준다.

시뮬레이션 추정법을 통해 미래를 예측할 때 게임 방식을 적용하기도 한다. 이는 인위적으로 구현된 통제 환경에서 다양한 시스템 결정요소를 하나씩 조작·조정할 때 발생하는 다양한 상황을 관찰한다. 통제 환경을 얼마나 현실적으로 구현하는지에 따라서 예측 결과의 정확도가 달라진다. 이와 함께 로직트리 방식을 사용하기도 한다. 원래 로직트리는 다양한 선택적 대안들을 도식화하여 합리적인 의사결정을 위한 정보의 체계성 및 논리성을 확립하고자 개발되었다. 초기의 로직트리는 단계별 'Yes or No' 질문법을 활용한 분지도 방식으로 이루어졌으나, 최근에는 컴퓨팅 시스템을 활용하여 복잡하고 다양한 피드백 회로로 작동하는 복합적 분지도 방식으로 이루어진다. 최근 방식에서는 미래 사건의 발생 확률, 위험 요소, 효용 측정, 기대 가치 등을 수학적으로 계산한다.

4) 시나리오 추정법

시나리오 추정법에서는 3가지 유형의 시나리오를 작성하여 미래를 예측한다. 이는 최악의 상황에 관한 시나리오, 최고의 상황에 관한 시나리오, 그리고 발생 가능성이 가장 높은 시나리오이다. 이를 통해 분석가는 변화하는 산업 요소의 총체적 영향 관계가 테크노베이션 프로젝트에 미칠 영향을 분석할 수 있고, 작성한 시나리오별로 프로젝트를 어떻게 진화시켜야 할지 파악할 수 있다. 대체로 많은 조직이 발생 가능성이 높은 시나리오에 근거하여 전략적 계획을 수립한다. 이때 예상치 못한 최고 혹은 최악의 상황이 실제로 전개되면, 관련 계획이 부재하여 곤혹스러워하는 경우가 많다. 예를 들어, 신제품에 대한 시장 수요가 증가하는 상황에서 관련 계획을 수립하지 않았다면, 조달 및 생산에 난항을 겪게 될 것이다. 그리고 밀려드는 주문을 처리하는 데 급급하여 중대한 문제를 해결하지 못한 채 결국 수익 창출 기회를 잃고 만다. 이러한 현상이 새로운 시장 영역을 창출하는 테크노베이션에서도 빈번히 나타나고 있다는 사실을 명심해야 한다.

5) 혼합 추정법

앞서 기술한 바와 같이, 각기 다른 장단점이 있는 각 추정법을 상호보완적으로 활용하는 것이 바람직하다. 단일 방법에 의존하기보다는 여러 방법을 동시 활용하면 현상에 대한 다각적 통찰을 확보할 수 있다. 이를 위한 혼합 추정법은 미래 예측에 적합한 소수의 접근법을 조합하여 테크노베이션을 둘러싼 변화의 방향을 감지하는 데 목적이 있다. 각 추정법의 장점만을 취하여 단일 추정법이 가진 단점을 상쇄시킬 수 있다. 예측 결과의 정확도도 비교적 높은 편이다. 테크노베이션 프로젝트는 정량적 정보가 필요한 업무와 정성적 정보가 필요한 업무가 구분된다. 이때 혼합 추정법을 통해 조직에서 이용 가능한 모든 정보를 활용할 수 있다면 예측 결과의 정확도는 더욱 높아질 수밖에 없다.

Executive Summary

본 장에서는 아웃소싱 테크노베이션에 대한 평가·통제 체계를 구축할 때 고려해야 할 주요 이슈를 살펴봤다. 둘 이상의 조직이 참여하는 아웃소싱 테크노베이션에 대한 평가·통제 활동은 사내벤처팀이 독자적으로 수행하는 인소싱 테크노베이션보다 더 복잡하다. 아웃소싱 테크노베이션에 대한 평가 체계가 앞서 4장에서 기술한 인소싱 테크노베이션에 대한 평가 체계와 서로 다른 것처럼 느껴질 수 있지만, 다음과 같은 요소를 공유하고 있다.

- 사전 준비에 대한 철저한 평가가 인소싱·아웃소싱 테크노베이션의 핵심 성공 요소이다. 필수 점검 사항을 체크리스트로 개발하고 개별 활동을 평가해야 한다. 가능한 모든 항목에 대하여 평가해야만 시너지 효과를 극대화하고 잠재적 문제를 최소화할 수 있다. 특히, 조직의 전략적 목표와 일치하는 제휴 파트너 및 피인수 기업을 탐색할 때 상대를 철저히 평가해야 한다.
- 경영진은 프로젝트 선두에서 인소싱·아웃소싱 테크노베이션과 관련된 모든 활동을 적극적으로 지원해야 한다. 특히, 아웃소싱 테크노베이션에서는 인적자원·생산·IT시스템 등의 관리영역에 대한 운영 시스템 통합의 중요성이 간과된다. 계약 체결 후 운영 시스템을 통합하려 하면, 돌이킬 수 없는 심각한 문제를 경험할 수 있다. 이러한 통합 활동의 구심점이 바로 경영진이다.

- 명확한 전략적 목표를 설정해야 한다. 그리고 해당 목표를 달성하는 데 조직의 모든 테크노베이션 활동을 집중시켜야 한다. 조직 전반에 영향을 미칠 인소싱·아웃소싱 테크노베이션은 종종 사내 정치의 공격 대상이 된다. 이는 혁신 추진력을 상실시켜 테크노베이션을 통한 조직학습과 가치 창출을 방해한다.
- 인소싱·아웃소싱 테크노베이션 전반에서 평가·통제는 일시적이고 단발적인 활동이 아니라 지속적이고 주기적으로 수행해야 할 활동으로 조직에 정착되도록 적절한 감시 체계를 운영해야 한다. 이를 통해 목표 달성에 필요한 정보를 생산하여 의사결정에 활용해야 한다. 이는 테크노베이션의 활동 개선을 촉진하고, 궁극적으로 기업가치의 증대로 이어진다.

아웃소싱 테크노베이션에 대한 평가·통제 체계를 설계할 때는 다음 사항을 명심한다.

- 아웃소싱 테크노베이션에서는 실행에 필요한 투입 자원량이 일시에 급증하는 현상이 발생한다. 이때 자원 배분·이동으로 인해 일시적으로 조직 생산성이 하락할 수 있다. 평가·통제 시 사내기업가는 이러한 예측 가능한 사건을 사전에 인지하고 있어야 한다.
- 외부에 존재하는 경쟁력 높은 기술을 조직 내부로 이전하는 것이 아웃소싱 테크노베이션의 핵심 활동이다. 외부 지식의 내부 유입은 구성원의 상실감을 일으키곤 한다. 통제 활동 시 경영진은 이러한 구성원의 감정적 요인을 충분히 다루어 건설적인 방향으로 조직을 이끈다.

- 인수·합병의 경우, 피인수 기업의 구성원은 패배감을 느낄 수 있다. 나아가 인수 기업의 업무 수행 및 조직 운영 방식이 비합리적이라고 생각할 수도 있다. 이들을 강압적으로 통제하려 하면 안 된다. 피인수 기업의 구성원도 문제를 제기할 수 있는 권한이 있어야 한다. 이들이 제기한 문제의 해소는 조직 혁신성을 강화할 정보를 제공하며, 후속 아웃소싱 테크노베이션에서 평가·통제 활동의 효과성을 높이는 데 기여한다.
- 첫 아웃소싱 테크노베이션에서 최고 성과를 발휘하기란 쉽지 않다. 아웃소싱 테크노베이션은 최적 성과를 창출하는 데 초점을 맞춰야 한다. 이를 위한 조정 활동은 구성원이 조직 변화의 필요성을 느낄 수 있도록 설계해야 한다.
- 모든 이해관계자가 아웃소싱 테크노베이션의 전략적 가치를 충분히 이해하고 있을 거라는 가정은 금물이다. 심지어 경영진조차 그 가치를 완벽히 이해하고 공감했다는 보장은 어디에도 없다. 평가·통제의 성공은 효과적인 의사소통에서 시작된다.
- 아웃소싱 테크노베이션에 따른 새로운 업무 수행 방식을 구성원이 자연적으로 받아들일 거라고 가정하면 안 된다. 중요하다고 해서 누구에게나 타당하고 합리적인 것이 아니기 때문이다. 완벽한 업무 수행 매뉴얼이 제대로 이행되지 않는 경우도 많다. 통합 활동에서는 구성원의 행동과 관련된 사소한 잠재적 문제도 간과하지 말고 발생할 수 있는 모든 문제를 규명하여 세심히 다루어야 한다.

CHAPTER 8

테크노베이션 매니지먼트의 지식관리

TECHNOVATION
MANAGEMENT

TECHNOVATION MANAGEMENT

CHAPTER 8

테크노베이션 매니지먼트의 지식관리

지금까지 인소싱·아웃소싱 테크노베이션의 계획, 실행, 평가·통제 단계를 구성하는 주요 활동과 고려사항을 상세히 알아보았다. 이에 관한 테크노베이션 매니지먼트의 성과를 결정하는 요인이 바로 조직학습(Organizational Learning)과 지식관리(Knowledge Management)이다. 전략적 테크노베이션 매니지먼트는 기업의 가치 창출을 촉진하고 경쟁우위를 제공한다. 그 과정에서 사내벤처팀은 자연히 자사의 경쟁력 원천인 지식자원에 집중하게 된다. 가치 창출 및 경쟁우위 확보에 기여하는 지식기반 자원(Knowledge-based Resources)을 생성·유지·활용하려면 조직 내부에 지식학습 관리체계를 마련해야 한다. 이는 새롭게 학습한 지식을 체계적으로 축적 및 공유하여 다른 구성원이 수행하는 테크노베이션을 지원하고, 그 결과 새로운 지식을 생산하는 조직 기반을 조성하는 것이다. 즉, 조직학습과 지식관리는 생산적이고 효과적인 전략적 테크노베이션 매니지먼트를 움직이는 구심력이다.

조직학습은 인지된 피상적 의미보다 훨씬 더 많은 조직요인과 복잡하게 상호작용한다. 무엇보다 조직문화 및 구조와 일관성을 갖추어야 한다. 정보의 축적을 넘어서 실제로 구성원의 보유 정보를 인지하고, 그 가치를 이해하려는 학습활동이 필요하다. 자유로운 학습활동으로 생산된 정보를 지식의 형태로 전환하고, 이를 다른 구성원이 활용하도록 공유해야 한다. 이처럼 조직학습의 성과는 지식관리의 생산성 및 체계성과 밀접히 연관되어 있다.

학습은 그 자체로 내·외부 자료 원천에서 정보를 수집하고 생산된 지식을 공유하는 활동까지 포함한다. 지식은 자료를 유용한 정보로 가공한 형태로서 명시적 지식(Explicit Knowledge)과 암묵적 지식(Tacit Knowledge)으로 구분된다. 명시적 지식은 체계적으로 문서화가 가능한 지식으로서 공유·전이가 비교적 쉬운 편이다. 반면, 암묵적 지식은 개인이 직·간접 경험을 통해 비체계적으로 축적한 지식으로서 대체로 공유·전이가 어렵다. 두 유형의 지식은 테크노베이션에서 중요한 역할을 한다. 본 장에서는 조직학습 및 지식관리 프로세스에 대해서 살펴본다. 이를 통해 사내기업가는 가치 창출·경쟁우위 확보에 기여하는 구성원의 혁신적 사고 및 역량을 통합적으로 관리할 수 있다.

1. 조직학습의 체계

테크노베이션 활동 과정에서 유의미한 학습을 수행하려면 습득 가능한 정보, 지식, 교훈을 축적·공유할 수 있는 체계를 사전에 구축해야 한다. 이를 위한 조직학습은 '새로운 기술, 도구, 체계 등에 숙달하고 응용하기 위한 지식 확보 및 처리 활동'을 의미한다. 외부에서 출현한 기술 변화에 대응하고자 테크노베이션 전략을 수립했다면 조직학습 체계를 마련해야 한다. 이때 내·외부 환경과 상호작용하는 조직 복잡성 및 기술 복잡성 수준에 따라서 필요한 조직학습 수준이 달라진다.

경쟁우위의 확보로 연결되는 학습을 수행하려면 학습 유형 및 양을 결정해야 한다. 자원 기반 관점(Resource-based View)에서는 경쟁자가 확보하지 못한 조직의 기업 특수 자원(Firm-specific Resources)이 경쟁우위의 원천으로 작용한다고 설명한다. 기업 특수 자원은 유형 자원과 무형 자원으로 분류할 수 있다. 유형 자원은 관찰 및 측정 용이성이 비교적 높지만, 무형 자원은 그렇지 않다. 그렇기에 모방이 어려운 무형 자원은 경쟁우위의 핵심 원천으로 여겨진다. 중요한 무형 자원 중 하나가 바로 조직학습역량이다. 정보 수집, 정보 공유, 학습활동의 질적 및 양적 수준이 조직학습역량 수준을 결정한다. 각 항목을 순서대로 살펴보자.

1) 정보 수집

학습의 출발점은 정보 수집이다. 수집해야 할 자료의 양과 범위가 늘어날수록 정보처리의 복잡성 수준도 함께 높아진다. 그리고 정보처리의 복잡성이 높아질수록 학습활동이 실패할 가능성도 커진다.

내·외부 환경에 대한 정밀 검사는 조직학습에 유용한 정보를 제공한다. 1장에서 환경 정밀 분석의 필요성과 분석 방법을 살펴보았다. 테크노베이션에 영향을 미치는 광범위한 환경요인을 세밀히 검토해야 한다. 외부 환경 분석을 통해 사내벤처팀은 잠재적 경쟁자 및 이들의 전략적 활동을 파악하여 테크노베이션 트렌드와 관련된 주요 이슈를 이해할 수 있다. 또한, 내부 환경 분석을 통해 업무 수행 방식 및 과정을 이해하고 기확보한 조직역량을 파악할 수 있다. 그 결과, 외부에서 발현되는 테크노베이션을 추격하는 데 필요한 자원·역량을 규명할 수 있고, 예의주시해야 할 변화 이슈를 분류할 수 있다.

전사적 목표를 달성하는 데 필요한 정보를 수집해야 한다. 급격한 산업 환경변화 속에서 환경 분석 및 감시 활동은 목표-환경 간의 정합성에 관한 정보를 제공한다. 만약 목표-환경 간 정합성이 낮을 경우에는 목표 자체를 재설정해야 할지도 모른다. 혹은 목표 우선순위를 변화시켜 환경변화에 대응할 수도 있다. 이처럼 수집한 정보가 기업의 전략적 목표 우선순위 혹은 목표 자체를 변경하는 근거가 되기도 한다. 환경 분석 및 감시 활동에서 수집된 정보를 효과적으로 활용하려면, 정보의 의미를 파악하고 적용·응용할 수 있는 학습체계를 갖추어야 한다.

조직문화 역시 사내벤처팀의 정보 수집·공유·해석 방법을 결정한다. 일반적으로 보수적 조직문화는 정보 관련 활동을 엄격히 제한한다. 이 경우, 필요한 정보가 적시에 적소로 전달되지 않고 조직도의 경로상 부적합한 개인·부서로 이동한다. 중간에 정보 손실이 일어날 여지가 높아지며, 각기 다른 개인들이 동일 정보를 수집하는 자원 낭비도 야기된다. 환경변화로 출현한 새로운 기회에 민첩하게 대응하기 어렵고, 조직이 위협요인을 인지하지 못하는 최악의 상황까지 겪을 수 있다.

수집한 정보의 신뢰성도 확인해야 한다. 이를 위해서는 단일 정보에만 의지하지 말고 다각도로 정보를 수집한 후 신뢰성을 검증해야 한다. 단편적으로 수집한 정보는 전사적 목표와 무관한 테크노베이션 활동을 일으키는 원인이 된다. 이는 산업에 새롭게 진입한 경쟁자가 시장경쟁구조를 변화시킬 만한 급진적 혁신을 도입할 여지를 남긴다. 많은 기업에서 부가가치를 창출할 기술지식을 일축한 사례를 쉽게 찾아볼 수 있다. 가장 큰 이유는 조직의 정보 수집 체계가 해당 기술지식의 잠재적 가치를 인지하는 데 부적절했기 때문이다. 설령 정보를 수집했더라도 해당 정보가 내포한 잠재적 가치를 온전히 인식할 수 있도록 처리되지 않은 것이다.

2) 정보 공유

수집한 정보를 조직구성원과 공유해야 한다. 그렇지 않으면 정보의 활용 가치가 제한된다. 바꾸어 말하면, 일부 구성원이 특정 정보를 독점하면 다양한 관점의 정보 해석이 이루어지지 않아서 정보의 가치가 발현될 수 없다. 정보 가치를 확인하려면 조직의 정보 전달 과정을 이해해야 한다. 정보 수요자에게 필요한 정보가 올바른 채널을 통해 적시에 전달되어야 조직에서 생산적인 지식학습이 일어날 수 있다. 다각도로 수집한 보완적 및 이질적 정보를 공유하고 결합할 때 비로소 비약적 성장 기회를 발견할 수 있다. 이때 조직의 정보 전달 과정이 정보의 상호연결을 지원하는지 살펴봐야 한다.

활발한 정보 공유를 통해서 조직 혁신성을 강화하려면 수직·수평적 의사소통 빈도를 높여야 한다. 의사소통 빈도가 높아질수록 공유 정보의 양적 증가가 일어나지만, 정보 채널도 복잡해질 수 있다. 이때는 정보 채널 복잡성을 감소시켜 정보가 더욱 자유롭게 순환하도록 만들어야 한다. 창의적 사고 및 활동이 필요한 부서는 더 활발한 정보 공유가 필요하다. 개별 구성원의 담당 업무를 명확히 정의하기 어려운 창의적 업무 환경에서는 정보가 업무를 구체화하기 때문이다. 그러므로 전사적 차원에서 유연한 공식·비공식 정보 채널의 구축을 지원해야 한다. 효과적 정보 공유를 촉진하는 조직은 다음과 같은 특성을 보인다.

- 자유로운 수직·수평적 정보 전달을 가능하게 한다.

- 정보 공유가 일어나는 공식·비공식 네트워크의 가치를 높이 인지한다.
- 정보 공유에 대한 개방적 자세 및 대화 태도를 장려한다.
- 의사소통 활성화를 위해 조직 시스템을 지속 변형한다.
- 조직 계층 간 긴밀한 상호작용을 촉진하는 조직문화를 지원한다.

3) 학습 요소

정보 수집·공유를 위한 체계 구축이 지연되면 괄목할 만한 학습 성과는 절대로 발현되지 않는다. 이를 위한 체계를 마련한 후 사내기업가는 생산적 학습활동을 지원하는 2가지 요소를 개발해야 한다.

제1요소는 급변하는 환경에 대응하여 전략적 의사결정이 적시에 이루어지도록 정확한 정보를 필요한 구성원에게 적소에 전달하는 것이다. 이는 조직학습의 핵심 원칙이다. 특정 구성원이 필요한 정보를 사전에 보유한 상태가 가장 이상적이지만, 적어도 해당 정보가 필요할 때 접근할 수 있도록 만들어야 한다. 어떤 정보든 순환하지 못하고 고립되어 있으면 새롭게 유입된 정보에 밀려 파기되고 만다. 하지만 적합한 정보 수요자에게 신속히 전달된 정보는 면밀하고 심층적인 분석 과정을 통해 활용 가치가 높아진다.

제2요소는 개인이 수집·공유된 정보를 업무에 활용할 수 있도록 충분한 시간적 여유를 제공하는 것이다. 테크노베이션과 관련된 문제를 인식한 후 수집·공유된 정보를 사용 가능한 형태로 처리·가공하여 활용하기까지 많은 시간이 소요될 수 있다. 개인의 정보처리 및 활용에 필요한 자원을 배분하고 혁신 아이디어를 탐색할 시간을 허용할 때 조직학습은 테크노베이션에 필요한 조직 혁신성을 강화한다.

2. 조직학습의 유형

이제 조직학습 활동을 실행할 차례이다. 학습활동은 조직학습의 유형에 따라서 달라지므로 이에 대한 이해가 필요하다. 학습유형을 분류하는 방법은 다양하지만, 우리는 전략적 테크노베이션 매니지먼트와 조직학습의 관련성을 고려하여 학습유형을 해석적 학습과 체계적 학습으로 분류한다. 중요한 점은 인소싱 테크노베이션과 아웃소싱 테크노베이션에 적용되는 학습 체계가 다르다는 것이다. 물론 인소싱 테크노베이션과 아웃소싱 테크노베이션은 배타적이지 않고 상호보완적이므로 두 전략을 적절히 조합하면 전사적 혁신 목표를 더 효과적으로 달성할 수 있다. 하지만 많은 기업이 조달 가능한 자원의 제약 때문에 통합 전략보다는 단일 전략을 선택한다. 이에 따라 단일 학습 유형에 집중할 수밖에 없다. 결론

표 8-1 테크노베이션 전략에 따른 학습 접근법

구분	해석적 학습 (인소싱 테크노베이션)	체계적 학습 (아웃소싱 테크노베이션)
정보 특성	불명확성으로 인해 더 많은 정보 상호작용 필요	불확실성으로 인해 현재 정보에 대한 추가 탐색 필요
목적	신규지식 생성	불확실성 제거
요구 활동	• 이해력 강화 • 혁신 행동 촉진 • 성공 요인 강화 • 실패에서 교훈 학습	• 데이터 수집·분석 • 정보 공유 • 지식 편차 해소
학습 대상	새로운 지식을 창출하는 정보	인과성 분석에 필요한 정보

부터 설명하면, 인소싱 테크노베이션은 해석적 학습 유형, 아웃소싱 테크노베이션은 체계적 학습 유형과 밀접히 연관되어 있다. [표 8-1]은 두 학습 유형의 주요 특징을 보여준다. 각 학습 유형을 자세히 살펴보자.

1) 해석적 학습

인소싱 테크노베이션에 집중하는 조직은 혁신의 불확실성 및 리스크를 다루고자 해석적 학습(Interpretive Learning)에 초점을 맞춘다. 해석적 학습 관점에서는 학습이 행동을 이끄는 것이 아니라 행동이 학습을 이끄는 것으로 바라본다. 인소싱 테크노베이션을 실행할 때는 정보에 대한 다각적 해석이 필요하다. 해석적 학습은 조직 내 여러 개인·집단이 다각적 정보 해석 활동에 참여하도록 유도하여 새로운 지식의 출현을 촉진한다. 그리고 새롭게 생성된 지식은 행동을 이끌고, 행동 결과에 대한 새로운 해석이 다시 시작된다.

혁신성이 높은 조직일수록 테크노베이션의 시행착오 과정에서 '행동-결과-해석-학습'의 선순환 조직학습 메커니즘을 효과적으로 활용하는 모습을 보인다. 그리고 해당 메커니즘을 새로운 프로덕트·프로세스 혁신에서 반복 적용한다. 혁신선도 기업이 보여주는 해석적 학습활동을 요약하면 다음과 같다.

- 불확실성 통제를 위해 조직 전반에서 혁신성을 강화하는 학습을 지원한다. 이를 위해 개인 간 상호작용 및 네트워크를 촉진하고자 자원을 투입한다.
- 조직 내부에서 방사형(수직·수평·대각) 정보 공유를 장려한다. 성공 사례 및 실패 사례를 통해서 후속 인소싱 테크노베이션에 유용한 지식·교훈을 학습했

을 때 더욱 그러하다.

- 여러 관점에서 생성된 다원적 의견을 포용하여 현상에 대한 혁신적 통찰을 개발하는 데 노력한다. 구성원이 자신만의 렌즈로 정보와 행동 결과를 해석할 때 조직학습 효과가 증가한다는 사실을 잘 알고 있다.
- 문제 해결을 위해 기존과 다른 솔루션을 탐색한다. 한 조직 영역에서 발생한 성공 및 실패 사례를 다각도로 학습하고, 여기서 얻은 교훈을 활용하여 새로운 테크노베이션 프로젝트의 기반을 다진다.

2) 체계적 학습

아웃소싱 테크노베이션에서는 체계적 학습(Systematic Learning)이 효과적이다. 본 학습 유형은 정보 수집·분석을 통한 학습이 전략적 의사결정 및 조직행동을 이끈다는 관점에 근거한다. 해석적 학습과 달리, 학습이 행동을 유발한다는 것이다. 인수·합병 및 전략적 제휴를 통해 목표 기술을 확보하려면 이성적이고 논리적인 관점에서 상대 기업을 분석하고 학습해야 한다. 많은 사례에서 이러한 전략적 활동이 기대 수익 창출에 실패하는 이유 중 하나는 상대 기업에 대한 학습이 비체계적으로 이루어졌기 때문이다. 체계적 학습은 엄격한 정보 분석 기법을 적용하도록 하여 불확실성을 줄이는 데 기여한다. 여기에는 사내벤처팀이 높은 정보 수집·처리 역량을 보유하고 있다는 전제가 수반된다. 체계적 학습활동은 다음과 같이 진행된다.

- 상대 기업의 조직요인을 효과적으로 통합할 방법 및 방향을 명확히 설정하는 데 학습 초점을 맞춘다. 정보 수집·분석·처리 기법을 개발하여 모든 구성원이 활용하도록 전파한다.

- 통합 시 발생 가능한 잠재적 문제를 다룰 수 있는 전문가 집단을 조직 내부에서 양성한다. 그리고 이들로 구성된 태스크포스팀을 조직하고, 팀 학습활동을 지원한다. 이를 통해 태스크포스팀이 두 기업의 정량·정성적 정보를 수집·분석할 수 있는 역량을 개발하도록 한다. 아울러, 학습한 지식을 후속 테크노베이션에 적용하도록 한다.
- 아웃소싱 테크노베이션의 잠재적 가치 및 성공 가능성을 분석할 수 있는 학습 가이드라인을 마련하고 제공한다. 체계적 학습에서 생성된 지식은 단기 미래에는 유용하지만, 환경변화를 수반하는 장기 미래에는 그렇지 않다. 급변하는 주요 환경요인을 고려하여 학습 가이드라인을 주기적으로 수정·보완하는 것이 좋다.

정보 공유 방식을 결정하는 조직문화 및 조직규모도 학습 유형 선택 시 고려해야 할 요소이다. 혁신선도 기업은 두 학습 유형을 동시에 적용하기보다는 추진하려는 테크노베이션 전략에 따라서 단일 학습 유형을 선택적으로 활용하는 경향이 있다. 이는 한 테크노베이션 프로젝트에서 두 학습 유형을 병행하면 학습 성과가 저하될 수 있기 때문이다. 환경변화의 강도가 크다면 해석적 학습을 통해 변화에 대한 능동적 대응을 촉진하는 것이 좋다. 반면, 특정 산업영역에 대한 지배력을 강화하기 위한 목적으로 테크노베이션을 수행한다면 체계적 학습을 통해 관련 리스크를 관리하는 것이 좋다.

3. 조직학습의 구조화

이제까지 논의한 테크노베이션의 핵심 성공 요인 중 하나는 지속 가능한 성장을 촉진하는 조직구조와 혁신을 촉진하는 적절한 조직문화를 마련하는 것이다. 이를 위한 조직학습의 성패를 좌우하는 조직구조 및 문화를 관리할 때 다음의 몇 가지 사항을 유념해야 한다.

우선, 조직학습을 강화하는 조직은 유연성과 분권화라는 구조적 특성을 갖추어야 한다. 이 2가지 특성은 긴밀히 연관되어 있다. 사일로 현상(Silo Effect)을 극복하고 개인·집단 간 수직·수평적 의사소통을 활성화하여 유연한 정보 공유가 이루어지면 전략적 의사결정의 구심점이 점차 경영진에서 관리자로 이동한다. 이렇게 유연하고 분권적인 학습조직(Learning Organization)에서 활발한 조직학습이 정착되면 경영진-관리자의 역할이 명확히 구분된다. 학습조직에서 경영진은 중장기 비전의 개발, 기업 목표 및 가치의 규명, 목표 달성 및 가치 창출에 필요한 자원·역량의 결정 등과 같은 전사적 성장 방향을 설정하는 데 책임을 진다. 한편, 관리자는 필요 역량을 보유한 인재를 채용하여 동기를 갖고 몰입할 업무를 배정하고, 구성원의 학습활동을 촉진하여 개인 혁신성을 강화하며, 이들이 전사적 목표를 협력적으로 달성하도록 이끌어야 한다. 즉, 학습조직에서는 조직 혁신성을 확보하기 위한 학습 활동이 모든 구성원의 일상적 업무로 간주된다. 조직학습의 구조화를 위해서는 다음과 같은 학습조직의 주요 특성에 주목해야 한다.

- 고도화된 지식관리 시스템을 통해 수집·공유한 지식에 근거하여 전략적 의사결정이 이루어진다.

- 유의미한 정보의 획득·확산을 위한 경계확장 활동(Boundary-spanning Activity)을 장려한다. 필요한 경우, 구성원을 외부 환경에 노출해 정보 유입을 촉진한다.
- 정보 독점을 방지하고자 다기능 팀을 운영하는 한편, 직무 순환 제도를 도입하여 필요 정보를 적시·적소로 이동시킨다.
- 조직 내외부 개인·집단 간 공식·비공식적 네트워크를 구축하고, 이를 적극적으로 활용하도록 유도한다.
- 목표 달성과 보상 체계를 연결한다. 특히, 혁신 리스크를 감수하거나 환경 변화에 대응하는 새로운 비즈니스 아이템을 제안한 행동을 보상 대상으로 인식한다.

구성원 개인이 지식을 습득하고 확산하도록 장려하는 조직문화도 조직학습의 구조화를 뒷받침한다. 이를 위해서는 다음의 전사적 지원 요소가 필요하다.

- 테크노베이션 성과를 창출한 구성원이 조직에서 존경받도록 대우한다.
- 모든 구성원이 테크노베이션의 전략적 목적을 명확히 이해하고, 이를 향해 움직이도록 한다.
- 조직에 지식 아카이브(Knowledge Archive)를 구축하고, 구성원이 이용할 수 있도록 개방한다. 지식 보호-지식 공유 간의 적절한 균형을 추구한다.

조직학습 성과를 결정하는 요인은 다양하지만, 모든 요인을 반드시 개발할 필요는 없다. 추진하려는 테크노베이션의 목적 및 특성을 고려하여 필요한 조직학습 체계를 규명하고, 조직상황에 적합하도록 적용하면 된다. 효과적인 조직학습이 이루어지도록 사내기업가는 다음 사항을 숙지해야 한다.

- 조직학습을 정착시키려면 조직구조·문화·역량을 다루어야 한다.
- 조직학습을 활성화하려면 생성된 정보를 전사적으로 유통해야 한다. 한 곳에 고착된 정보는 아무런 쓸모가 없다.
- 조직에서 지식은 '개인이 알고 있는 것의 총체'가 아니라 '모두가 공유하고 있는 것의 총체'이다.
- 조직학습은 지위·권력이 아닌 지식에 초점을 맞추어야 한다.
- 집단적 사고(Organizational Memory)가 조직학습의 효과성을 결정한다.
- 조직학습은 계획적이되 상황에 따라 학습활동을 전환할 수 있도록 유연하게 운영해야 한다.

대표적인 오픈소스 소프트웨어인 리눅스와 안드로이드를 예로 들어보자. 이들 소프트웨어는 사용료가 없을뿐더러, 이를 기반으로 개선 소프트웨어를 개발하면 무료로 배포해야 한다. 활발한 정보 공유 및 지식 교환으로 특징되는 독특한 개발체계, 그리고 그 과정에서 출현한 지식을 자유롭게 활용하는 순수한 학습환경에서 소프트웨어의 성능을 강화하고 오류를 수정하는 자발적 활동이 발생했다. 세계 각지에서 전문가들이 자신의 개발 정보를 적극적으로 공유한 결과, 두 오픈소스 소프트웨어의 시장점유율이 점차 증가하고 있다. 사내벤처팀은 자유로운 지식 공유 활동에 익숙한 인재를 팀원으로 선발해야 한다. 이들이 조직학습에 참여할 때 조직의 지식기반은 더욱 확장되어 새로운 혁신의 밑거름으로 작용한다.

4. 지식관리

조직학습으로 생성한 지식에 대한 관리체계 역시 테크노베이션 매니지먼트의 성과 창출력을 결정한다. 따라서 지식을 개발하고 축적하는 관리적 도구가 필요하다. 이에 관한 지식관리는 기존 지식의 축적과 신규 지식의 개발을 포함한다. 지식관리는 '새로운 경험과 정보를 분석·평가하여 가치 재구성, 문맥적 이해 및 전문적 통찰을 통해 새로운 지식으로 통합하는 활동'으로 이루어진다. 즉, 조직학습은 정보의 수집·공유에 관여하고, 지식관리는 지능적 정보처리 시스템(Intelligent Intelligence System)의 개발·운영에 관여한다. 지능적 정보처리 시스템은 지식정보를 처리하여 적합한 의사결정권자에게 제공하는 프로세스의 자동화 체계를 일컫는다.

조직학습과 마찬가지로, 조직구성원 간 활발한 의사소통이 지식관리 성과를 결정한다. 이들이 지능적 정보처리 시스템의 대리인으로서 지식 교환 관계에 참여하고 다각적 견해를 제시해야 한다. 지식에 대한 이들의 견해는 지식관리체계를 통해 신선하고 색다른 통찰로 이어지고, 이는 기업의 전략적 의사결정 프로세스를 고도화하는 데 기여한다. 따라서 지식관리는 지식의 활용과 관련된 이들의 경험, 교육, 직감 등의 개인적 역량이 깊이 연관되어 있다.

여기서 주목해야 할 지식의 속성은 다음과 같다. 첫째, 지식은 개인적 사고에 기반한다. 조직에서는 지식을 소유한 개인이 지식관리의 열쇠를 쥐고 있다. 만약 이들이 지식공유를 꺼리면 조직학습이 절대로 일어나지 않는다. 둘째, 지식을 문서화해야 한다. 문서로 지식을 기록하지 않으면 개인의 암묵적 지식을 명시적 지식으로 전환할 수 없고, 이는 지식을 관리할 수 없다는 것을 의미한다. 셋째, 지식의 축적은 개인의 지적 역량에 의존하지만, 지식의 생산은 개인의 집단적 상호작용 활동에 기반한다. 지식은 자연적으로 발생하는 것이 아니라 타인과의 직간접적 상호작용 과정에서 지식융합을 통해 정보 유용성이 개선된 결과로 생성되는 것이다. 개인의 보유 지식에 대한 집단적 결합 및 활용을 통해 지식의 부가가치를 창출하는 지식관리 체계가 필요하다. 이는 자료 및 정보를 체계적으로 처리하고 집단적 학습성과를 결합하는 과정으로 이루어진다. 즉, 개인의 혁신성을 집단 차원에서 개발할 때 경쟁우위 확보에 기여하는 생산적 지식관리를 실현할 수 있다.

앞서 강조한 바와 같이, 지식 유형에 따라서 지식관리 접근법이 다르다. 문서화가 가능한 명시적 지식은 지식 공급자-지식 수요자 간 의사소통 채널을 통해서 빠르게 전이될 수 있다. 그러한 채널의 설계 및 운영이 어려운 과제이기는 하나, 문서 형태로 존재하는 지식에 대한 관리는 비교적 어려운 편은 아니다. 개인 내면에 존재하는 암묵적 지식도 의사소통 채널을 통해 공유된다. 하지만 암묵적 지식의 집단적 활용에 필요한 관리체계는 명시적 지식보다 복잡하다. 암묵적 지식이 개인적 행동, 경험, 생각, 사고, 가치, 감정 등에 깊이 기반하고 있기 때문에 지식의 교환·결합 방식을 공식화하기 어렵기 때문이다. 명시적·암묵적 지식에 관한 관리 프로세스는 다음의 4단계로 요약할 수 있다.

① 사회화 : 조직구성원 및 개별 부서 간 암묵적 지식을 교환하는 채널을 구축한다.
② 구체화 : 조직학습을 통해 개인이 보유한 암묵적 지식을 명시적 지식으로 전환한다.
③ 결합화 : 개별 부서에서 기존지식의 활용(Exploitation)과 신규지식의 탐

색(Exploration)이 이루어지도록 명시적 지식을 결합한다.

④ 내면화 : 개인이 습득한 명시적 지식을 테크노베이션 활동에 활용할 수 있도록 암묵적 지식으로 전환한다.

1) 경쟁역량으로서 지식관리

재차 강조하지만, 지식관리는 기업이 테크노베이션을 통해 지속 가능한 경쟁우위를 확보하는 데 필요한 혁신역량을 개발하고 활용하도록 지원한다. 그런데 지식관리를 강조하는 기업에서조차 한 부서에서 통용되는 지식이 다른 부서에는 그렇지 않은 상황이 발생한다. 예를 들어, 연구개발 부서의 일상적 실험 관련 지식을 생산 부서가 활용하지 않는 것이다. 다음의 8가지 기본원칙을 준수하면 이러한 지식관리 이슈를 방지할 수 있다.

① 우선, 전사적 조직 목표를 달성하는 데 적합한 지식교환 시스템을 개발한다. 정보공유를 장려하는 조직문화가 해당 시스템의 핵심 구성요소이다. 조직문화가 개인·부서 간 정보공유를 지원하지 않고 누군가 지식을 독점하고 있다면 조직 혁신성이 낮을 수밖에 없다. 테크노베이션을 뒷받침할 조직 혁신성을 강화하려면, 누구나 쉽게 지식에 접근·활용·이해할 수 있는 관리 방법을 설계해야 한다.

② 지식관리에는 질적으로 우수한 정보가 투입되어야 하는 만큼 정보 검증 시스템이 필요하다. 정보검증은 구성원의 다각적 정보 해석·처리 과정에서 자연스럽게 이루어진다. 기밀이라는 이유만으로 정보 활동을 원천적으로 차단하면 안 된다. 정보가 수요자에게 도달하지 못하면, 해당 정보의 잠재적 활용 가치는 낮아진다.

③ 지식관리 시스템의 구축은 구성원의 정보 접근성에 초점을 두어야 한다. 의사결정권자가 필요한 정보를 적시에 갖고 있지 않다면 지식관리 시스템이 제대로 작동한다고 보기 어렵다. 이런 문제를 발견하면 시스템을 즉시 조사하고 수정해야 한다. 많은 기업이 정보 수요자의 다양한 니즈를 파악하지 않은 채 지식관리 시스템을 구축한다.

④ 지식관리 시스템을 담당할 정보 활용 전문가를 배치한다. 정부 수요자에게 필요한 정보를 적시 제공하더라도 정보 활용 방법을 모른다면 정보의 활용 가치는 낮아진다. 그 방법을 정확히 알고 있는 구성원이 지식관리 시스템을 관리하고 관련 교육·훈련을 제공하여 조직의 정보 활용률을 높여야 한다. 이는 전사적 목표 달성을 위해 정보를 활용할 때 유용성을 지닌다.

⑤ 지식관리는 조직에 산재한 자료·정보를 한곳으로 취합하는 활동을 포함한다. 특정 영역에서 다년간 전문 활동을 수행한 구성원일수록 전사적 목표 달성에 필요한 지식정보를 많이 갖고 있다. 문제는 이들이 지식공유를 어떻게 할지 모르고 자신이 보유한 지식이 중요하다고 생각하지 않는 것이다. 이들의 지식을 아카이브에 문서화하도록 적절한 동기·보상을 제공한다.

⑥ 지식관리 시 구성원이 신규지식을 생성하도록 권한을 부여한다. 이러한 권한을 부여받은 구성원은 지식관리에 대한 참여에 의무감을 느낄 것이다. 많은 기업이 운영하는 지식관리 시스템은 기술적으로 우수하다. 하지만 구성원이 관련 기술을 이해하지 못하면 시스템을 활용하지 않으며, 결국 수집·공유된 지식정보는 부가가치 창출에 기여하지 않는다. 이는 자원 낭비를 초래할 뿐이다.

⑦ 지식정보를 누구나 이해·사용할 수 있는 형태로 전환하도록 시스템을 설계해야 한다. 엔지니어링 부서의 기술 정보를 마케팅 부서가 이해해야 한다. 이해·사용이 어려운 정보를 적절히 변환하지 않고 사용하면 기대 성과를 창출하기 어렵다. 정보 수요자의 수준과 도구에 맞추어 지식정보를 가공·변환하는 역량이 필요하다.

⑧ 지식관리 시스템은 궁극적으로 조직 지성(Organizational Wisdom)을 발전시키는 데 목적이 있다. 조직 지성은 전략적 의사결정의 효과성과 조직 활동을 효율성을 대변한다. 조직 지성 수준이 높은 기업일수록 탁월한 테크노베이션 수행 역량을 갖고 있다. 이는 기술, 시장, 산업, 경제를 올바르게 바라볼 수 있는 무한한 시각을 제공하고, 수집한 정보에 대하여 다채로운 해석을 통해 신규지식을 생성하도록 지원한다.

2) 사내벤처팀의 지식관리

이제까지 살펴본 전사적 차원의 지식관리 못지않게 팀 단위의 지식관리도 매우 중요하다. 팀은 구성원 간 긴밀한 협력 네트워크를 기반으로 지식정보의 역동적 학습이 일어나는 최소 조직 단위이다. 이에 관한 지식관리는 사내벤처팀을 통해 쉽게 이해할 수 있다. 이제까지 사내벤처팀은 소수의 전문가가 신사업개발 프로젝트를 수행하는 특수 집단으로 여겨졌다. 하지만 오늘날 사내벤처는 팀원들이 한 공간에 모여 단일 프로젝트를 단기간 수행하는 방식으로 이루어지지 않는다. 이보다는 사내기업가를 주축으로 한 테크노베이션 프로젝트에 개별 부서의 전문가를 배속하고 단기간에 과업을 수행한 뒤 각자의 부서로 돌아간다. 이러한 협력적 프로젝트 시행 시 핵심 성공 요인은 상이한 기능적 영역에 대한 통찰력을 가진 여러 전문가로 팀을 구성하는 것이다. 이런 복합 기능적이고 다문화적인 팀을 관리하기란 결코 쉬운 일이 아니지만, 이들이 융합적 상호작용을 통해 제안한 아이디어는 혁신 잠재력이 높다.

사내벤처팀에서 항상 새로운 발견이 일어나려면 팀원들이 강력한 사회적 네트워크와 긴밀한 상호작용을 토대로 활발히 지식을 공유해야 한다. 문제는 이들의 지식정보가 대체로 암묵적 형태로 존재한다는 것이다. 앞서 설명한 대로, 암묵적 지식은 명시적 지식보다 훨씬 더 공유하기 어렵다. 서로 다른 문화 및 과업 방식을 가진 환경에 속했던 구성원들이 모여 팀을 구성할 때는 더욱 그러하다.

이런 상황에 솔루션으로 적용할 만한 몇 가지 접근법이 있지만, 이들 접근법은 모두 구성원이 보유한 개인 지식을 팀 차원에서 체계적으로 다루는 활동에 기초한다. 먼저, 테크노베이션을 둘러싼 여러 이슈 중에서 우선순위가 높은 이슈를 선별하여 팀의 활동 주제, 목표, 방향 등을 설정한다. 아마도 사내벤처팀에서는 표적시장과 관련된 기술지식의 확보 이슈가 우선순위가 높을 것이다. 팀원이 자신의 보유 지식이 가장 중요한 혁신 자원이라는 점을 강조하고, 이제 팀 지식관리를 위한 지원 요소를 점검한다.

- 팀 활동이 명확한 비전을 향해 있는가?
- 기존과 다른 새로운 관점에 기초한 아이디어에 개방적인가? 팀원의 의견을 경청하고 존중하는가? 제안된 아이디어를 구조화하고 자유롭게 재구성할 수 있는가?
- 팀원들은 기업의 전략적 목표를 인식하고, 해당 목표를 효율적으로 달성하기 위한 전략을 이해하고 있는가?

- 아이디어의 교환과 생산에 대한 열정을 갖도록 충분한 학습 동기를 부여하고 있는가?
- 아이디어 구현 능력을 개발하고 목표를 향해 전진하는 팀원들을 격려하고 있는가?

팀 지식관리를 지원하는 이들 요소를 기반으로 사내벤처팀은 학습한 지식을 효과적으로 활용할 수 있다. 그 과정에서 위험을 감수하고 실패할 여지가 높은 프로젝트에서 교훈을 학습하는 생산적 시행착오 경험을 강화할 수 있다. 팀 지식관리는 다음 3가지 목표에 초점을 맞추어야 하며, 앞서 설명한 지원 요소와 적합성을 띠도록 만든다.

① 인소싱 테크노베이션의 기회 탐색 및 식별
② 사업부 간 협력관계 구축 및 피인수·제휴 기업에 대한 검토
③ 기대 성과를 실현하기 위한 해석적·체계적 학습 역량의 강화

Executive Summary

본 장에서는 조직학습·지식관리의 체계, 그리고 관련 역량을 개발하는 방법에 대해서 살펴봤다. 상호보완적 관계를 맺고 있는 두 체계는 인소싱·아웃소싱 테크노베이션의 성공 잠재력을 결정하는 중요한 요소이다. 두 체계는 인간의 사고 활동에 기반을 두고 있기에 조직문화·구조 및 인적자원과 관련된 관리적 이슈에 대한 이해가 요구된다. 전략적 테크노베이션 매니지먼트에서 조직학습과 지식관리를 적용하려면 다음 사항에 유의해야 한다. 사소한 실수가 조직학습·지식관리를 구축하려는 노력에 악영향을 미칠 수 있다.

- 빈번한 실수 중 하나가 높은 적합성을 띠어야 할 조직의 정보기술-인적자원을 조정하지 않는 것이다. 지식관리는 기술과 사람을 통합하는 것이다. 이들 요인에 대한 적합성 검토를 하지 않은 채 지식관리 시스템을 구축하려는 활동은 기술-인간 호환성을 무시하는 것과 같다.
- 지식관리를 지나치게 작은 규모로 시작하는 것도 일반적인 실패 원인으로 작용한다. 지식관리 시스템은 시작부터 충분한 규모로 구성되어야 한다. 소심한 지식관리는 구성원들이 그 가치와 중요성을 인지하지 못하도록 만들고, 학습역량을 개발할 의지를 억제한다. 그 결과, 지식관리가 제공하는 여러 이점을 누리지 못한다.
- 지식관리 시스템 도입 시 조직문화 및 보상체계의 변화를 고려해야 한다.

구성원의 학습활동을 촉진하려면 이에 상응하는 보상이 뒤따라야 한다. 성과에만 집중하는 전통적 보상기준과 달리, 테크노베이션 매니지먼트에서는 정보의 수집·공유 및 지식의 학습·활용에 관한 활동적 측면에 보상 초점을 맞추어야 한다.

- 기술적으로 우수한 데이터베이스의 구축이 성공적인 지식관리로 연결되지 못하는 사례가 많다. 협력적 테크노베이션 과업을 수행하는 구성원의 사고·행동이 공동 목표를 향해 정렬되어야만 축적한 지식정보의 잠재적 가치를 발현시킬 수 있다. 데이터베이스 구축은 생산적 지식관리를 위한 충분조건일 뿐 필수조건이 아니다. 집단적 공유·활용이 그 필수조건에 해당한다.
- 지식관리는 결코 자연 발생적이지 않다. 도입 및 정착을 위해 상당한 자원을 투입하여 성과 창출을 이루기 위한 인위적 관리 도구이다. 이는 조직변화를 수반하므로, 지식관리 시스템 도입 시 변화관리 전문가를 참여시키는 것이 좋다.

조직학습과 지식관리는 전략적 테크노베이션 매니지먼트를 통해 경쟁우위를 확보하려는 조직에 중요한 핵심 성공 요인이다. 이해한 바와 같이, 조직학습·지식관리 프로세스 관리도 복잡하고 고려해야 할 이슈도 다양하다. 하지만 가능한 모든 조직영역에서 지식정보를 수집하고, 축적한 지식정보를 가공하여 새로운 지식정보를 생성해야 한다. 이를 위해서는 조직학습·지식관리 체계가 유입된 외부 지식을 배척하지 않을 정도로 유연해야 한다.
조직적 학습활동의 토대가 바로 구성원의 개인적 지식정보라는 사실을 명심해야 한다. 그 지식을 누구나 이용할 수 있는 형태로 가공·변환해야 한다. 직접적 학습뿐 아니라 타인의 지식과 경험을 활용한 간접적 학습이 이루어져야 한다. 단편적·파편적인 지식을 결합하여 유의미한 지식을 생산할 수 있는 조직역량을 개발하면 전사적 목표 달성에 기여할 조직학습의 혁신 가치를 극대화할 수 있다. 그리고 지식관리 시스템을 통해 학습지식을 조직 전반으로 전달해야 한다.

지금까지 신사업개발을 추진하려는 사내기업가가 인소싱 테크노베이션 혹은 아웃소싱 테크노베이션을 통해 밸류에이션을 높일 여러 방법을 살펴보았다. 테크노베이션의 성공 여부는 결국 효과적인 조직학습·지식관리 체계의 구축에 달려 있다.

TECHNOVATION MANAGEMENT

찾아보기

국문

ㄱ

가정질문법 / 115
가치 기반 경영 / 63
가치 보호 / 65
가치 분석 / 261
가치 창출 / 59,174
가치 창출력 / 274
가치 파괴 / 66
가치 포착 / 64,174
가치제안 / 1,61
갈등 해소 / 255
감시 비용 / 207
개인-조직 적합성 / 248
갭 분석 / 176,290
거래비용 / 215
경계확장 활동 / 316
경영진 / 190
경쟁역량 / 55
경쟁열위 / 7
경쟁우위 / 19,45
경쟁적 인수·합병 / 286
계획 / 29,71
계획수립 / 37
고객 교육 / 94
고객 / 182
고객가치 / 28
고속 주기 산업 / 42
공격형 테크노베이션 / 49
공포 / 149
관리 전략 / 37
관성 / 75
교체 비용 / 94
구조적 경직성 / 161
국내 제휴 / 213
국제 제휴 / 213
권한 위임 / 188
균형성과표 / 81,180
급진적 테크노베이션 / 47
기능전략 / 74
기술 경계 / 38
기술 경쟁력 / 35
기술 곡선 / 11
기술 도약 전략 / 138
기술 역량 / 43
기술 주도권 / 50
기술 포트폴리오 / 65,274
기술 프랜차이즈 계약 / 209
기술 플랫폼 / 64,90
기술 / 6,182
기술-목표 정합성 / 250
기술수명주기 / 53,125
기업 특수 자원 / 307
기업가치 / 174
기업전략 / 74
기초연구 / 98

ㄴ

낙수 효과 / 19,21,25
내재화 / 241
내적 성찰법 / 114

니치마켓 / 51

ㄷ

다기능 팀 / 74
다운사이징 / 102
델파이 추정법 / 297
도입기 / 125

ㄹ

라이선스 / 210
리더십 / 58,142,247
리드타임 / 8
리스트럭처링 / 67,102,146
리엔지니어링 / 103,146
린 스타트업 / 61

ㅁ

마켓 포지셔닝 / 212
마켓어퍼링 / 1
매몰 비용 / 96
멘토링 시스템 / 152
명시적 지식 / 306
모멘텀 / 54
모방형 테크노베이션 / 51
모범 사례 / 11,175
목적 설정 / 109
목표-역량 일치 / 188
미션 개발 / 107
미션 진술서 / 71

ㅂ

바운더리 스패너 / 127
방어형 테크노베이션 / 49
밸류에이션 / 174
밸류체인 분석 / 77
벤치마킹 / 175,277
변화 관리 / 105,150
보상 시스템 / 119
보상 체계 설계 / 257
본원적 활동 / 78
비상호적 인수·합병 / 223
비용-편익 분석 / 216
비전 정의 / 106

ㅅ

사내 권력 / 259
사내 기업가정신 / 29,69
사내벤처팀 / 191
사업적 생존력 / 12
사업전략 / 74
사일로 현상 / 315
사회적 혁신 / 47
상업성 / 36
상업화 / 8
상호적 인수·합병 / 223
성과-보상 / 159
성숙기 / 127
성장기 / 126
쇠퇴기 / 128
수직적 기술 확보 / 65
수직적 인수·합병 / 223
수평적 기술 확보 / 65
수평적 인수·합병 / 223
수행 / 252
스케일업 / 35
시나리오 작성법 / 114
시나리오 추정법 / 298
시뮬레이션 추정법 / 297
시스템 관점 / 6

시장 선도 / 38
시장 선도자 / 56
시장 역량 / 44
시장 재화 / 1
시장 플레이어 / 56
시장성 / 36
시장-제품 적합도 / 242
실행 역량 / 274
실행 이정표 / 252
실행 / 29,76
실험법 / 114

ㅇ

아웃소싱 테크노베이션 / 9
아이디에이션 / 8,156
악마의 변호사 / 115
암묵적 지식 / 306
암묵지 / 241
얼리무버 / 94
업무 적합성 / 293
S-커브 / 52,125
NIH 신드롬 / 85
역량 강화 / 151,254
역량 인벤토리 / 155
역량 지도 / 155
역량 평가 / 272
역량 포트폴리오 / 116
연속적 테크노베이션 / 46
외부 환경 평가 / 178
우월성 / 36
운영 적합성 / 292
위험 감수법 / 114
응용연구 / 98
이사회 / 189
이슈 분석 / 178
인소싱 테크노베이션 / 9
인수·합병 / 217

ㅈ

자기만족 현상 / 287
자기잠식 / 21
자만 / 150
자원 가용성 / 139
자원 기반 관점 / 59,307
자원 융합 / 274
자원관리 / 58
재무 적합성 / 291
재무적 통제 / 186
저속 주기 산업 / 41
적정성 평가 / 242,273
전략 수립 / 109
전략 적합성 / 292
전략 환경 평가 / 178
전략 / 35,182
전략사업부 / 74
전략적 사업 단위 / 245
전략적 제휴 / 207
전략적 통제 / 186
전략집단 분석 / 81,100
전사적 성과 목표 / 174
전속시장 / 50
전술 정립 / 110
전술적 행동 계획 / 110
정렬 / 256
정보 공유 / 309
정보 수집 / 307
정보 시스템 평가 / 179
정보 확산 / 156

정보 활동 / 75
정합성 / 158
제도적 통제 / 187
조인트 벤처 / 209
조정 / 156
조직 간 학습 / 243
조직 기억 / 154
조직 지성 / 322
조직구조 평가 / 179
조직구조 / 58
조직문화 / 58
조직학습 / 214,305
존재이유 / 28
주체 접근법 / 294
지능적 정보처리 시스템 / 318
지식 아카이브 / 316
지식 지향적 문화 / 150
지식경영 / 17
지식관리 / 305,318
지식기반 자원 / 305
지원적 활동 / 78
직관 접근법 / 295
직면 대조법 / 115
집단적 사고 / 317

ㅊ

차세대 테크노베이션 / 48
차이 분석 / 11
참여 / 148
창발성 전략 / 183
체계연구 / 99
체계적 학습 / 313
초기 진입자 / 94
최소요건제품 / 61,147
최초 진입자 / 94
추격자 / 94

ㅋ

커뮤니케이션 / 117
컨소시엄 / 210

ㅌ

타당성 분석 / 193
타성 / 75,148, 287
테크노베이션 매니지먼트 / 7
테크노베이션 / 1
통제 기법 / 185
통합 프로세스 / 282
통합 / 241
트렌드 추정법 / 296
특허 덤불 전략 / 51
특허 트롤 / 51

ㅍ

파괴적 테크노베이션 / 49
파급효과 / 13
5세력 분석 / 81,178
팔로워 / 94
패스트팔로워 / 9,219
패턴 접근법 / 294
퍼스트무버 / 9,94,219
평가·통제 / 29,79
표준 주기 산업 / 41
푸시 현상 / 24
풀 현상 / 24
프로덕트 혁신 / 96,97,161
프로세스 재설계 / 188
프로세스 혁신 / 96,161

ㅎ

하청 계약 / 210
학습 요소 / 310
학습조직 / 315
함정 / 239
합병 후 통합 / 90,223
해석적 학습 / 312
혁신 관리 / 12,16
혁신 주동자 / 131
혁신 / 12,14,89
협력 채널 / 160
협상 지위 / 279
혼합 추정법 / 299
확장 / 153
확증편향 / 10

영문

A

Actor Analysis / 294
Alignment / 256

B

Balanced Scorecard / 81,180
Best Practice / 11,175
Boundary Spanner / 127
Boundary-spanning Activity / 316
Business Strategy / 74

C

Cannibalization / 21
Captive Market / 50
Cascading Effect / 19
Change Management / 105,150
Commercialization / 8
Competence Inventory / 155
Competence Map / 155
Competitive Capability / 55
Competitive Disadvantage / 7
Competitive Merger & Acquisition / 286
Confirmation Bias / 10
Consortia / 210
Continuous Technovation / 46
Corporate Entrepreneurship / 29,69
Corporate Strategy / 74
Cross-functional Team / 74
Customer Education / 94
Customer Values / 28

D

Defensive Technovation / 49
Devil's Advocate / 115
Disruptive Technovation / 49
Downsizing / 102
Due Diligence / 242

E

Early Mover / 94
Emergent Strategy / 183
Engagement / 148
Evaluating & Controlling / 29
Execution / 252
Experimentation / 114
Explicit Knowledge / 306

F

Fast Follower / 9,219
Firm-specific Resources / 307
First Mover / 9,94,219
Five-force Analysis / 178

Five-force Model / 81
Follower / 94
Functional Strategy / 74

G

Gap Analysis / 11,176,290

H

Horizontal Technology Acquisition / 65

I

Ideation / 8,156
Imitative Technovation / 51
Implementation Milestone / 252
Implementing / 29
Implicit Knowledge / 241
Information Diffusion / 156
Innovation Drivers / 131
Innovation Management / 12
Innovation / 12
In-sourcing Technovation / 9
Integration / 241
Intelligent Activities / 75
Intelligent Intelligence System / 318
Internalization / 241
Inter-organizational Learning / 243
Interpretive Learning / 312
Introspection / 114
Intuition Analysis / 295
Issue Analysis / 178

J

Joint Venture / 209

K

Knowledge Archive / 316
Knowledge Management / 17,305
Knowledge-based Resources / 305

L

Lead Time / 8
Lean Startup / 61
Learning Organization / 315
Licensing Agreement / 210

M

Managerial Strategy / 37
Market Leaders / 56
Market Leadership / 38
Market Offering / 1
Market Players / 56
Market Positioning / 212
Market-Product Fit / 242
Merger & Acquisition / 217
Minimum Viable Product / 61,147
Mission Statement / 71
Momentum / 54
Monitoring Costs / 207

N

Negotiating Position / 279
Next-generation Technovation / 48
Niche Market / 51
Not Invented Here / 85

O

Offensive Technovation / 49
Organizational Learning / 214,305
Organizational Memory / 154,317
Organizational Wisdom / 322
Out-sourcing Technovation / 9

P

Patent Thickets / 51
Patent Troll / 51
Pattern Analysis / 294
Person-Organization Fit / 248
Planning / 29,37
PMI(Post-Merger Integration) / 223,255
Post-merger Integration(PMI) / 90
Primary Activities / 78
Process Innovation / 96
Product Innovation / 96

R

Radical Technovation / 47
Reasons for Being / 28
Reengineering / 103,146
Resource Availability / 139
Resource-based View / 59,307
Restructuring / 67,102,146

S

Scale-up / 35
Scenario-making / 114
S-Curve / 52
Silo Effect / 315
Social Innovation / 47
Strategic Alliance / 207
Strategic Business Unit / 74,245
Strategic Group Analysis / 81
Strategic Group Map / 100
Structural Rigidity / 161
Subcontracting / 210
Sunk Cost / 96
Supportive Activities / 78
Switching Cost / 94
Systematic Learning / 313
Systematic View / 6

T

Tacit Knowledge / 306
Tactical Activity Plan / 110
Technological Business Feasibility / 36
Technological Competitiveness / 35
Technological Leapfrog Strategy / 138
Technological Marketability / 36
Technological Superiority / 36
Technology Boundary / 38
Technology Curve / 11
Technology Leadership / 50
Technology Life Cycle / 53
Technology Platform / 64,90
Technology Portfolio / 65
Technology-franchising Contract / 209
Technology-Goal Fit / 250
Technovation / 1
Transaction Costs / 215

V

Valuation / 174
Value Analysis / 261
Value Capture / 174
Value Creation / 174
Value Proposition / 1,61
Value-based Management / 63
Value-chain Analysis / 77
Vertical Technology Acquisition / 65

W

What-if Questioning / 115

저자 서리빈

포항공과대학교 산업경영공학과 기업가정신융합부전공 주무교수이다. 미국 일리노이대학교에서 경영학 석사(M.B.A)와 영국 맨체스터대학교에서 경영학 박사(Ph.D) 학위를 취득하였다. 중소·벤처기업 기업가정신, 창업생태계, 혁신역량, 혁신성과지표, 기술혁신전략, 국제화전략, 혁신지원정책, 산업클러스터, R&D 협력, 위기관리 등에 관한 이십여 편의 학술논문을 발표하였다. 포항공대 'Best Teacher Award', 한국연구재단 'Startup Class 100', 맨체스터대 'Distinguished Achievement Award', 국제 R&D 관리협회 'Doctoral Studies Award', 포스코에너지 '우수산학협력연구상' 등을 수상하였다. 이밖에 한국중소기업학회, 벤처창업학회, 지식경영학회, 과학기술정책연구원 등에서 우수논문상을 받았다. 창업진흥원 사업운영위원, 아산나눔재단 AER 지식연구소 파트너교수, 한국공학교육인증원 대학평가위원, 기업가정신학회 상임이사·편집위원, 한국경영학회 기업가정신위원 등을 맡고 있다. 주요 저서로는 「(기업 성장과 조직 변화를 이끄는 사내기업가의) 비즈니스 혁신전략」, 「스타트업 펀드레이징 전략 : 투자받는 기업의 조건」이 있다.

감수 이우진 · 최병철

▶ **이우진** 교수는 현재 국민대학교 부교수로 글로벌창업벤처대학원 부원장과 경영대학 취창업 및 국제교류 주임교수를 맡고 있다. 창업학 박사와 경영학 박사 학위를 취득하고 벤처기업과 스타트업에 대한 교육과 연구를 진행하며 현재 아산나눔재단 AER지식연구소 소장으로 활동하고 있다. 서울시 창업활성화 공로로 서울시장 표창을 받았고 국내 엔젤투자 활성화 공로로 중소벤처기업부 장관 표창을 수여받았다. 삼성, CJ, LG 등 기업에서 혁신과 벤처 관련 교육을 하고 있다.

▶ **최병철** 교수는 현재 한국외국어대학교 경영대학에서 경영전략 교수로 재직하고 있으며, 한국외국어대학교 창업지원단장을 맡고 있다. 학부에서 기계공학을 수학한 뒤 기술경영을 전공하여 석사학위를 취득하였고, 경영전략으로 경영학 박사학위를 받았다. 공학도로서의 경험과 경영학 지식을 접목하여 기업벤처링(Corporate Venturing)과 기술경영(Technology Management) 분야에서 활발하게 연구, 강연 및 프로젝트 등을 진행하고 있다.

저자와의
협의하에
인지생략

사내벤처를 위한 기술경영 가이드

테크노베이션 매니지먼트

2024년 04월 22일 초판 인쇄
2024년 04월 25일 초판 1쇄 발행

저 자 : 서리빈
감수자 : 이우진 · 최병철
발행인 : 정광식
발행처 : **비앤엠북스**
서울시 금천구 가산디지털1로 70, B1-103(호서대벤처타워)
등 록 2004. 12. 29. / 제313-2004-00298호

전 화 02-2627-5710~13, 팩스 02-2627-5720
홈페이지 www.대학교재.net
이 메 일 bnmbook@daum.net

정가 27,000원 ISBN 978-89-6821-188-1